L'HISTOIRE DE L'AFD EN HAÏTI

Couverture : Port-au-Prince, août 2017.
© HECTOR RETAMAL / AFP.

22-24, boulevard Arago – 75013 Paris
www.karthala.com

ISBN : 978-2-8111-1974-4

François Pacquement
et Margaux Lombard

L'histoire de l'AFD en Haïti

À la recherche de la juste distance

KARTHALA

Sigles et abréviations

ACCT	Agence de coopération culturelle et technique
ACDI	Agence canadienne de développement international
ACP	Pays d'Afrique, des Caraïbes et du Pacifique
AFD	Agence française de développement
AID	Association internationale de développement
AIQIP	Aménagement intégré des quartiers informels de Port-au-Prince
APD	Aide publique au développement
BDC	Banque de développement des Caraïbes
BEI	Banque européenne d'investissement
BID	Banque interaméricaine de développement
BM	Banque mondiale
BRH	Banque de la République d'Haïti
CAD	Comité d'aide au développement de l'OCDE
CAMEP	Centrale métropolitaine d'eau potable
CCCE	Caisse centrale de coopération économique
CCFL	Caisse centrale de la France libre
CCFOM	Caisse centrale de la France d'outre-mer
CCI	Cadre de coopération intérimaire
CDR	Comité de développement et de reconstruction
CFD	Caisse française de développement
CGD	Center for Global Development
CIAD	Comité interministériel de l'aide au développement
CICID	Comité interministériel de la coopération internationale et du développement

CIDES	Conférence internationale pour le développement économique et social
CIRAD	Centre de coopération internationale en recherche agronomique pour le développement
CIRH	Comité intérimaire de reconstruction d'Haïti
COSP	Conférence d'orientation stratégique et de programmation
CRED	Centre for Research on the Epidemiology of Disasters
DFID	Department for International Development
DSRP	Document stratégique de réduction de la pauvreté
DSNCRP	Document de stratégie nationale pour la croissance et la réduction de la pauvreté
ECHO	European Community Humanitarian Aid Office
EDF	Électricité de France
EDH	Électricité d'Haïti
EDI	Economic Development Institute
FF	Franc français
FAC	Fonds d'aide et de coopération
FASR	Facilité d'ajustement structurel renforcée
FAU	Fondation Architectes de l'Urgence
FED	Fonds européen de développement
FIDES	Fonds d'investissement pour le développement économique et social
FMI	Fonds monétaire international
FTS	Financial Tracking Service
GERDAT	Groupement d'étude et de recherches pour le développement de l'agronomie tropicale
IBW	Institutions de Bretton Woods
IFH	Institut français d'Haïti
IFI	Institutions financières internationales
IRD	Institut de recherche pour le développement
M	Million
MAE	Ministère des Affaires étrangères

Md	Milliard
Md USD	Milliard de dollars
MAAIONG	Mission d'appui à l'action internationale des ONG
MICIVIH	Mission civile internationale en Haïti
MINUHA	Mission des Nations unies en Haïti
MINUSTAH	Mission des Nations unies pour la stabilisation en Haïti
MIPONUH	Mission de police civile des Nations unies en Haïti
MIRH	Mission interministérielle pour la reconstruction d'Haïti
MPP	Mouvement paysan papaye
MSF	Médecins sans frontières
NU	Nations unies
OCDE	Organisation de coopération et de développement économique
ODD	Objectifs de développement durable
OMD	Objectifs du Millénaire pour le développement
ONG	Organisation non gouvernementale
ONU	Organisation des Nations unies
ONUVEH	Groupe des observateurs des Nations unies pour la vérification des élections en Haïti
ORSTOM	Office de la recherche scientifique et technique outre-mer
OSC	Organisation de la société civile
PAIFC	Projet d'appui institutionnel et de formation des cadres
PAS	Prêt d'ajustement structurel
PIB	Produit intérieur brut
PMA	Pays moins avancé
PNUD	Programme des Nations unies pour le développement
PPTE	Initiative en faveur des pays pauvres très endettés
PRI	Pays à revenu intermédiaire
PRODEPUR	Projet national de développement communautaire participatif en milieu urbain

PROPARCO	Société de promotion et de participation pour la coopération économique (filiale de l'AFD)
SDN	Société des Nations
SFI	Société financière internationale
UE	Union européenne
ZLS	Zanmi Lasanté

Avant-propos

> « [...] Les diseurs de bonne aventure de ce temps, ce sont des messieurs en costumes, riches de per diem et de primes de risques, qui vont, viennent, s'en vont, reviennent, décident du jour où il conviendra de dévaluer la monnaie, de remplacer tel pont par un autre, de faire sauter à la dynamite tel pan de montagne, du jour où ils partiront, mais ce n'est pas demain la veille : il reste tant de choses à faire ici. »
>
> Lyonel Trouillot, *Kannjawou*[1].

Ce livre[2] s'adresse au lecteur haïtien, partenaire de l'Agence française de développement (AFD), historien ou économiste, et se donne pour objectif de réunir à son intention des clés pour comprendre le monde des bailleurs de fonds, à travers le cas concret de l'un d'entre eux, l'AFD. Il est d'autant plus important d'offrir ces clés de compréhension qu'Haïti fait partie de ces pays où les bailleurs de fonds, comme les organisations internationales ou encore les ONG, sont des entrepreneurs de politiques publiques qui s'engouffrent, à différents degrés, dans l'espace laissé vacant par l'État. Le

1. L. Trouillot, 2016, p. 138.
2. Il ne reflète pas nécessairement les points de vue de l'Agence française de développement (AFD), qu'il ne saurait engager.

livre vise également à intéresser les bailleurs de fonds actifs dans ce pays, ainsi que les agents de l'AFD et de l'aide française. Il s'adresse enfin à tout lecteur soucieux de mieux comprendre l'histoire d'une politique publique et de son application sur un terrain singulier : celui d'Haïti[3].

Plusieurs échelles de temps se dégagent au fil de l'ouvrage : les évolutions des acteurs internationaux et de l'aide au développement ; celles de la coopération française ; celles d'Haïti et celles des opérations de la Caisse centrale[4], puis de l'AFD, en Haïti, les quatre étant souvent enchevêtrées. La dernière échelle est parfois reconstituée à l'aune des trois premières. Aussi singulier que soit le cas haïtien, il n'a pas échappé aux grandes tendances à l'œuvre dans l'histoire de l'aide au développement, en particulier française. L'histoire d'Haïti court en toile de fond, de façon toutefois ni continue ni complète. Il nous a paru important de conserver les aspects généraux relatifs à l'histoire de l'île pour mettre en lumière les abondantes connexions qui existent entre les différentes échelles.

Dès le départ, ce projet d'histoire[5] a soulevé des difficultés méthodologiques spécifiques, liées au caractère incomplet des archives. Outre les rapports d'activité du groupe AFD, les traces écrites sont loin d'être abondantes, soit qu'elles aient été emportées par les catastrophes naturelles en Haïti, soit qu'elles aient été très dispersées (et inégales d'une période à

3. Pays que l'on désignera dans ce livre au genre masculin, suivant l'usage administratif, sauf dans les citations d'auteurs qui ont opté pour le féminin.

4. La Caisse centrale (Caisse centrale de coopération économique à partir de 1958) a par la suite pris pour nom Caisse française de développement (CFD) en 1992, puis Agence française de développement (AFD) en 1998.

5. La rédaction d'un ouvrage sur l'histoire de l'AFD en Haïti a été suggérée en août 2016 par le directeur du département Amérique latine et Caraïbes et la directrice de l'Agence, en lien avec la commémoration des 40 ans de présence de l'AFD dans le pays.

l'autre, classées au sein d'ensembles plus vastes au gré des rattachements administratifs d'Haïti) à Paris. Les sources sont essentiellement administratives, peu de textes permettant une mise en lumière critique, même si la critique de l'aide est un thème très prégnant. D'autre part, elles reflètent un point de vue asymétrique puisque les sources haïtiennes y sont, on le regrette, marginales. Le recueil de témoignages est très vite apparu comme une source incontournable, tant pour sa richesse propre que comme moyen de pallier le manque d'archives écrites. Dans ce cadre, une trentaine d'entretiens ont été conduits, entre mars et mai 2017, auprès de personnes ayant travaillé ou travaillant encore à l'AFD, de praticiens des ONG ou d'anciens coopérants techniques en Haïti.

Nous nous sommes rendus à Port-au-Prince en mai 2017. La mission effectuée, préparée par l'Agence, constitue en elle-même un programme intéressant d'histoire spontanée, suggérant une compréhension qui a été volontiers épousée, par l'adoption de son déroulé et en découvrant progressivement des difficultés jusqu'alors insoupçonnées. L'objectif de la mission consistait à nourrir l'écriture du livre par la visite de projets emblématiques (formation professionnelle, développement rural, irrigation, alimentation en eau des quartiers défavorisés) et par une dizaine d'entretiens avec diverses personnalités haïtiennes. Cette mission a été précieuse dans la mesure où elle a permis d'abord de s'imprégner du pays, fût-ce le temps de quelques jours, et de recueillir des informations contextuelles. Par les rencontres et les observations de terrain, ces quelques jours ont recadré les perceptions. Si un travail conduit purement sur archives ne permet pas de saisir les « évidences invisibles[6] », le théâtre des faits relatés

6. Termes empruntés à Raymonde Carroll, qui a publié en 1991 *Évidences invisibles. Américains et Français au quotidien* (Seuil), témoignage sur les malentendus entre Américains et Français.

ouvre une profondeur d'analyse et permet une remise en contexte favorable à la prise de distance critique vis-à-vis des témoignages.

Dès le début, la mission a révélé que l'aide au développement y apparaît, plus qu'ailleurs, indissociable du dispositif français et peu connue. Dès lors, il serait vain d'enserrer l'histoire de l'AFD dans le cadre trop strict de son périmètre juridique. C'est une tentation qui tire son origine de l'histoire d'entreprise, ce qu'une histoire plus globale de l'aide publique au développement (APD) permet de réduire : ce qui compte, quel que soit le public visé, c'est la cohérence de l'action, davantage que l'attribution précise de tel ou tel projet à tel ou tel acteur du dispositif français. Du fait précisément de ses moyens limités, les financements conjoints avec les ministères des Affaires étrangères ou de la Coopération ont été plus qu'ailleurs conçus dans une grande proximité entre institutions. La bonne maille d'analyse consiste à renoncer à des clôtures corporatistes, pour mieux mettre en perspective les logiques d'interdépendances entre les différents volets du dispositif français et inscrire cette histoire modeste dans les contextes qui la dépassent.

Ce livre doit beaucoup aux visites effectuées en Haïti, en particulier le Centre pilote de formation professionnelle de l'Institut national de formation professionnelle (INFP), le projet Madian-Salagnac emblématique de la coopération française en Haïti, le projet des périmètres irrigués de l'Arcahaie avec notamment l'ingénieur Charles Montès, le projet bornes fontaines (quartiers de Cité l'Éternel et Baillergeau), visite accompagnée des responsables des comités de gestion respectifs des quartiers.

Il convient de remercier les témoins de cette histoire rencontrés en Haïti : Jean-Max Bellerive, ancien Premier ministre, Daniel Dorsainvil, ancien ministre de l'Économie, Bernard Chancy, consultant, Marie-Carmelle Jean-Marie, ancienne cadre de la Banque de la République d'Haïti (BRH) et ancienne ministre des Finances, Georges Henry, vice-gouverneur, et Edwige Jean, directeur des relations internationales (BRH). Nous remercions également d'anciens ministres de l'agriculture, Philippe Mathieu, Gérald Mathurin, Fresner Dorcin, ainsi que Cécile Berut, consultante, Gilles Damais, chef des opérations à la représentation de la BID en Haïti, Budry Bayard, agro-économiste, et, à l'agence de l'AFD à Port-au-Prince, Ernest Barbot, qui y travaille depuis plus de dix ans. Merci également à Mme Elisabeth Beton-Delègue, ambassadeur de France en Haïti, ainsi qu'à Allain Moncœur, alors chargé de coopération à l'ambassade de France.

Il doit beaucoup également aux discussions avec Pierre Buteau, historien et ancien ministre de l'Éducation, Michel Hector, historien, Laënnec Hurbon, sociologue, Daniel Magloire, ancien expatrié en Côte d'Ivoire pour la coopération canadienne, Jean Sainvil, géographe et ancien enseignant en Afrique, Jean-Marie Théodat, maître de conférences de géographie, alors assistant technique à l'ambassade de France.

Toute notre reconnaissance va aux collègues qui ont souhaité et encouragé ce projet, tout particulièrement Anthony Caubin, Hervé Conan, Bénédicte Gazon, Benoît Mauduit.

Un grand merci, évidemment, à tous ceux qui nous ont livré leurs précieux témoignages sans compter leur temps, aux nombreux membres de l'AFD, anciens et actuels, ainsi qu'à Sacha Brailowsky, Pierre Duquesne, Vincent Grammont et Henri Rouillé d'Orfeuil.

Des échanges éclairants avec Anne Lescot et Jan Wörlein nous ont fourni de nombreuses pistes analytiques dans la dernière phase de rédaction.

Ce travail n'aurait pas été possible sans l'appui du service des archives de l'AFD et de celui du ministère des Affaires étrangères.

Des relectures attentives et fructueuses ont été effectuées par Sarah Botton, Nadège Chouat, Blaise Gonda, Valérie Huguenin, Bertrand Savoye, Claire Zanuso. Merci à eux pour les suggestions qu'ils nous ont faites et les échanges fertiles que nous avons eus.

Enfin, les auteurs sont très reconnaissants vis-à-vis des éditions Karthala, et en particulier de Céline Trierweiler, pour leur travail précieux et leur accompagnement.

Introduction

Haïti a acquis glorieusement son indépendance de la France en 1804. Premier État à s'être affranchi à la fois de l'esclavage et de la dépendance coloniale, il a longtemps lutté pour acquérir sa crédibilité. Sans cesse affublé de l'expression « pays le plus pauvre de l'hémisphère occidental » dont il semble indissociable dans les discours, Haïti collectionne les dernières places des divers classements internationaux. L'approche par les indicateurs échoue pourtant à rendre compte de tout le potentiel que revêt le pays.

Île classée parmi les pays les plus pauvres, au milieu d'une région densément insulaire, Haïti semble tirer peu de substance de son voisinage et paraît comparativement plus éloigné que par la seule distance géographique vis-à-vis du reste du monde. Une approche sociologique révèle pourtant une société en lien étroit avec une diaspora importante. Si certains avancent le chiffre de près de 2 millions de personnes, une étude de l'OCDE en compte 1,2 million[1]. Les sources s'accordent sur leur répartition géographique, pour moitié environ aux États-Unis (dont 60 % à New York) et au Canada. C'est le résultat d'une « vague d'émigration [qui] a commencé immédiatement après l'arrivée au pouvoir de François Duvalier. Elle a produit, des années 1960 à 1980, un flux de réfugiés politiques qui s'est ensuite transformé en émigration économique qui a pris, à la fin du XXe siècle, l'allure d'une véritable

1. OCDE, 2017, p. 35.

hémorragie en direction des côtes de Floride. [...] Dans un premier temps, cette émigration affectait les classes aisées, diplômés universitaires sans débouchés sur place ou étudiants en formation à l'étranger. Puis le duvaliérisme déclencha une vague d'émigration politique, notamment vers les États-Unis et le Canada (francophone) »[2]. Une dernière vague d'émigration plus récente, à partir des années 1990, concerne une classe moins aisée et moins diplômée (cf. annexe 1).

Les statistiques sont certainement sous-estimées du fait de la difficulté à prendre en compte les Américains ou Français qui sont en fait d'origine haïtienne et gardent le lien avec le pays. Ainsi, une grande partie des Haïtiens entretiennent des liens avec d'autres parties du monde, et l'isolement géographique semble alors à relativiser. D'autre part, si l'on prend en compte le fait que les trois quarts de la population qualifiée vivent à l'étranger[3], le panorama est plus complexe, la fuite des cerveaux étant contrebalancée par un aspect positif lié au fait qu'Haïti figure parmi les dix premiers destinataires de transferts des travailleurs migrants en 2014 (en part du PIB) avec 22,7 %[4], ce qui représente une proportion très substantielle.

Un rapprochement éloquent peut être réalisé entre l'APD reçue et les transferts de revenus des migrants (cf. annexe 2), qui relativise la part de l'aide dans le financement de l'économie. Il apparaît toutefois que l'aide a pu changer d'échelle lors de la reconstruction post-séisme, tandis que les transferts des travailleurs migrants, s'ils ont augmenté, n'ont pu le faire que de façon marginale, ce qui recouvre probablement d'autres phénomènes complexes à analyser.

---

2. G. Danroc, 1992.
3. Banque mondiale, 2016.
4. *Ibid.*, p. 13.

L'étude de l'OCDE ajoute que depuis 2012, les Haïtiens de l'étranger peuvent avoir la double nationalité :

> « À l'évidence, le contexte induit par le tremblement de terre de 2010 a donné à la diaspora l'occasion de faire valoir sa contribution passée, actuelle et future envers Haïti pour faire avancer cette revendication [de la double nationalité]. Les personnes concernées peuvent désormais participer aux élections et se présenter à diverses fonctions électives, à l'exclusion des postes de Président, de Premier ministre et de parlementaire. [...] Compte tenu de la mobilisation continue de la diaspora dans les domaines politique, économique et social en Haïti, beaucoup pensent que cette loi contribuera à institutionnaliser et à renforcer le rôle des Haïtiens de l'étranger. Il n'est pas encore possible, en 2017, d'évaluer les conséquences de cette décision sur le développement du pays, et à la date de la publication, aucune mesure n'a été prise pour permettre aux membres de la diaspora de voter[5]. »

Autre défi, le pays est la proie récurrente de catastrophes naturelles, que sa précarité amplifie (cf. annexe 3). Pour autant, des perspectives de changement se présentent, après l'ampleur destructrice du séisme de 2010 et les difficultés de reconstruction, comme avec les évolutions politiques intervenues depuis. Celles-ci découlent tant des dynamiques politiques et sociales du pays que de la prise de conscience croissante par la collectivité internationale que ces défis sont collectifs et appellent une réponse inclusive.

Outre les crises « naturelles » (séisme et choléra en 2010, cyclones de force variable), Haïti est régulièrement marqué par des soubresauts politiques (cf. annexe 4), ou encore des crises humanitaires (avec par exemple des expulsions, parfois par milliers, de Haïtiens par la République dominicaine[6]),

---

5. OCDE, 2017, p. 56.
6. Voir notamment : https://la1ere.francetvinfo.fr/martinique/les-expulsions-d-haitiens-se-poursuivent-en-republique-dominicaine-396087.html

autant de coups du sort qui aggravent un tableau de grande pauvreté (avec les mots associés : mortalité infantile, malnutrition, analphabétisme…). Cette vulnérabilité d'Haïti en fait un pays de plus en plus appréhendé comme « en crise », les urgences perçues prenant le pas sur les visions de plus long terme.

L'aide internationale en Haïti : un sentiment d'échec prédominant

Haïti semble inextricablement noué à l'aide internationale, dont les montants et les effectifs enflent à mesure des années (cf. annexe 5) et génèrent un sentiment croissant d'envahissement chez les Haïtiens. Elle façonne et modèle Haïti, à tel point que le pays apparaît comme « un espace intensément gouverné et réglé par l'aide internationale »[7]. Le paysage est pour le moins prolifique et le maelstrom d'organisations étrangères parfois difficile à démêler. Elles sont d'ailleurs souvent perçues par les Haïtiens comme un bloc homogène et indifférencié, vis-à-vis duquel certains éprouvent une lassitude compréhensible[8]. Début 2018, le président Jovenel Moïse lui-même tenait un discours sans concession sur l'aide internationale et plaidait pour une responsabilisation de l'État haïtien.

Si Haïti fait figure de terrain privilégié pour les organisations non gouvernementales et les bailleurs de fonds bilatéraux et multilatéraux, aucun ne semble s'y prévaloir de succès. Chacun, plutôt, met en avant des difficultés particulières. L'échec de l'aide internationale – que beaucoup, trop rapidement, s'accordent à imputer à l'histoire tourmentée et

7. J. Wörlein, 2017, p. 368.
8. Voir notamment P. Therme, 2014.

à la longue marginalité d'Haïti – est presque devenu un lieu commun, un discours convenu. La production écrite est à cet égard abondante : nombreux sont les ouvrages, études, articles et autres rapports qui s'attachent à comprendre cet échec (ses origines, ses modalités, ses remèdes). L'aide internationale est un système qui produit beaucoup d'observations et d'analyses sur lui-même, s'attachant à aborder la question de l'aide en Haïti sous l'angle de l'(in)efficacité. Le séisme et le choléra en 2010 ont largement alimenté cette littérature dite analytique.

Une brève revue de littérature, non exhaustive, peut rendre compte de cette profusion. Parmi les centaines de rapports et d'études publiés sur la réponse apportée par les humanitaires et les bailleurs de fonds, à titre d'exemple, le Bureau de la coordination des affaires humanitaires (connu sous l'acronyme OCHA, *Office for the Coordination of Humanitarian Affairs*) compte huit références pour la période 2001-2009 et 127 pages de liste de documents sur la période 2010-2017[9]. En termes d'analyses de nature plus scientifique, aussi bien les littératures anglophone[10] que francophone[11] se sont penchées sur la question de l'efficacité de l'aide. Mais les sciences sociales, tant haïtiennes qu'étrangères, se sont étonnamment peu saisies de ce champ de recherche. En France, la thèse de Jan Wörlein, alliant sociologie et science politique (et, dans une moindre mesure, anthropologie), soutient que le séisme a entériné (puisque les causes du phénomène remontent à 2004) un « remplacement de l'aide au développement par l'humanitaire »[12]. Cette tendance se reflète en tout cas dans la

9. https://www.humanitarianresponse.info/en/operations/haiti/documents/table?page=127 (consulté le 8 janvier 2018).
10. Voir T. F. Buss, 2015 ; J. G. Gros, 2012 ; J. Katz, 2013 ; M. Schuller, 2008, 2012, 2016.
11. Voir J. M. Biquet, 2014 ; F. Thomas, 2013.
12. J. Wörlein, 2017, p. 100 et suivantes.

littérature citée précédemment, où la prédominance de l'humanitaire témoigne bien de la montée en puissance des ONG internationales en Haïti et de la prévalence croissante d'une logique d'urgence.

Le présent livre, tout en ayant puisé dans ces sources bibliographiques riches, s'en distingue. Si l'essentiel de cette littérature privilégie la mobilisation humanitaire, il porte quant à lui sur les «bailleurs de fonds» d'aide au développement, en s'attachant à mettre en lumière l'action de l'un d'entre eux, l'AFD. Face au rejet et aux incompréhensions suscités par l'action internationale en Haïti, il est d'autant plus important de souligner les enjeux de différenciation qui existent au sein de ce monde tout sauf homogène. Ensuite, ce livre peut constituer un apport particulier dans la mesure où il ne prétend pas évaluer l'efficacité de l'aide apportée par l'AFD en Haïti, ni en analyser les modalités d'un point de vue scientifique ou académique, mais aspire à offrir un regard rétrospectif sur cette histoire partagée. Même un bailleur de fonds moyen comme la France ne peut exciper de la relative modestie de son engagement pour s'exonérer de toute responsabilité dans le décalage entre la longévité et l'importance de l'aide apportée à Haïti, et le fait que le pays peine à se développer[13]. Tout constat, aussi mitigé et critique soit-il, mérite certes d'être relativisé. Mais l'insatisfaction qui prévaut en Haïti à l'égard du développement attendu peut être prise comme un fil rouge de cette histoire commune, pour contribuer à reconnaître les limites de l'aide et mieux les prendre en compte.

Le livre a donné lieu à des recherches qui se sont déroulées de l'été 2016 au mois de décembre 2017. Peu après, selon

13. Le pays présente une amélioration lente mais réelle de certains de ses indicateurs de développement humain. Un indicateur aussi synthétique que l'IDH ne dispense toutefois pas d'une analyse comparée de nombreux éléments de contexte.

Le Nouvelliste[14], le président haïtien Jovenel Moïse a ouvert le débat sur «le gaspillage de l'aide étrangère» (déclaration à Bloomberg, jeudi 1er février 2018): «Chaque année, nous recevons entre 1,2 milliard et 1,4 milliard de dollars d'aide ou plus. Cependant, tout l'argent est dépensé dans l'état de désordre de l'aide publique au développement.» Le président s'en prend, selon le journal, «aux nombreuses ONG ayant valu à Haïti le sobriquet "République d'ONG"». Reconnaissant qu'Haïti a encore besoin de financement étranger, il a indiqué que le gouvernement haïtien a été mis en hibernation alors que des organisations multilatérales, des organisations de charité, des gouvernements étrangers et des ONG ont «gaspillé» des milliards des projets de développement inefficients et sur-évalués financièrement. «Si durant les quarante dernières années, les milliards de dollars dépensés pour aider au développement d'Haïti n'ont pas donné les résultats escomptés, c'est parce que l'approche et le paradigme doivent changer», a indiqué Jovenel Moïse lors de cette interview avec Bloomberg. Et de poursuivre: «Nous disons maintenant que nous voulons penser, concevoir et implémenter nous-mêmes le développement. Cela ne signifie pas que nous disons à nos partenaires de partir mais nous voulons faire en sorte que l'État soit responsable.»

Haïti, un cas singulièrement éclairant

Haïti occupe une place particulière dans l'économie de l'aide française. Il fait figure de nouvelle frontière lorsque la Caisse centrale commence à y intervenir en 1976: ce pays

14. http://lenouvelliste.com/article/182761/jovenel-moise-denonce-lineffi cacite-de-laide-etrangere (février 2018).

n'est ni africain ni destinataire d'une aide française très significative. Pourtant, la France n'est pas très éloignée des départements d'outre-mer de la région, qui recouvre donc un certain intérêt géopolitique pour elle. De plus, si les volumes financiers ne sont pas les mêmes, le statut du pays s'inscrit dans une histoire différente, parsemée de discontinuités. La France n'est pas le donateur principal du pays, mais elle est à l'origine de 5 à 20 % de l'aide reçue par Haïti sur la période 1974-2014 (cf. annexe 6). Si les marges de fluctuation diminuent, l'aide française se rapproche de la fourchette basse (5 %), ce qui est probablement davantage un effet de l'élargissement du nombre de bailleurs de fonds que la marque d'un retrait. Par-delà les montants, quel bilan tirer de cette histoire d'un simple donateur parmi d'autres ?

L'équation de l'intervention d'un bailleur de fonds comme l'AFD évolue sous l'effet de déterminants de divers niveaux, propres à la France et à la gouvernance européenne et internationale. Mais elle se présente de manière originale en Haïti, où le contexte est marqué par de nombreux changements tant du côté de ces déterminants que dans le pays lui-même. En lien avec le 40e anniversaire de l'intervention de l'établissement en Haïti, il est opportun de reconstituer et raconter cette histoire commune. Celle-ci est en effet complexe : un exemple élémentaire en est donné par l'examen des élargissements successifs de la compétence géographique de l'AFD : comment comprendre le délai de 20 ans entre le début de l'activité en Haïti (1977) et en République dominicaine (1997), alors qu'il s'agit de deux parties d'une même île ? La réponse mobilise des paramètres qui mettent en lumière les multiples facettes de la politique de l'aide, laquelle est à la fois une contribution à l'action internationale, un dispositif financier et normatif, et une diplomatie de l'amitié.

Le périmètre même de l'aide française est difficile à percevoir : l'aide totale distribuée par la France en Haïti est nettement supérieure à celle qui est l'objet de ce livre[15]. En effet, la France est un contributeur important à l'aide européenne, en cotisant aux Fonds européens de développement (FED) successifs au-dessus de sa clé dans le budget européen. Elle est également un contributeur important à la Banque mondiale (BM), à la Banque interaméricaine de développement (BID) et aux agences spécialisées des Nations unies. Les bailleurs de fonds entretiennent des liens qui jouent un rôle dans cette histoire, mais qui restent au second plan. Cette politique, qui devrait mettre en lumière sa contribution avec une grande exigence de transparence, garde paradoxalement une part d'opaque, voire d'invisible, du fait de sa complexité.

Haïti est un exemple particulièrement pertinent pour introduire la vie d'une agence d'aide partagée entre une haute compréhension des enjeux (d'autant plus accessible que le territoire est petit) et une capacité contributive limitée. L'histoire fait d'Haïti un grand pays, que la géographie permet matériellement de parcourir plusieurs fois pendant une affectation. Il est possible d'en connaître la plupart des personnes en relation avec l'aide au développement, responsables et experts haïtiens, élus et militants, diplomates, autres donateurs, experts de toute nature et intellectuels… Une vision d'ensemble des dynamiques sociales peut paraître plus accessible aux parties extérieures, parce qu'elles ne sont apparemment pas impliquées dans les rapports de force locaux, et cette vision d'ensemble contribue à nourrir un engagement d'inspiration modernisatrice et qui s'écarte, de fait, de la neutralité.

Malgré sa taille sans comparaison par rapport à d'autres bailleurs de fonds (BM, BID), dont les équipes comptent plusieurs dizaines de personnes en Haïti, l'AFD évolue dans le

15. Cf. annexe 6.

même milieu, avec une équipe d'une dizaine de personnes. Sa position intermédiaire (ni visible et imposante, ni à l'échelle d'une petite ONG) lui offre une sorte de vision panoramique et d'appropriation, susceptible d'inspirer des réflexions sur l'aide en Haïti. Ceci est renforcé par une faible division du travail au sein de l'agence, qui favorise la formation d'une approche globale. La position des représentants de l'AFD paraît hybride, à mi-chemin entre «l'en-dehors» et «l'en-dedans»: ce sont certes des «notables», pourvus d'un capital social et culturel élevé, mais qui ne côtoient pas pour autant les élites haïtiennes; ils ont un sentiment de maîtrise qui découle de cette vision globale, mais ils n'ont pas d'autre accès aux leviers de décision que par la mise en place de financements. Un certain enchantement découle de cette maîtrise possible, en même temps qu'une impatience se fait jour en termes d'efficacité, et les deux semblent se féconder mutuellement. Les praticiens de l'AFD ou de l'aide fustigent en effet volontiers l'inertie et l'impuissance de l'action collective en Haïti, tout en voulant incarner précisément une volonté d'action.

Parmi les particularités qui font d'Haïti un pays important à étudier, le sentiment d'échec qui semble prévaloir mérite d'être analysé dans sa complexité, voire ses paradoxes. À cet égard, l'introduction de la tribune «Haïti: interroger les limites de l'aide au développement»[16], écrite en juin 2017 et dans laquelle notre hypothèse principale était qu'Haïti constitue à plusieurs titres un puissant révélateur des limites de l'APD, peut être rappelée ici:

> «Près de quinze ans après la publication du Rapport de Régis Debray sur les relations franco-haïtiennes, avec le passage du séisme de 2010 entre-temps, le constat demeure plus vif que jamais. En Haïti,

16. F. Pacquement et M. Lombard, 2017.

plus qu'ailleurs, se fissurent les illusions de l'aide au développement. Le désenchantement plane sur ce pays où s'amoncellent les projets, les montants et les bons sentiments. Haïti étouffée par l'aide? Haïti résistante à l'aide? Son histoire atteste en effet d'une longue tradition de contestation de l'ordre établi, depuis sa glorieuse indépendance de 1804. Si l'aide au développement est assimilée à la marque d'un impérialisme étranger persistant, il est dès lors aisé de convoquer le mythe d'une "résistance au développement" des Haïtiens – énième avatar d'un rejet des normes imposées de l'extérieur – pour tenter de justifier les mésaventures de l'aide sur le terrain.

Loin des mythes, il convient toutefois de se pencher sur une double frustration : celle des populations, manifestement insatisfaites des effets de la coopération internationale; celle des bailleurs de fonds, de plus en plus sceptiques sur l'effet de leurs actions. À plusieurs égards, Haïti apparaît comme un cas symptomatique des limites qu'éprouve l'aide au développement : normes internationales trop standardisées – et plaquées de manière indifférenciée sur les différentes géographies; faible écoute des populations trop souvent considérées comme des bénéficiaires et non comme des acteurs du développement; logique d'efficacité et de rentabilité qui prévalent sur une logique de compréhension.

Le pessimisme n'est pas pour autant de mise. Au contraire, le cas haïtien offre une formidable opportunité, inédite, de s'interroger profondément sur ces limites. Il invite à considérer l'aide au développement dans toute sa complexité, sa diversité, ses multiples formes et composantes. »

Dans le sillage de cette tribune qui plaidait notamment pour plus d'interdisciplinarités dans une aide au développement gouvernée par une approche excessivement économique, il convient plus amplement d'interroger les ressorts de l'APD au crible de l'histoire.

En Haïti, les ambivalences s'enchaînent. Terrain difficile, qui justifie des expérimentations audacieuses, il peine à afficher des succès de l'APD. Le rôle de laboratoire renvoie à une autre contradiction, celle des normes. Elles peuvent en effet trouver en Haïti un terrain où se construire, dans le cadre de projets ambitieux et largement soutenus financièrement, qui permettent de démontrer (ou non) leur faisabilité. Elles expriment aussi une facette autoritaire des acteurs internationaux. Leur effet normatif est fortement ressenti par les Haïtiens, et peut toucher au sentiment même de l'intégrité culturelle, tandis que leur action est entravée, entre autres, par une gouvernance nationale dont les insuffisances, voire la corruption, sont régulièrement dénoncées. Appelée des vœux de tous, introuvable, apparemment impuissante, la gouvernance est pourtant bien présente, et effectivement incarnée par des personnalités remarquables.

Ce paradoxe d'un État haïtien dit «faible» et pourtant composé de personnes de talent pourrait s'expliquer par l'emprise exercée par les bailleurs de fonds sur les fonctionnaires haïtiens. Ceux-ci sont «aspirés» par la gestion de l'APD, au détriment de leur capacité d'agir («*agency*»), de leur capacité bureaucratique. Par ailleurs, l'univers international, rationalisé à l'excès, rythmé par des discours et des normes bien rodés, peut apparaître plus limpide qu'un univers domestique caractérisé par le manque de moyens et les difficultés incessantes. La tentation peut être grande, dès lors, de se couler dans le premier plutôt que de lutter dans le second.

L'analyse ne peut manquer de faire ressortir les contradictions sous-jacentes à l'intervention même des bailleurs de fonds : il faut faire sur mesure, tout en s'assurant que ce soit reproductible ; il faut penser le développement à long terme tout en prenant en compte la probabilité élevée de chocs imminents de toute nature ; il faut nouer des relations robustes avec des interlocuteurs qui ne garderont pas leurs fonctions durablement ; il faut justifier du bon emploi de fonds rares, tout en assurant les autorités budgétaires qu'une dépense publique exposée à autant d'incertitudes et de travaux de Sisyphe prend tout son sens.

Le présent ouvrage s'inscrit dans un travail plus large, qui prend la forme d'une série d'articles ou de livres écrits depuis 2007 sur l'histoire de l'aide au développement. Ce projet est animé par la conviction qu'il importe de compléter les diligences en termes d'évaluation des politiques ou actions publiques par l'analyse historique, à partir tant d'archives internes que d'éléments de contexte et de contributions académiques « critiques », afin de mieux comprendre les logiques d'intervention, par-delà la seule préoccupation économique d'analyse de l'efficacité du dispositif. Si le temps de l'évaluation reste trop souvent contraint par celui des opérations ou des politiques, la méthode historique peut inspirer une approche complémentaire, encore plus importante si elle permet de partir des terrains eux-mêmes pour privilégier la globalité et la cohérence d'une relation complexe. L'histoire de l'aide au développement présente ainsi le double intérêt de bâtir une mémoire commune qui va au-delà de la simple évaluation de projets, et de renouer avec un passé ancien, lequel façonne encore pleinement le présent.

À ses débuts, la fonction d'« historien d'entreprise » instituée à l'AFD était tournée vers l'APD en général. Il paraissait important de susciter, par ce biais, l'intérêt académique des chercheurs sur l'AFD. Alliant ancienneté et intérêt pour l'histoire, François Pacquement fait lui-même figure d'archive, de mémoire vivace et vivante, et incarne la fonction d'« historien de l'AFD ». Ce parcours l'a conduit à des travaux sur l'AFD, au gré des opportunités[17] ou des sollicitations, qui ont abouti

17. Appel à communication de Céline Ségalini et Véronica Gomez-Temesio sur le thème de « L'histoire institutionnelle du dispositif d'aide sénégalais : travailler sur des terrains sans archives ? », dans le cadre des 3e Rencontres des études africaines.

à la publication d'un livre sur la Côte d'Ivoire[18], en décembre 2015, puis sur l'histoire de Proparco[19], en septembre 2017.

Tout opérateur financier public offre un point de vue synthétique sur les politiques publiques, qui sont le produit de processus complexes comme d'administrations difficiles à cartographier. La mémoire organisée des projets fait défaut, notamment pour certaines opérations de développement dont l'histoire débute à la fin du XIXe siècle (voire avant, pour Haïti) et se poursuit aujourd'hui encore sur l'agenda des bailleurs de fonds. Étudier l'histoire d'une institution d'aide sur le terrain se heurte à la complexité des logiques à l'œuvre, même lorsqu'elle est circonscrite à un objet assez simple et clairement délimité. Un facteur tient au fait que l'aide suit un cycle long (succession et enchevêtrement de stratégies, auxquels il faut rajouter la versatilité de celles-ci, c'est-à-dire qu'elles peuvent être infléchies par des décisions relevant de la politique, des modes ou des rencontres de tout niveau).

Les perspectives ouvrent sur le caractère de « politique globale » de l'aide, qui résulte notamment de la structuration progressive d'une communauté professionnelle depuis les années 1980. Reste à explorer la circulation des savoirs entre bailleurs de fonds, l'enchevêtrement des cycles stratégiques (d'où part quoi, ce qui circule, et… ce qui ne circule pas, les résistances, etc.). Des travaux comparatifs avec d'autres terrains d'intervention de l'AFD, en lien avec d'autres bailleurs de fonds, pourraient expliciter le fonctionnement de cette politique publique singulière, de façon à enrichir la connaissance de ceux qui militent en sa faveur, comme à comprendre leurs motivations, des plus rationnelles aux plus émotionnelles. Plutôt que de les attendre, il convient d'en tenter une première approche, circonscrite, en partant des terrains.

---

18. F. Pacquement, 2015.
19. F. Pacquement, 2017.

À travers ce livre consacré à l'histoire de l'AFD en Haïti, il s'agit de comprendre, d'une part, comment la politique internationale de l'aide se décline sur un terrain particulier en même temps qu'elle s'en nourrit et s'y construit ; d'autre part, son rôle dans l'action collective.

Des difficultés et des ambitions inhérentes à la démarche

La démarche sur laquelle repose ce livre présente de toute évidence des difficultés. La première tient au sujet lui-même : Haïti est un pays épineux qui ne se laisse pas facilement appréhender, dont la compréhension suppose de se débarrasser de tout un cortège d'a priori communément répandus à son sujet. Montrer qu'Haïti est singulier (en ce qu'il fait historiquement figure de « mauvais élève » et de pays en marge, qui dans le même temps suscite un attachement profond au-delà de ses frontières) tout en étant un cas symptomatique et « généralisable »[20] au regard des limites de l'aide au développement, est une difficulté parmi d'autres qu'il faut tenter de surmonter.

L'enjeu, dans le cas d'Haïti, est également de montrer l'intérêt de s'attarder sur l'histoire d'un bailleur de fonds public dans un pays où la faveur des organisations de la société civile (OSC) internationales est particulièrement pesante. Pour une destination aussi importante de la mobilisation humanitaire, il convient de rendre lisible un partenariat d'un type

20. Voir J. Wörlein, 2017, p. 77 : « Haïti est paradoxalement régulièrement identifié comme un cas exceptionnel, qui révèlerait les mécanismes globaux de la domination Nord-Sud à l'œuvre. Caricaturée comme la première république noire dont l'insoumission à la puissance coloniale a été punie par la misère, sans cesse comparée à sa voisine, la République dominicaine, et présentée comme un exemple paradigmatique de l'échec de l'aide et de l'impérialisme américain, Haïti est utilisé pour monter trop rapidement en généralité. »

différent, qui s'inscrit dans la durée, indépendamment du montant de l'engagement de l'AFD. Cette distinction est délicate à établir. L'AFD coopère activement avec les OSC, et elle finance elle-même des OSC françaises ou internationales actives en Haïti, dont l'agence assure le suivi. Pour atteindre les objectifs consensuels et communs, il convient de réaliser des effets de coalition entre tous les acteurs présents, quel que soit leur temps propre. En outre, l'échelle géographique d'Haïti reste relativement petite et donc « appréhendable » sous des délais compatibles avec des séjours correspondant à un volontariat. Les représentants de l'AFD se forment rapidement une compréhension des enjeux, avec le rôle de facilitation qu'apporte l'équipe de permanents haïtiens, dont certains sont présents depuis plus de dix ans.

Il paraît important de faire le récit de la démarche engagée, précisément pour ce cas qui cumule les difficultés. La première tient au style. Celui des précédents travaux est distant, presque froid, mettant aussi peu en avant que possible les personnes, pour privilégier une histoire à dominante institutionnelle. Or, pour Haïti, cela paraît manquer de pertinence, voire difficile, tant les personnes y travaillant (du moins c'est ce qui ressort des témoignages) résistent à cette prise de distance. Le pays suscite la passion. Peut-on aimer un pays ? À cela, il peut y avoir (au moins) deux manières de répondre.

Première approche, un « développeur » exerce un métier où il met parfois beaucoup de cœur (ce qui est en soi quelque chose qui mérite qu'on s'y attarde)[21]. Deuxième approche, le métier lui-même est fait de mises en relations, c'est une diplomatie du « faire avec », par définition des rencontres, et les affects associés. S'abstraire, par l'histoire ou la sociologie, de l'expérience individuelle, peut permettre de mettre à distance et de comprendre comment ce métier s'exerce et évolue.

---

21. Voir notamment sur l'aide publique au développement, J.-M. Severino, 2001, ou, sur l'aide non gouvernementale, A. Le Naëlou, 2004.

Mais du fait de la difficulté de la prise de distance, il apparaît que ces sentiments méritent précisément d'être exprimés comme autant d'archives de cette histoire, au même titre que des documents administratifs.

Concernant les archives orales, le choix s'est porté sur des entretiens semi-directifs, de façon à centrer le discours sur des thèmes préalablement identifiés, tout en laissant une certaine liberté aux interviewés pour les arpenter à leur guise. L'armature commune de questions (contexte de la rencontre avec Haïti, description de ce qu'y ont fait les interviewés, souvenirs d'échecs ou de succès, mode de vie, personnalités côtoyées) prenait appui sur une chronologie[22] établie en amont, croisée avec un prisme thématique[23]. L'avantage de la méthodologie choisie réside dans la profondeur des informations qualitatives recueillies et le tour d'horizon permis par le cadre souple de l'interview. Pour autant, le traitement d'entretiens de ce type se heurte à des difficultés d'au moins deux ordres. C'est un truisme de dire que la mémoire est subjective et que les souvenirs confiés sont le reflet d'une histoire vécue, perçue, diffractée par une conscience, à prendre donc avec précaution. Une autre difficulté tient au biais introduit par l'interviewer lui-même. Classiquement, toute démarche de ce type suscite des phénomènes d'identification, de projection, d'empathie, qui rendent difficile le déroulement d'un entretien non directif de façon neutre et distanciée. Pour limiter

---

22. Voir chronologie p. 221.

23. S'ils pouvaient varier au gré des interlocuteurs, ces thèmes tournaient autour de la perception de la coopération internationale en Haïti en général, et de l'AFD en particulier ; de la coordination des acteurs internationaux et de leur positionnement les uns par rapport aux autres ; des tensions traditionnellement évoquées entre urgence et développement en Haïti ; de l'État haïtien et de la coopération des bailleurs de fonds et ONG avec les institutions haïtiennes ; des relations et comparaisons entre Haïti et la République dominicaine ; de la force et du caractère structurant de l'histoire haïtienne ; des relations franco-haïtiennes.

ces effets, c'est Margaux Lombard qui a conduit les entretiens, l'ancienneté de François Pacquement à l'AFD rendant inévitable une relation personnelle parfois ancienne avec la plupart des interviewés, susceptible d'agir comme un filtre supplémentaire.

Contrairement aux entretiens réalisés en France, ceux réalisés en Haïti ciblaient essentiellement les champs intellectuel (historiens, sociologues) et politique (anciens ministres), mais aussi des praticiens partenaires de l'AFD. Si ces échanges ont été particulièrement éclairants pour capter des aspects propres à Haïti et si leur apport a irrigué notre réflexion et l'écriture du livre, leur retranscription n'apparaît pas visuellement comme celles des témoignages réalisés à Paris. Ce choix délibéré tient à trois éléments : leur caractère moins ciblé et plus ouvert ; un manque de distance vis-à-vis de l'AFD, qui refléterait mal, s'il était relayé tel quel, le poids de la critique adressée à l'aide internationale en Haïti ; mais surtout, la volonté des auteurs de donner à travers ce livre des clés de compréhension de la démarche sous-jacente à l'aide, donc de donner à entendre avant tout les voix des acteurs de l'aide côté étranger[24]. Il appartient aux Haïtiens d'aborder leur histoire selon leurs priorités, et de contrer l'habituelle « autorité discursive » dont parle l'écrivain L. Trouillot à juste titre, signifiant par là la monopolisation du discours sur Haïti par les acteurs internationaux.

Après notre mission, un séminaire sur les 40 ans de l'AFD en Haïti a été organisé au siège, à Paris, le 30 mai 2017. Il était d'abord l'occasion de présenter un premier bilan du travail d'analyse et de capitalisation conduit par la direction de l'évaluation de l'AFD afin de tirer des enseignements de l'ensemble des opérations menées. Conçu pour travailler sur les pratiques

24. Naturellement, il ne s'agit pas d'orienter les démarches scientifiques engagées du côté haïtien, mais plutôt d'un travail assez modeste de mémoire après une période destructrice.

de l'AFD à partir de ces deux exercices parallèles (histoire et évaluation), il a marqué une autre étape dans la quête des traces de l'histoire de l'AFD en Haïti, par son caractère collectif. Beaucoup d'anciens de l'AFD, de la Coopération française, ou des responsables de projets y ont été conviés. Ce séminaire ainsi que la conférence ID4D[25] du 6 juin 2017 intitulée « Haïti : comment prendre le temps du développement ? » ont bénéficié d'une affluence qui témoigne, s'il le fallait encore, du fort intérêt dont jouit le pays. À l'occasion du séminaire du 30 mai ont été projetés des photographies, des vidéos, des extraits de témoignages, autant de réminiscences partagées. Certaines des personnes interviewées ont par ailleurs raconté de nouveau leur expérience, cette fois devant un public de cinquante personnes connaisseuses du sujet, et non plus devant une intervieweuse extérieure. Un phénomène de porosité des mémoires a pu s'opérer, les souvenirs des uns réactivant ceux enfouis chez les autres. Les récits croisés ont pu se nourrir mais aussi se biaiser, se troubler, voire s'induire en erreur les uns les autres. C'est pourquoi il est nécessaire de souligner ici le caractère contingent de la démarche sur laquelle repose une partie du livre, tributaire de mémoires nécessairement tronquées, aléatoirement stimulées.

Dès lors surgit le risque de heurter les protagonistes d'une histoire encore récente et vivante par une approche pouvant être vécue comme une critique, ou bien dans laquelle ils ne se retrouveraient simplement pas : une collègue a critiqué le ton de notre tribune, parce qu'elle invite à tirer les conséquences du sentiment d'insatisfaction relatif à Haïti en termes d'analyse de nos propres défaillances. Elle y voyait une autoflagellation stérile. Et si la question n'était pas celle de l'efficacité, mais de rendre compte de la force de ce que les

25. Les conférences « Idées pour le développement », organisées par l'Agence française de développement, alimentent le débat d'idées sur l'aide au développement, voir http://ideas4development.org/conference/.

témoins, à travers leurs entretiens, expriment en termes de faire ensemble, sous la forme d'aventures d'abord humaines ? Il ne s'agit nullement ici de la psychologie des personnes, mais de prendre appui sur ce que les sentiments exprimés révèlent, pour saisir les interstices d'un dispositif institutionnel, d'une politique publique, et ses modes opératoires. Faire dépendre l'analyse des « archives orales », parfois littéralement, introduit une certaine fragilité. Jusqu'où celles-ci peuvent-elles être interprétées et mises en perspective ? Au-delà de ces discours, il convient de remettre en question le sentiment de fatalité omniprésent et de capturer au fil de cette histoire les termes de cette étrange hybridation entre engagement et déception, volonté d'agir et sentiment d'impuissance.

Une préoccupation est récurrente chez les analystes et les témoins rencontrés : qu'allez-vous pouvoir écrire ? Ce texte est une réponse de principe : il n'y a pas de sujet que l'on ne puisse aborder, si l'entreprise est authentique et bienveillante. Or l'action d'un bailleur de fonds consiste à permettre l'action collective autant qu'à y prendre sa place. Dans cette logique, mieux faire est une obligation, qui commence par soi-même. Il convient donc de ne pas s'épargner, et ce livre n'est pas à la gloire de l'AFD, même s'il est animé par le respect de ceux qui ont travaillé en Haïti et qui ont, selon leurs dires, chacun à sa façon, aimé profondément ce pays. C'est pour répondre à la passion qu'ils y ont mise que ce texte se veut aussi peu complaisant qu'il est possible, sachant que nous sommes également salariés de l'établissement, pour lequel nous avons un inévitable *affectio societatis*.

Le propos consiste à comprendre comment l'AFD prend sa place dans cette coalition de bonne volonté d'une aide internationale publique comme non gouvernementale, fortement mobilisée autant qu'inopérante ; il convient d'assumer ce passé pour mieux ouvrir les perspectives de la coopération de demain. Il s'agit de comprendre la portée et les limites de l'action des bailleurs de fonds, à travers le cas précis de l'AFD.

Inutile de chercher à qui attribuer les bonnes performances, cette histoire peut tout au plus dire comment on a cherché à y contribuer. Si le résultat échappe à un seul partenaire, il ne peut être que fécond de prendre les critiques, de ne pas perdre de vue les facteurs d'espoir et de comprendre comment mieux faire. Ce livre vise à révéler le sens de cet engagement. Si beaucoup d'analyses rétrospectives précieuses ont été entreprises, il semble que l'histoire peut construire un regard différent, moins centré sur l'action et le temps des projets ou des financements.

L'angle de ce travail consiste à interroger la politique d'aide au développement au plus près des personnes qui la mettent en œuvre à partir d'un de ses « terrains ». Si l'on prend appui sur les témoignages et sur la littérature, tissée d'ambivalences et de difficultés matérielles, la relation d'Haïti avec ses bailleurs de fonds français renvoie inévitablement à l'asservissement et à une décolonisation aussi dramatique que coûteuse. Cette histoire ancienne ressurgit parfois, et un témoin a même évoqué les difficultés rencontrées sur un projet parce que l'un de ses promoteurs avait rouvert la question de la légitimité de la dette de l'indépendance.

Dans des travaux précédents (Conseil d'analyse économique, revues *Afrique contemporaine* et *Sociologies pratiques*), un point mis en avant est la difficulté générale pour une politique publique d'être mise en œuvre « à distance » :

> « Cette politique est caractérisée par l'éloignement : si l'État passe classiquement pour peu efficace dans la gestion des missions qui lui sont confiées, lorsqu'à son tour il doit confier ces missions à d'autres États, lointains et peu fiables (première distance) pour des activités qui se dérouleront sur un temps au-delà de l'horizon budgétaire normal et donc susceptibles de déformer les idées d'origine (deuxième distance), cette double défiance est autant de déficit de légitimité. Face au problème ancien de justifier d'une activité invérifiable, cette politique a développé quatre types de stratégies de légitimation. Le premier a

> consisté à mettre l'accent sur la qualité des processus qui la conduisent [...] avec de premières conceptualisations sur sa spécificité (Pisani) [qui] s'accompagnent d'une codification de l'instruction des opérations et d'une grande diligence dans l'introduction de nouvelles techniques administratives [...]. La complexité de cette politique en fait un domaine interdisciplinaire et requiert une coordination interministérielle, pour établir des processus visant à permettre une plus grande cohérence des politiques publiques. Celle-ci passera en outre par une plus grande attention aux politiques des pays du Sud, nouvelle frontière du processus qui en fait une politique globale, multidimensionnelle et mondiale[26]. »

Ainsi ne faut-il pas, au sein des « politiques publiques globales », interroger les aventures singulières des individus, se tenir au plus près d'elles ? L'hypothèse de travail serait alors que la bureaucratie[27] de l'aide, conçue comme particulièrement élaborée, comme pour répondre à un déficit de légitimité[28], ne serait plus le principal sujet de cette histoire localisée en Haïti, mais ne pourrait être dissociée de l'aventure humaine qui l'accompagne. Certes, la bureaucratie ne parvient pas à subsumer la dimension humaine et à la soumettre à des logiques supérieures. En matière de relations internationales, elle devrait déployer son action par une prévalence de la représentation des logiques réalistes, qui profitent au pays donateur. L'engagement, la fibre personnelle seraient-ils exacerbés dans le contexte particulier d'Haïti et feraient-ils valoir davantage une logique « idéaliste » mettant l'accent sur l'intérêt du pays de résidence ou sur l'intérêt commun ?

---

26. F. Pacquement, 2013, p. 14.
27. Ce terme sera employé au sens wébérien, et non comme une appréciation négative.
28. F. Pacquement, 2013, p. 13-17.

Ce livre tente de reconstituer la correspondance entre le terrain et l'institution. Toute institution assure à ses personnels un cadre qui les met à distance de leur objet par une série de processus de bureaucratisation. En suivant l'hypothèse qui fait d'Haïti un possible révélateur, assez grand et complexe, en même temps qu'accessible ; si les témoins y expriment des souvenirs marqués par une forte empreinte émotionnelle, alors il convient de mettre en regard la spécificité de l'institution concernée où s'inscrit leur engagement professionnel, l'AFD. Celle-ci exerce à partir du « terrain », avec un réseau d'agences, et des circulations entre le siège et les agences. Autre particularité, en tant qu'institution d'aide, elle a mis en place les procédures appropriées d'instruction de projets, mais en tant qu'institution financière, elle est astreinte à des diligences complémentaires assez strictes. N'est-ce pas révélateur que la bureaucratisation de l'aide a failli à protéger les agents d'une surexposition personnelle ? Si elle n'y parvient pas, est-ce qu'elle peine à jouer son rôle, faute de vis-à-vis permanents, de la résistance des éléments et des chocs externes ? Est-ce pour cela que les souvenirs expriment l'empathie ? L'écran du formalisme administratif cède-t-il devant le sentiment de familiarité et d'identification ou d'assimilation ?

Ce serait une force que d'offrir ainsi aux membres de l'AFD, dans cet espace où les procédures trouvent leurs limites, une tranche de vie professionnelle aussi intense, avec une forte trace mnésique et affective, qui exprime ce qu'a pu être leur engagement, aiguillonné par un profond stimulant humain, tonique, ni paralysant ni inhibiteur. Mais ne serait-ce pas aussi une faiblesse d'admettre une telle vulnérabilité, qu'à laisser les personnels se confronter à une mission difficile, ils fussent condamnés à l'insatisfaction, à l'envie de faire mieux et à l'amertume de ne pas y parvenir, au sentiment d'échec (fil rouge de beaucoup de témoignages) ? Dans le même temps, ce nœud d'ambivalences ne plaide-t-il pas en faveur d'un formalisme plus grand, pour construire une mise à distance émotionnelle ?

Cette construction est inéluctable, et c'est sous notre plume un fait, non une dénonciation. Elle dévoile bien, en Haïti, le rôle de protection qu'elle peine à y jouer, par une forme de mise à distance, d'inhibition des sentiments par la ritualisation des relations, l'effet de dilution des chocs externes, normés, calibrés, mesurés, « procédurés », et offre des pistes pour penser une bureaucratisation plus perfectionnée.

Outre leur contenu très riche en informations de toutes sortes, les témoignages peuvent-ils être interprétés, dans leurs aspects plus personnels, comme un effet de cette ardente autodiscipline ? La tribune « Haïti : interroger les limites de l'aide au développement » évoquée plus haut mettait en lumière cette tension : faut-il davantage bureaucratiser, harmoniser, faire coalition avec les bailleurs de fonds ? Elle prônait d'assumer une identité spécifique et une dimension autre.

Haïti exige d'aller un peu au-delà de la simple histoire institutionnelle et de convoquer d'autres disciplines, dans la mesure où le recueil d'une trentaine d'entretiens a dévoilé l'épaisseur d'une relation affective complexe au pays. Aussi marginale soit-elle dans le profus paysage de l'aide en Haïti, la petite histoire de l'AFD, tissée d'aventures personnelles, fait surgir des problématiques qui la dépassent. Dès lors, le livre ne peut s'en tenir à un périmètre historique restreint, mais doit procéder par décloisonnement. Décloisonnement temporel, d'abord, dans la mesure où s'enchevêtrent plusieurs échelles de temps (cf. encadré ci-après). Décloisonnement disciplinaire, ensuite, parce que le sujet justifie de convoquer d'autres sciences sociales que l'économie ou l'histoire. Décloisonnement « topique », puisqu'il est difficile de s'en tenir à la seule histoire de l'AFD. Le livre cherche alors à assurer une circulation entre ces différents niveaux de compréhension, dont la liaison permettrait de faire vibrer le sens de notre présence en Haïti.

TEMPORALITÉS CROISÉES

Plusieurs histoires se croisent dans cet ouvrage à différents étages : les évolutions de la communauté internationale et de l'aide publique au développement ; celles de l'aide française ; l'histoire propre d'Haïti ; l'histoire de l'AFD en Haïti. Loin d'être de simples poupées russes qui s'emboîtent mécaniquement, elles impriment les unes sur les autres des effets variables au fil du temps, dans une direction toutefois prévisible (les évolutions de la communauté internationale sont plus susceptibles d'influer sur l'histoire d'Haïti que l'inverse). Chacune a son rythme propre, avec ses continuités et ses aspérités, ses avancées et ses perturbations. L'exposition de ces trajectoires permet de mettre en lumière la complexité de l'écheveau des temporalités. Quand ce n'est pas Haïti qui est plongé dans des soubresauts politiques ou autres, ce sont ses partenaires qui sont tributaires des réformes de l'aide internationale, etc., les exemples se multipliant à l'infini. On peut voir ces histoires comme des sinusoïdes qui, loin de s'épouser, sont presque constamment désynchronisées. La petite histoire de l'AFD en Haïti est en quelque sorte le produit des trois autres qui, à différents degrés, l'enveloppent et la façonnent. Ce qui ne l'empêche pas d'avoir en plus ses oscillations propres. Comment, dès lors, espérer une coopération cohérente dans la durée ? Si elles sont atténuées par l'engagement qui prévaut chez les collègues ayant travaillé en Haïti, les discontinuités rendent difficile la cohérence dans le temps, et c'est l'un des objets du livre que de le montrer.

Face aux défis inhérents à ce triple décloisonnement, nous devons éviter au moins trois écueils. Le premier serait de verser dans le narcissisme corporatiste d'une histoire d'entreprise mal conçue, le deuxième de réduire ce travail à un enjeu de communication, et le troisième de rester dans la dépendance intellectuelle (voire psychologique) des témoignages, lesquels appellent une remise en contexte.

De même, le travail d'histoire peut suivre deux modèles : l'un, strictement calé sur des archives, des opérations, des chiffres (sources a priori plus « fiables » et « objectives ») ; l'autre en termes d'aventures humaines subjectives, qui habitent les marges d'une politique publique pourtant robuste. Il s'agissait de faire en sorte que les deux démarches se répondent, pour tenter d'extraire les déterminants qui façonnent ces histoires personnelles et comprendre comment elles sont chevillées à l'histoire institutionnelle. Il convient de bien décrire ces ateliers du développement, où le métier s'est forgé comme un artisanat, selon une tradition qui lui a soufflé de nombreux perfectionnements et qui reste profondément inscrite dans ses gènes au moment où l'AFD change d'échelle, à l'instar d'un artisan qui deviendrait industriel.

1
Les prémices de l'aide française en Haïti

Un des apports de l'histoire de l'aide au développement est de renouer avec un passé ancien, voire oublié tant il est loin des considérations immédiates propres au quotidien du métier. L'intervention de l'AFD en Haïti n'est pas compréhensible sans un saut en arrière. Ce chapitre brosse à grands traits les éléments de contexte utiles à la compréhension. On se propose de remonter, du côté d'Haïti, à la « dette de l'indépendance », et du côté de l'AFD, à sa création.

L'AFD étant une banque, la question de la dette ne peut être évitée : celle de l'indépendance fait d'Haïti un cas singulier parmi les divers processus d'émancipation coloniale. Pour l'acquitter, le pays a souscrit divers emprunts en France (notamment) tout au long du XIXe siècle. Ce précédent, dans le prolongement d'une histoire coloniale mouvementée, marque durablement les relations d'Haïti avec la communauté financière. La dette acquittée, la fin du siècle ne scelle pourtant pas la sortie d'Haïti de l'histoire coloniale, puisque c'est au tour de son puissant voisin, les États-Unis, d'étendre son « aile protectrice » sur le pays.

De son côté, la Caisse centrale voit le jour pendant la Seconde guerre mondiale, au cœur de l'appareil de la France Libre, alors que se mettent en place les approches nouvelles du développement. En contrepoint, la collectivité des bailleurs de fonds commence à se constituer et, dès l'origine, Haïti y est étroitement associé. Le pays n'en bénéficiera toutefois qu'un peu plus tard.

La question de la dette traverse le XIXe siècle

> « Sortie dévastée des guerres de l'indépendance, boycottée politiquement par les grandes puissances d'alors, Haïti a dû de surcroît accepter de payer une forte indemnité à la France en échange de la reconnaissance de son indépendance. Cette histoire est bien connue. Ce qui l'est moins, c'est la spirale d'endettement catastrophique que crée l'obligation de tenir ses engagements au titre de cette indemnité[1]. »

Des négociations s'engagent à partir de 1814, dès la première Restauration, et la France demande le retour de la colonie sous sa domination. Haïti s'y refuse et, pour sortir de l'impasse, propose de verser une indemnité destinée aux anciens colons. « Au Congrès de Vienne de 1815, la France [fait] reconnaître par les puissances tous ses droits sur sa colonie de Saint-Domingue »[2]. De ce fait, aucun État ne veut reconnaître officiellement la nouvelle République d'Haïti, tant que la France n'en donne pas le signal. Ainsi, si en 1823 l'indépendance du Mexique, de la Colombie et de divers autres pays d'Amérique latine est reconnue par la Grande-Bretagne, celle d'Haïti, après 19 ans, n'est pas encore prise en considération[3].

Le principe de l'indemnité semble un compromis possible, mais comment en fixer le montant ? Comme, en 1825, les discussions laborieuses traînent encore, Charles X décide

1. D. Holly, préface à F. Douyon, 2004, p. 10.
2. F. Blancpain, 2003.
3. C. Wesley, 1917.

unilatéralement, sous la forme d'une ordonnance datée du 17 avril 1825, que l'indemnité s'établira à 150 millions de francs or, payable en cinq annuités égales. Il envoie une escadre à Port-au-Prince pour présenter l'ordonnance à l'acceptation du gouvernement haïtien, qui ne peut s'y soustraire. La présence dans la rade de Port-au-Prince de 14 bâtiments portant 528 canons constitue un argument convaincant. Le gouvernement haïtien s'acquitte d'une première échéance de 30 MF en souscrivant un emprunt spécial à Paris, mais ne peut faire face aux suivantes. Des négociations s'ouvrent pour obtenir une réduction du montant et un allongement des délais de paiement, et aboutissent le 12 février 1838, sous la monarchie de Juillet. L'indemnité est abaissée à 90 MF, ce qui divise par deux le solde du restant dû. En outre, les délais de paiement sont portés à 30 ans, au lieu des quatre années restantes.

> « Les 90 MF furent effectivement payés à la France, en un peu plus de 30 ans, car, pendant les périodes de troubles internes, les paiements étaient suspendus. Le dernier versement eut lieu en 1883, au lieu de 1867 (comme convenu dans le traité)[4]. »

Ainsi, Haïti fait l'expérience de la dette et pratiquement aussitôt du rééchelonnement, pratique qui sera codifiée à partir des années 1950, dans le cadre du Club de Paris (présenté dans le deuxième chapitre). Un pays peut difficilement faire l'objet d'une saisie de son patrimoine ou de ses revenus, ce qui impose à ses créanciers la patience… ou le réalisme.

Cette expérience pourra, de façon récurrente, ressurgir dans les relations entre Haïti et la France. Un ancien directeur, M. Rodigneaux[5], se souvient que son ambassadeur lui avait

---

4. F. Blancpain, 2003, p. 244.
5. M. Rodigneaux est né à Pointe-à-Pitre (Guadeloupe). Il a représenté l'AFD dans les pays de la Caraïbe, de l'océan Indien et du Pacifique, dont Haïti entre 1998 et 2000.

demandé de calculer la valeur actuelle nette des flux totaux entre Haïti et la France, depuis le service de cette créance jusqu'aux flux plus récents d'aide publique. Selon son calcul, l'aide française avait plus qu'excédé la valeur actuelle des remboursements reçus au XIXe siècle.

Par-delà la question de fond, cette première expérience d'endettement revêt une charge symbolique multiple qui persistera dans le temps : bien qu'illégitime (payer pour son indépendance semble aujourd'hui tout à fait absurde), la créance n'en est pas moins un instrument d'ostracisation et d'isolement, le véhicule d'un acharnement procédural et d'un asservissement économique, ainsi que l'illustration, s'il en est besoin, que la finance peut prendre des dimensions éminemment politiques.

Plusieurs témoins ont spontanément évoqué l'épineux sujet de la dette :

> « Quelle histoire quand François Hollande est venu en Haïti en mai 2015 et qu'il a abordé le sujet de la dette ! Cela a été considéré comme une erreur de communication[6], mais les Haïtiens attendaient qu'il en parle et s'il ne l'avait pas fait, on le lui aurait reproché. [...] La question de la dette est très compliquée et ambiguë[7]. »

> « Le paiement de la dette de l'indépendance à l'État français au XIXe siècle, résultat de la négociation sur l'indemnisation des ex-propriétaires coloniaux français en contrepartie de la reconnaissance de l'indépendance haïtienne par la France, représente, après son

6. Avant de se rendre en Haïti en mai 2015, le président Hollande a annoncé depuis la Guadeloupe, au milieu d'un discours portant sur l'esclavage, qu'il « acquitterait [...] la dette » d'Haïti. L'Élysée a rapidement rectifié l'erreur en indiquant qu'il s'agissait de « dette morale ».

7. N. Faugère est chef de projet à l'AFD, il a travaillé en Haïti entre 2010 et 2016, d'abord pour AVSF (Agronomes et Vétérinaires Sans Frontières) puis pour l'AFD. Entretien réalisé à Paris, le 16 mars 2017.

actualisation, un montant astronomique par rapport au PIB actuel d'Haïti. Je me rappelle au début des années 2000 lors de la crise politique en France et en Haïti, des affiches dans les rues de Port-au-Prince, sur lesquelles était inscrit le montant de ce que la jeune république haïtienne avait versé à la France au XIXe siècle converti en gourdes : des centaines de milliards de gourdes... Une banderole affichant le montant de cette dette au-dessus de la route "panaméricaine" entre le centre de Port-au-Prince et Pétion-Ville faisait 10 mètres de large[8] ! »

Ces extraits d'entretiens mettent en évidence le caractère encore sensible, deux siècles plus tard, de la dette supposée racheter l'indépendance d'Haïti en 1804. C'est à l'occasion du bicentenaire de cet événement que les rancœurs se ravivent. Aristide, en 2003, réclame « la restitution », et désigne la France comme responsable de l'isolement d'Haïti. Dans les rues, affiches et graffitis exigent de l'ancienne puissance coloniale qu'elle rembourse la dette. Il y aurait beaucoup à dire sur les relations franco-haïtiennes, dont l'histoire est pour le moins tissée d'ambiguïtés. Ces témoignages mettent en tout cas l'accent sur la perception d'un sentiment d'amertume, voire de rancœur vis-à-vis de la France. Pour certains, éluder cette question donnait un sentiment de déni des faits, ce que visaient à rectifier les propos tenus par le président Hollande lors de sa visite d'État en 2015.

Au-delà de la dimension matérielle concrète de la dette, qui en dit long également sur le plan symbolique, des questions lancinantes touchant à la place qu'occupe Haïti dans

8. P. Brouillet est responsable de l'AFD à Bangui, il est également trésorier bénévole de l'association culturelle Collectif 2004 Images Haïti. Entré à l'AFD en 2000 après sept ans passés comme ETI (expert technique international) pour le ministère français de la Coopération auprès des ministères de la santé du Sénégal et d'Haïti, il était auparavant responsable d'ONG, consultant dans le secteur hospitalier et de la protection sociale en France, et chargé d'enseignement à Sciences Po et au CERDI. Entretien réalisé à Paris, le 16 mars 2017.

l'imaginaire français reviennent de manière récurrente, que C. Wargny résume ainsi[9] :

> « [La France] Dira-t-elle pourquoi Haïti, depuis le divorce de 1804, jouit d'un traitement de défaveur ? Pourquoi, en deux siècles, aucune éclaircie ne permit jamais la visite d'un Président ou d'un Premier ministre français dans l'ancienne colonie ? [...] Pourquoi Haïti, absente des fictions autant que des manuels scolaires, est-elle passée à la trappe ? Pourquoi une indépendance singulière exigeait-elle un traitement singulier ? Pourquoi, trois fois pourquoi ? »

L'occupation américaine

Le début du XXe siècle est marqué par une guerre civile et une insurrection, suivies par la longue occupation militaire américaine (1915-1934) qui donne lieu, elle aussi, à une résistance armée dont la révolte des Cacos, guérilla constituée de paysans du nord de l'île, est emblématique. Ce mouvement est fortement réprimé par les Américains, qui exécutent notamment le révolutionnaire Charlemagne Péralte[10]. Si l'histoire de l'occupation américaine ne peut être retracée ici, le lecteur pourra se référer à des historiens tels que Roger Gaillard, auteur de *Les blancs débarquent*[11].

La période d'occupation américaine, en plus d'avoir nourri une méfiance croissante des Haïtiens envers les étrangers, a constitué une véritable rupture dans l'histoire haïtienne. Elle a contribué à recomposer l'État. Elle a également bouleversé

9. C. Wargny, 2008, p. 60-61.
10. François Borgia Charlemagne Péralte (1885-1919).
11. Roger Gaillard a écrit l'histoire d'Haïti entre 1867 et 1934 à travers deux séries de sept tomes chacune, *La république exterminatrice* et *Les blancs débarquent*, publiées entre 1974 et 2003.

les relations franco-haïtiennes, à tel point que l'historien et ex-président Leslie Manigat[12] parle de « substitution de l'hégémonie ».

Pour Clerc[13], les États-Unis déploient une « politique, formulée par Theodore Roosevelt en 1904, du "gros bâton" à l'égard des pays de leur "troisième frontière". [...] Peu après leur accession au rang de puissance à vocation mondiale – c'est-à-dire depuis la proclamation de la "doctrine Monroe", en 1823 –, les États-Unis, naturellement, portent une très grande attention à leur environnement américain. [...] En 1898, déclenchant la guerre contre l'Espagne, ils s'emparent de Cuba et de Porto Rico ». Durant le premier quart du XXe siècle, ils opèrent encore des débarquements, parfois suivis de longues occupations, en Haïti, au Nicaragua, en République dominicaine, et se font céder la zone du canal de Panama.

Les intérêts américains sont nombreux, aussi bien stratégiques qu'économiques. En 1910, le président William Howard Taft envisage de consentir à Haïti un prêt assez substantiel pour permettre au pays de liquider sa dette extérieure, et ainsi de l'exonérer de l'influence étrangère associée. Le montant en jeu et l'instabilité politique du pays ont raison de ce projet[14].

Le dernier quart du XIXe siècle avait été marqué par un accroissement important des investissements étrangers en Haïti, le contrôle de larges secteurs de l'économie par des non-nationaux, plusieurs interventions politiques et militaires de gouvernements européens. À cet égard, les marchands allemands ont particulièrement tendance à intervenir dans la politique intérieure haïtienne. Préoccupés par cette influence

12. L. Manigat (1930-2014) est un historien et éphémère président d'Haïti (élu en janvier 1988 et renversé cinq mois plus tard par un coup d'État militaire).
13. J.-P. Clerc, 1983, p. 908.
14. D. Nicholls, 1975.

LES PRÉSIDENTS D'HAÏTI DE 1911 À 1915

Président	Prise de fonction	Départ	Titre
Cincinnatus Leconte	27 juillet 1911	7 août 1911	Chef suprême de la Révolution
	7 août 1911	14 août 1911	Chef du pouvoir exécutif
	14 août 1911	8 août 1912	
Tancrède Auguste	9 août 1912	2 mai 1913	
Conseil des Secrétaires d'État	2 mai 1913	4 mai 1913	Seymour Pradel, Beaufossé Laroche, Jacques Nicholas Léger, Tertulien Guilbaud, Edmond Lespinasse, Guatimosin Boco
Michel Oreste	4 mai 1913	27 janvier 1914	
Edmond Polynice	27 janvier 1914	8 février 1914	Président du Comité de salut public
Oreste Zamor	8 février 1914	29 octobre 1914	
Edmond Polynice	29 octobre 1914	6 novembre 1914	Président du Comité de salut public
Joseph Davilmar Théodore	6 novembre 1914	10 novembre 1914	Chef du pouvoir exécutif
	10 novembre 1914	22 février 1915	
Vilbrun Guillaume Sam	22 février 1915	9 mars 1915	Chef du pouvoir exécutif
	9 mars 1915	28 juillet 1915	
Comité révolutionnaire	28 juillet 1915	11 août 1915	Membres : Charles de Delva, Edmond Polynice, Charles Zamor, Léon Nau, Ermane Robin, Eribert Saint-Vil Noël, Samson Monpoint

croissante des Allemands qui s'établissent dans le pays, y prenant femme et fondant leur famille tout en gardant un lien fort avec leur pays, les États-Unis tiennent à assurer une base navale en Haïti, et Môle-Saint-Nicolas, sur la côte nord-ouest de l'île, leur semble l'endroit idéal.

La présence de grandes puissances dans leur environnement proche est vécue comme une menace par les États-Unis. Malgré l'indépendance d'Haïti, la présence française y reste vive, au-delà de la seule question de la dette. La présence allemande, conçue apparemment pour durer (comme en atteste le nombre de mariages entre Allemands et Haïtiennes), représente à leurs yeux un risque commercial.

En 1914, dans un contexte d'instabilité politique aigüe (depuis 1911 les présidents prennent leurs fonctions pour remplacer leur prédécesseur assassiné), l'administration Wilson envoie des Marines en Haïti. L'assassinat de Vilbrun Guillaume Sam est le déclencheur de l'intervention américaine pour y restaurer l'ordre et préserver la stabilité politique et économique de la Caraïbe. Une première mesure consiste à transférer les réserves d'or de la Banque nationale à la City Bank à New York, de façon à encourager les créanciers européens à négocier avec les États-Unis[15]. Les États-Unis prélèvent ainsi en décembre 500 000 $ de la Banque nationale pour les mettre en sécurité à New York, et accessoirement contrôler la Banque centrale.

L'invasion prend fin avec la conclusion d'un traité américano-haïtien en 1915. Les articles de cet accord établissent la Gendarmerie comme une force militaire composée d'Haïtiens et d'Américains, et contrôlée par les Marines. Les États-Unis prennent le contrôle complet des finances publiques haïtiennes, et s'arrogent le droit d'intervenir en Haïti lorsque le gouvernement américain le juge utile. Ils imposent en outre

15. A. J. Angulo, 2010.

l'élection d'un nouveau président pro-américain, Philippe Sudré Dartiguenave, en août 1915. Ce choix, sans considération des Haïtiens, ravive les protestations et le tumulte. Après cette tentative infructueuse, l'administration Wilson tente la voie législative en imposant une nouvelle constitution en 1917. Celle-ci vise à rétablir la propriété de la terre pour les étrangers, qui avait été mise hors la loi à la Révolution pour prévenir la prise de contrôle étrangère du pays. Méfiants à l'idée de questionner une mesure ancienne dont la pertinence ne paraît pas remise en cause, les parlementaires rejettent ce projet. Les législateurs commencent à rédiger une nouvelle version anti-américaine, aussi les États-Unis contraignent-ils le président à dissoudre l'Assemblée. Celle-ci ne se réunira plus jusqu'en 1929.

La Gendarmerie, sur laquelle repose la mission de maintien de l'ordre, est dotée de 2 600 hommes ; elle met en œuvre des grands travaux, avec la réalisation de plus de 900 km de routes (notamment reliant Cap-Haïtien à Port-au-Prince[16]). Elle se rend impopulaire par l'introduction de pratiques alors en vigueur aux États-Unis : ségrégation raciale, censure de la presse et travail forcé provoquent une rébellion paysanne en 1919-1920. Le Sénat envoie en 1921 une commission d'enquête en Haïti pour examiner les plaintes, et réorganise l'administration de façon plus centralisée. Par la suite, le pays reste à peu près stable et une petite classe y réalise une certaine promotion économique. La grande majorité demeure toutefois dans la pauvreté, malgré des efforts en matière d'infrastructure d'assainissement et d'hygiène, animés par la préoccupation de favoriser l'industrie touristique[17].

Une série de grèves et de soulèvements, en 1929, conduit les États-Unis à amorcer leur retrait. En 1930, les fonctionnaires américains commencent à former des cadres haïtiens à

16. G. C. Thorpe, 1920.
17. *Ibid.*

prendre les commandes. En 1934, en ligne avec la politique de « bon voisinage » du président Franklin D. Roosevelt, ils se retirent officiellement d'Haïti tout en y maintenant des liens économiques étroits. Si la période américaine a semblé plus stable que la précédente, elle a contribué à donner à l'armée un pouvoir prépondérant, et un régime militaire succède aux Américains à leur départ en 1934.

La création de la Caisse centrale et la mise en place du cadre multilatéral

Pendant la Seconde Guerre mondiale, alors que les combats font rage, toutes sortes de réflexions sont conduites pour éviter que se reproduisent les événements de l'entre-deux-guerres. C'est une période marquée par une grande créativité pour établir une véritable gouvernance internationale du développement.

La Caisse centrale de la France libre (CCFL) est créée le 2 décembre 1941, comme le Trésor et la Banque centrale de la France libre. Elle porte l'empreinte de la Résistance, dont elle prolonge les valeurs en les projetant dans l'action internationale.

À l'approche de la fin de la guerre est organisée, fin janvier 1944 à Brazzaville, une grande conférence réunissant les gouverneurs coloniaux. René Pleven, alors président du Conseil de surveillance de la Caisse centrale, est aux côtés du général de Gaulle. Avec Félix Éboué, il préside à l'organisation de la conférence et à la préparation du discours (en ligne avec le Programme du Conseil national de la Résistance), dont voici un extrait :

> « Nous croyons que, pour ce qui concerne la vie du monde de demain, l'autarcie ne serait, pour personne, ni souhaitable, ni même

possible. Nous croyons, en particulier, qu'au point de vue du développement des ressources et des grandes communications, le continent africain doit constituer, dans une large mesure, un tout. Mais, en Afrique française, comme dans tous les autres territoires où des hommes vivent sous notre drapeau, il n'y aurait aucun progrès qui soit un progrès, si les hommes, sur leur terre natale, n'en profitaient pas moralement et matériellement, s'ils ne pouvaient s'élever peu à peu jusqu'au niveau où ils seront capables de participer chez eux à la gestion de leurs propres affaires. C'est le devoir de la France de faire en sorte qu'il en soit ainsi. »

Comptant parmi le nombre limité de pays en développement alors indépendants, Haïti est impliqué dans la conception de la gouvernance mondiale de la finance et du développement en tant que pays cofondateur.

En juillet 1944, le pays participe à la conférence de Bretton Woods, qui réunit 44 pays (dont les principales puissances alliées, 19 États indépendants d'Amérique centrale et latine[18], et seulement trois États africains[19]) à l'invitation des États-Unis. Préparée dès 1942 entre les États-Unis et le Royaume-Uni, la conférence débouche sur un acte final qui porte création de la Banque internationale pour la reconstruction et le développement (BIRD) et du Fonds monétaire international (FMI). Il faut attendre la fin de la guerre pour voir l'entrée en vigueur de ces statuts, finalement signés par 32 pays le 27 décembre 1945 (l'Allemagne et le Japon y adhéreront en 1952).

D. Kapur (1997) retrace la montée progressive des pays en développement dans les activités de la BIRD. Sa première mission, la reconstruction, est la plus urgente, puis elle commence

18. Bolivie, Brésil, Chili, Colombie, Costa Rica, Cuba, Équateur, Guatemala, Haïti, Honduras, Mexique, Nicaragua, Panama, Paraguay, Pérou, République dominicaine, Salvador, Uruguay, Venezuela.
19. Afrique du Sud, Éthiopie, Liberia.

à se tourner vers les pays d'Amérique latine – beaucoup des régions en développement d'Afrique et d'Asie sont encore sous la dépendance des puissances coloniales. Haïti apparaît parmi les premiers membres de la Banque.

1956 voit la création et l'ouverture de la Société financière internationale (SFI) et de l'Economic Development Institute (EDI, aujourd'hui World Bank Institute). Organisé par la Banque avec le concours financier des fondations Rockefeller et Ford, l'EDI vise à aider les pays membres à améliorer leur gestion publique en augmentant le nombre d'administrateurs qualifiés en matière de politique économique et de planification, et de gestion de programmes de développement. Haïti figure parmi les premiers participants.

Autre moment fondateur : la conférence de San Francisco, qui établit l'Organisation des Nations unies (ONU) pour prendre la relève de la Société des Nations (SDN), au cours de laquelle la délégation haïtienne prit l'initiative de demander que la langue française en soit une langue officielle[20]. Pourtant, si le pays est francophone, l'occupation américaine a diffusé la pratique de l'anglais. Peut-être a-t-elle laissé un souvenir qui aura profité à celui de la France. Nadège Chouat[21], interrogée pour ce livre, souligne à ce propos : « Peu de Français savent que l'on doit l'usage de la langue française à l'ONU aux Haïtiens, qui eux le savent tous et en sont très fiers. Les Haïtiens considèrent qu'ils ont fait beaucoup pour la France, qui ne le leur a pas suffisamment bien rendu. »

Parmi les premiers membres des Nations unies, Haïti est en mesure, après les indépendances des colonies françaises, de déployer ses experts dans de nombreux pays en développement.

---

20. R. Debray, 2004.

21. Nadège Chouat, agent du MEAE, a exercé notamment dans la coopération culturelle française, en Haïti, au Burkina Faso, au Sénégal ; elle a rejoint l'AFD en 2017. Entretien réalisé à Paris, le 25 novembre 2017.

Après la création de la Caisse centrale au niveau national, puis des institutions de Bretton Woods au niveau international, le mouvement s'est poursuivi au niveau sous-régional. Les représentants des États américains avaient tenu une première Conférence internationale américaine dès 1889, « dans le but de discuter et de recommander l'adoption par leurs gouvernements respectifs d'un plan d'arbitrage appelé à régler les différends et conflits qui pourraient se présenter entre eux à l'avenir, et pour examiner les questions portant sur l'amélioration de leurs relations commerciales et les moyens de communication directe entre ces pays, ainsi que pour encourager ces relations commerciales de façon qu'elles produisent des bénéfices pour tous et créent de plus vastes marchés pour les produits de chacun de ces pays »[22]. Dix-huit pays des Amériques prirent part à cette Conférence, dont Haïti, par l'intermédiaire de deux délégués, Arthur Laforestrie et Hannibal Price, qui en a tiré un rapport[23].

C'est en 1889 que l'idée d'une banque de développement internationale fut formulée pour la première fois à l'échelle de l'Amérique latine et des Caraïbes. Créées bien plus tard, les banques régionales de développement répondent à des logiques politiques spécifiques, de l'appui à un véritable processus d'intégration (cas de l'UE) à un simple mécanisme de solidarité ou de cohésion régionale.

Semblables à la Banque mondiale dans leur principe, elles sont plus qu'une simple réplique à l'échelle régionale. À la fin des années 1950, la première d'entre elles, la Banque européenne d'investissement (BEI), vise explicitement à contribuer à la réduction des disparités entre États membres[24].

---

22. Voir http://www.oas.org/fr/a_propos/notre_histoire.asp
23. H. Price, 1890. https://ia801407.us.archive.org/28/items/rapportadressa00hait/rapportadressa00hait_bw.pdf
24. Article 267 (ex article 198 E) : La Banque européenne d'investissement a pour mission de contribuer, en faisant appel aux marchés des capitaux et à

Ces banques lèvent des ressources à des conditions favorables sur les marchés grâce à leur bonne signature, offrent aux pays donateurs un outil pour acheminer certains concours concessionnels et constituent des banques de données d'informations économiques sur les pays concernés, un lieu d'échanges d'information et de réflexions politiques.

Chaque continent bénéficie de concours d'au moins une banque de ce type ; trois d'entre elles concernent Haïti :

– la BEI, créée en 1958 par le traité de Rome, qui au-delà du marché commun a en outre pour mission de financer des opérations de développement en dehors de l'UE ;

– la BID, pour l'Amérique centrale et latine, créée en 1959, qui compte 27 membres régionaux et 20 extra-régionaux, et dont le siège est à Washington ;

– la Banque de développement des Caraïbes (BDC) qui est une banque de développement ayant son siège à Bridgetown, à la Barbade. Elle est fondée en 1969 à Kingston en Jamaïque.

Elles visent à apporter des concours aux conditions les plus favorables pour l'investissement dans les pays de la région. Dans le cas de la BEI, cette mission est étendue aux pays tiers en développement ou en transition.

En Haïti, l'aide française prend d'abord la forme de la coopération culturelle et de l'assistance technique

En 1944, la Caisse centrale prend le nom de Caisse centrale de la France d'outre-mer (CCFOM), puis elle étend sa compétence à la reconstruction et au développement outre-mer, ainsi qu'à la constitution des instruments financiers de mise

---

ses ressources propres, au développement équilibré et sans heurt du marché commun dans l'intérêt de la Communauté.

en œuvre de cette politique. En avril 1946, une loi porte sur l'établissement, le financement et l'exécution de plans d'équipement et de développement des territoires relevant du ministère de la FOM, dont la priorité est la satisfaction des besoins des populations et leur progrès social. Cette loi établit un Fonds d'intervention pour le développement économique et social des territoires d'outre-mer (FIDES) pour distribuer des dons financés sur le budget de l'État et créer « des sociétés d'économie mixte dans lesquelles l'État, les collectivités publiques d'outre-mer [...] auront une participation majoritaire ».

Au terme de la période de guerre et de mise en place, la Caisse se déploie sous la forme d'un réseau dense d'agences et de filiales, par lequel elle distribue des ressources financières de toute sorte, de la prise de participation au prêt ou à la garantie, outre-mer comme dans les colonies. Mais, alors, la Caisse centrale n'a encore guère à connaître d'Haïti, où ce que l'on appellera plus tard la coopération française prend d'abord la forme de la création du centre culturel, dès la fin de la guerre.

À la Libération, l'ancien ministère des Colonies est divisé en deux départements ministériels, l'un pour les États associés[25] et l'autre pour la France d'outre-mer (FOM), dont la compétence s'étend notamment sur toute l'Afrique subsaharienne française et les territoires du Pacifique.

L'aide au développement est une composante de la diplomatie française qui se met en place progressivement après la Seconde Guerre mondiale. Wien Weibert Arthus[26] raconte

25. De 1950 à 1955, le ministère, puis à partir de 1953, le secrétariat d'État chargé des relations avec les États associés, a mis en œuvre la politique française avec le Cambodge, le Laos et le Vietnam. Supprimé en 1955, ses attributions furent transférées au ministère des Affaires étrangères.
26. W. W. Arthus, 2008.

comment, « en 1945, Haïti et la France décident de rétablir leurs relations diplomatiques. [...] Certains milieux nationalistes voient dans la présence française une arme de combat contre l'impérialisme du grand voisin, les États-Unis ». L'auteur décrit « la manière dont le rétablissement des relations s'est effectué dans les domaines culturel et économique – deux des principaux champs d'expression de la politique étrangère de la France [...] ». Il cite Marie-Christine Kessler[27], pour qui la politique culturelle extérieure est l'une des plus anciennes « politiques publiques » françaises, et celle de la France a effectivement été active en Haïti.

> « Généralement bilatérale, la diplomatie culturelle traditionnelle de la France est conduite sur le plan de l'enseignement, du livre, de la science et de la technique. En Haïti, elle est avant tout, et dans une très large mesure, l'œuvre des prêtres et religieux français qui s'investissent dans l'enseignement primaire et secondaire des Haïtiens. Au moment de la reprise des relations, elle prend une forme officielle grâce à la signature d'accords culturels qui permettent la création de l'Institut français, l'envoi sur place de professeurs et de techniciens, et enfin l'octroi de bourses universitaires et artisanales. »

En 1950, un ministère spécifique est créé « rue Monsieur » pour les départements non métropolitains (les quatre départements d'outre-mer actuels – DOM plus 3 départements algériens), les protectorats (Maroc et Tunisie) et les États associés d'Indochine. Le ministère de la Coopération y est créé en 1959. Haïti relève alors du seul ministère des Affaires étrangères (MAE).

En 1960, les indépendances africaines laissent le dispositif pratiquement inchangé. Jusqu'en 1975, la Caisse s'attache à approfondir ses pratiques dans son périmètre géographique

27. M.-C. Kessler, 1999.

d'origine. C'est le Trésor qui, à partir de 1974, « libère » la Caisse centrale de coopération économique (CCCE) en lui permettant de croître (extensions géographiques notamment). L'établissement diversifie alors ses opérations et ses secteurs d'intervention. La priorité de la coopération française est alors clairement en Afrique. Pourtant, des contacts avec des Haïtiens sont fréquents, car les organisations internationales puisent dans le vivier francophone pour leur offre d'expertise aux pays d'Afrique anciennement sous domination belge ou française.

Le ministère des Affaires étrangères intervient dans les seuls pays dits « hors champ », les pays du champ étant en pratique les anciennes colonies françaises qui relèvent du ministère de la Coopération, ce qui ne comporte toutefois pas Haïti.

Dans les années 1960, lorsque le ministère de la Coopération est créé, deux réseaux travaillent en parallèle avec, d'une part, les missions locales (missions françaises de coopération et d'action culturelle) et, d'autre part, celui des agences de la Caisse centrale. Une grande partie des subventions du ministère de la Coopération consiste à financer l'assistance technique, tandis que la Caisse centrale consent essentiellement des prêts d'aide projet. À partir de 1962, le ministère de la Coopération envoie des volontaires comme coopérants à l'étranger. Le ministère gère l'assistance technique et l'assistance militaire dans les pays de son ressort.

En Haïti, le contexte est caractérisé par l'arrivée au pouvoir de François Duvalier en 1957 grâce à l'armée, ce qui le conduit, afin d'assurer la pérennité de son pouvoir face aux militaires, à créer sa milice personnelle, les Tontons Macoutes. Elle installe un régime prédateur, qui règne par la terreur, et, en ces temps de guerre froide, avec le soutien des Américains et du Monde libre. Haïti est donc un pays dont l'autorité dérive essentiellement de son pouvoir et de ses revenus, non pas de liens tissés avec sa population, mais de l'extérieur.

Ainsi, l'État est alors probablement non seulement faible mais aussi fragile, y compris avec une illégitimité provenant de son incapacité à remplir sa mission. C. Wargny note[28] : « À en croire la Réserve fédérale américaine, les Duvalier auraient détourné près de huit cents millions de dollars en trente ans, soit le tiers de l'aide internationale pendant cette période. »

C'est après la mort de François Duvalier que la France décide de changer d'échelle dans sa relation avec Haïti. Pour mieux faire face aux enjeux du développement du pays, à l'aide du MAE vient très vite s'adjoindre celle du ministère de la Coopération, dont le Fonds d'aide et de Coopération (FAC, successeur du FIDES) et l'assistance technique sont mieux dotés.

Une note de la Direction des Archives du ministère des Affaires étrangères[29] montre le point d'inflexion :

> « Les relations sont revivifiées à partir des années 1970, à la faveur de la Francophonie : Haïti adhère à l'ACCT (Agence de coopération culturelle et technique) dès juin 1970, trois mois après la création de l'agence. L'arrivée au pouvoir en 1971 de Jean-Claude Duvalier, qui opte dans un premier temps pour une politique d'ouverture et d'apaisement, crée les conditions favorables à un accroissement massif de l'aide, non seulement française, mais aussi nord-américaine (États-Unis, Canada) et allemande. 1972 voit la création d'une commission mixte et la mise en place d'une politique d'aide et de coopération active. Derrière les États-Unis, qui ont acquis une place prépondérante, la France reste le deuxième partenaire commercial d'Haïti. Mais les investissements sont limités et, dans le domaine industriel, une seule grande entreprise émerge : le Ciment d'Haïti, société de droit haïtien créée en 1951 et dominée à 65 % par les capitaux français. C'est la

28. C. Wargny, 2008, p. 69.
29. F. Watel, 2004.

première entreprise industrielle du pays à la fin des années 70; mais ses relations avec le gouvernement haïtien sont parfois tendues.»

Pour ce changement d'échelle, les instruments des Affaires étrangères sont insuffisants, aussi le ministère ouvre-t-il exceptionnellement la voie à l'arrivée du FAC puis de la CCCE en partageant la compétence avec le ministère de la Coopération.

Créé en 1959, le FAC doit regrouper «l'ensemble des concours apportés par la République française en matière d'aide et de coopération économique, financière, culturelle, sociale ou technique aux États de la compétence du ministère». Ce regroupement ne se réalise toutefois que partiellement, certaines actions pouvant parfois être financées par le budget d'autres ministères. Le rôle du FAC est de financer, sous forme de subventions, l'aide aux opérations d'investissements économiques, administratifs, culturels et sociaux.

En 1973, Haïti devient éligible au FAC, ce qui revient à conférer la compétence sur Haïti au ministère de la Coopération. Une mission permanente est alors installée au sein de l'ambassade. L'autorisation d'intervenir de la Caisse centrale suit de peu.

Les spécialisations sont marquées: la Caisse fait des prêts, tandis que le ministère de la Coopération fait des dons. Derrière cette dichotomie, les liens sont en réalité plus forts, dans la mesure où les deux familles d'instruments peuvent être conjuguées sur un même projet. En outre, la Caisse est le payeur du FAC, selon la tradition publique française qui vise à avoir deux entités distinctes pour l'ordonnateur et le payeur.

La coopération culturelle a une vitalité particulière et se traduit par des échanges intenses; ainsi, André Malraux, ancien ministre de la Culture du général de Gaulle, consacre son dernier voyage artistique en Haïti en 1975, où il prononce la fameuse phrase: «L'Afrique a trouvé son génie de la couleur dans la chétive Haïti, dans elle seule. » Après avoir contemplé ces peintures au premier festival des Arts Nègres à Dakar, en 1966, il décida d'aller rencontrer des peintres naïfs, influencés par le vaudou, en décembre 1975, alors qu'il se savait malade. Dans son œuvre posthume, *L'Intemporel*, André Malraux consacre son dernier chapitre aux peintres de Saint-Soleil, dont il vante les mérites[30].

Nadège Chouat, attachée culturelle en Haïti de 1998 à 2002, affirme, au sujet de la coopération culturelle, que c'est « le domaine où la France était sans doute la plus visible et la plus présente »[31]. L'Institut français d'Haïti (IFH), qui a été pendant longtemps « une annexe du ministère de la Culture », rayonnait en tant que lieu de manifestations culturelles (spectacles, lectures publiques, etc.) et de sociabilité. Le dynamisme de l'IFH et les bourses offertes à l'époque par la coopération culturelle française ont permis de révéler de jeunes talents (l'artiste plasticienne Sergine André, le chanteur BélO, Prix Découvertes RFI, le metteur en scène Guy Régis Junior, etc.). De nombreux artistes et écrivains de renommée internationale collaboraient avec l'IFH : le metteur en scène H. Denis, le chanteur J. Germain, mais aussi des écrivains comme L. Trouillot. « L'envie de France » qui a prévalu pendant longtemps se manifestait par des liens intellectuels intenses entre les deux pays, et notamment un nombre important d'étudiants haïtiens en France. Il y a, depuis les débuts de la coopération française dans le pays, cinq Alliances

30. Une exposition du musée Montparnasse à Paris a retracé cette équipée en 2009, et présente les œuvres des peintres haïtiens de la Communauté de Saint-Soleil ainsi que les films de la série « Journal de voyage avec André Malraux à la recherche des arts du monde entier » réalisés par Jean-Marie Drot de 1974 à 1976. L'exposition « Haïti : deux siècles de création artistique » a eu lieu au Grand Palais fin 2014-début 2015.
31. Entretien du 25 novembre 2017.

françaises (Cap-Haïtien, Les Gonaïves, Jacmel, Jérémie, Les Cayes)[32].

***

Après la Seconde Guerre mondiale, les institutions multilatérales se mettent en place. Haïti faisait partie des rares pays en développement présents dans la Société des Nations, ou encore aux conférences de Bretton Woods (1944) et de San Francisco (1945). Au cours de cette dernière, c'est la délégation haïtienne qui prit l'initiative de demander que la langue française soit une langue officielle de l'ONU.

Les missions de développement de la Caisse centrale sont formulées à partir de 1946. Leur mode opératoire se caractérise par une implantation sur le terrain et une gamme d'instruments assez riche, qui lui permettent d'apporter expertise et ressources financières à des acteurs de toute sorte (qui, à cette époque, excluent seulement les subventions).

Après les indépendances de ses partenaires africains, la Caisse centrale se met à prêter aux États. Elle assiste à la mise en place d'une gouvernance de l'aide au développement, dans le cadre du Comité d'aide au développement de l'OCDE (CAD) principalement. Elle est encore peu exposée aux autres bailleurs de fonds, qui se déploient de Bretton Woods aux années 1960.

L'aide française en Haïti prend d'abord la voie de la coopération culturelle, et relève du ministère des Affaires étrangères.

32. Les auteurs ont eu le soin de consulter les archives de la revue franco-haïtienne *Conjonction*. À défaut d'avoir pu intégrer les fruits de cette lecture dans le livre, ils appellent à creuser cette piste riche de recherche autour de la coopération culturelle (au sens large, artistique, éducative, etc.) entre Haïti et la France.

Sur le plan politique, cette période est caractérisée par la dictature. Si la guerre froide paraît alors justifier une certaine tolérance à l'égard de certains dictateurs, dans le cas d'Haïti elle mène à une extraversion excessive dépendante de l'aide extérieure pour asseoir la légitimité du régime. Il faut attendre la mort de François Duvalier pour passer à un niveau supérieur et susciter le réveil de l'aide française.

Tout au long de cette période, il est clair que l'indépendance d'Haïti est ambiguë. Avec les prolongations, par la dette, de l'asservissement, suivies de l'occupation américaine et des ingérences étrangères (soutien au président Duvalier pendant la guerre froide), le pays a été en quelque sorte maintenu dans une forme de dépendance internationale.

2
Les premiers pas de la Caisse centrale en Haïti (1975-1994)

Avec les années 1970 s'ouvre une période où la diplomatie française souhaite engager un rapprochement avec Haïti et, à cette fin, une mobilisation plus grande de l'aide sous toutes ses formes. Or les outils sont alors dispersés entre diverses institutions, aux domaines soigneusement délimités. Haïti est un des terrains où ces cloisonnements vont être remis en cause. C'est l'occasion de déployer un ensemble de méthodes, progressivement mises en œuvre par la Caisse centrale, en lien avec d'autres intervenants.

Jusqu'à la fin du pouvoir dictatorial des Duvalier, en 1986, le pays connaît une suite quasi continue de crises politiques. La Constitution de 1987 institue en Haïti un État démocratique, unitaire et décentralisé, avec un système politique reposant sur l'indépendance des pouvoirs, un rôle accru du Parlement et un système de gouvernance territoriale comprenant trois niveaux de collectivités. La promulgation de la Constitution et la forte participation aux élections de 1990 font naître beaucoup d'espoirs, mais le coup d'État de 1991 interrompt brutalement le processus de démocratisation et provoque un embargo international très dur qui asphyxie économiquement le pays.

En 1994, le Conseil de sécurité des Nations unies autorise, pour faciliter le retour à l'ordre constitutionnel, le déploiement d'une force internationale qui, sous différentes dénominations, est restée présente en Haïti pratiquement sans discontinuer[33].

Cette période, qui voit la Caisse centrale apparaître, s'installer, puis se retirer, revêt une certaine unité, tant au regard de ses évolutions en Haïti que de celles des bailleurs de fonds, qui semblent se constituer en un ensemble plus coordonné et harmonisé.

La place de la Caisse centrale dans la coopération française

Le dispositif de la coopération française est complexe[34] du fait de son histoire. Lorsque la Caisse centrale commence à intervenir en Haïti, elle n'est qu'un modeste maillon dans le dispositif bilatéral, qu'il importe de présenter au commencement de ce chapitre.

L'aide française au développement comporte quatre grandes masses : la première, avec les subventions du FAC et la coopération technique, deux instruments du ministère de la Coopération, pour les pays « du champ » de ce ministère ; la deuxième, avec la coopération scientifique et en matière d'enseignement du ministère des Affaires étrangères pour les autres pays, comme la troisième, les crédits bonifiés à l'exportation de la Direction du Trésor, mis en œuvre par la Direction des relations économiques extérieures au titre de la promotion des exportations. Ainsi, en 1975, les effectifs de coopérants affectés dans les pays dits du champ atteignent 10 700 selon l'étude sur l'assistance technique française (1960-2000) publiée en 1994. Un rapport de Michel Bon et

33. Voir B. Pouligny, 2004.
34. T. Hayter, 1965.

Alain Juppé donne le chiffre de 35 000 enseignants et coopérants gérés par le ministère des Affaires étrangères[35]. Enfin, la Caisse centrale complète ce dispositif par ses prêts pour des opérations de développement (c'est-à-dire qu'ils ne sont pas conçus pour promouvoir les exportations, même s'il s'agit d'aide liée[36]).

En chiffres (francs courants), un rapport de mai 1983 du ministère de la Coopération sur l'impact de l'aide française donne, pour 1975, une aide bilatérale totale de 4,2 MdF, dont 2,2 au titre de l'assistance technique et culturelle. L'« aide aux investissements » atteint 1,5 MdF, dont 800 MF de prêts (Trésor et CCCE réunis), tandis que le « soutien économique et financier » s'établit à près de 500 MF. La part d'Haïti n'est pas précisée dans ces montants.

Dans les pays « du champ », les grands projets, qui mobilisent des financements importants, sont l'apanage de la Caisse, dont les prêts réalisent des effets de levier substantiels. Ses concours peuvent toutefois être complétés par des financements et l'expertise du ministère de la Coopération.

Ainsi, les structures de l'aide impliquent, outre les Affaires étrangères, de nombreux ministères, au premier rang desquels ceux des Finances et de la Coopération, et plusieurs institutions de mise en œuvre, parmi lesquelles la Caisse centrale de coopération économique, les centres de recherche, les opérateurs sectoriels pour la mise en œuvre des projets. Le schéma de ce dispositif (sans les centres de recherche et les opérateurs) figure ci-après.

Une nouvelle phase commence avec l'arrivée de F. Mitterrand en 1981. Porteur d'une vision critique de la coopération française, il choisit Jean-Pierre Cot comme ministre de la Coopération. Ce dernier découvre un département qui

35. M. Bon et A. Juppé, 1974, p. 3.
36. Elle finance des projets dont les achats de biens et services sont associés à des conditions d'origine, principalement en faveur de pays « du champ ».

PRÉSENTATION DE LA COOPÉRATION SCIENTIFIQUE ET TECHNIQUE (MINISTÈRE DE LA COOPÉRATION - 1978)

Parmi les objectifs et les priorités que s'est donnés la France dans sa politique de coopération, « l'application de la science et de la technique au développement » est un thème qui prend de l'ampleur à la fin des années 1970, et qui se lit dans l'organisation d'un dispositif alors placé sous les auspices du ministère de la Coopération. Il définit la politique de coopération et l'applique : il fournit aux États intéressés l'assistance technique en personnel dont ils ont besoin, il gère le Fonds d'aide et de coopération (FAC), lequel participe au développement économique et social des États, et il assure la tutelle des différents organismes publics et parapublics – et notamment des organismes de recherche – qui concourent à l'application de la politique de coopération. À côté du ministère, la Caisse centrale joue le rôle d'une banque française pour le développement.

Autour de ce noyau gravitent un certain nombre d'organismes : l'Office de la recherche scientifique et technique outre-mer (ORSTOM[1]) d'abord, chargé de la recherche de base dans tous les domaines qui intéressent le développement : sciences de la terre, sciences de la vie et sciences humaines. Des chercheurs appartenant à plus de 25 disciplines y concourent à la réalisation d'un programme de recherche scientifique très varié, allant dans plusieurs domaines jusqu'à des recherches appliquées. Puis, le Groupement d'étude et de recherches pour le développement de l'agronomie tropicale (GERDAT[2]), créé pour coordonner les activités de plusieurs instituts de recherches spécialisés dans les divers aspects des productions végétales et animales dans les zones tropicales.

1. Devenu en 1998 l'Institut de recherche pour le développement (IRD).
2. Devenu en 1984 le Centre de coopération internationale en recherche agronomique pour le développement (CIRAD).

ADMINISTRATION DE L'AIDE PUBLIQUE EN FRANCE (1975)

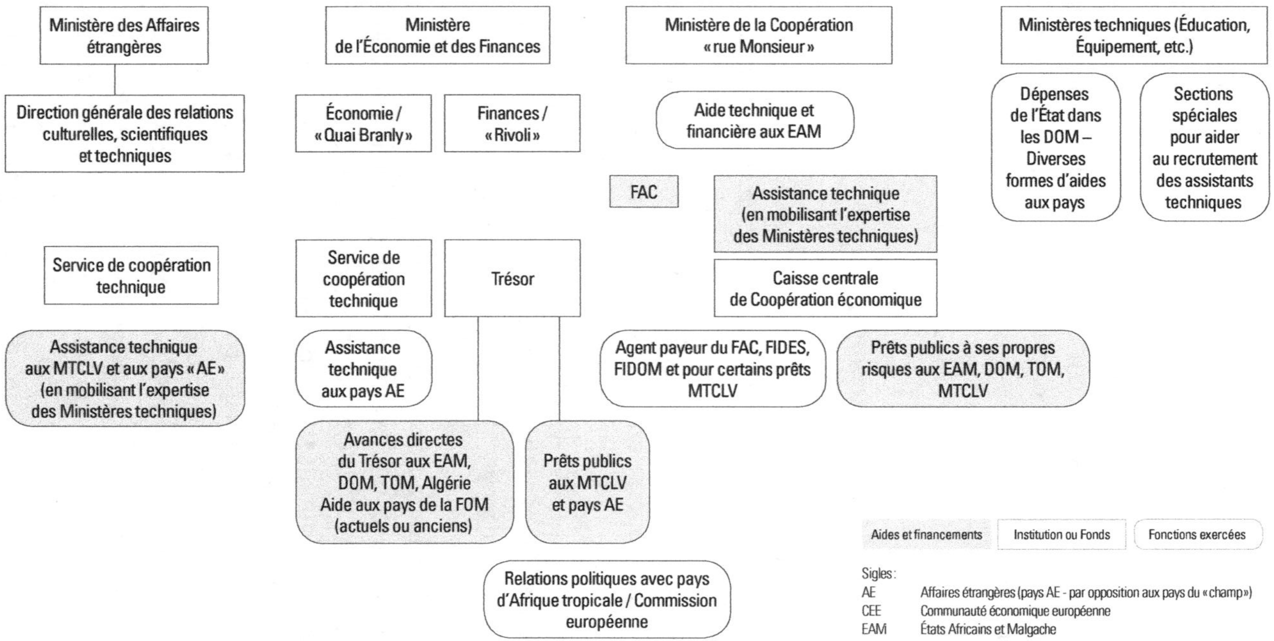

Sigles :

AE Affaires étrangères (pays AE - par opposition aux pays du « champ »)
CEE Communauté économique européenne
EAM États Africains et Malgache
FAC Fonds d'aide et de coopération
FIDES Fonds d'investissement pour le développement économique et social
FIDOM Fonds d'investissement pour les Départements d'Outre-mer (DOM)
MTCLV Maroc, Tunisie, Cambodge, Vietnam

commence tout juste à accueillir des énarques pour remplacer ses administrateurs de la France d'outre-mer, anciens cadres coloniaux. Il le trouve trop tourné vers l'Afrique et insuffisamment mobilisé dans la lutte contre la pauvreté. Les obstacles que rencontre son projet de réforme conduisent à son départ du gouvernement en décembre 1982, pour laisser la place à Christian Nucci qui apparaît, par contraste, très conservateur.

Les projets de la coopération française en Haïti

Formellement, l'aide française change de niveau avec la signature des accords de coopération en 1972. Un dispositif ad hoc se déploie progressivement, avec l'arrivée d'une mission de coopération et la signature de la convention d'établissement de la Caisse centrale, qui permet ses premiers concours à la fin des années 1970.

Francis Pisani, dans *Le Monde* du 18 avril 1981, observait alors qu'« au moment d'infléchir sa politique, conformément aux vents nouveaux qui soufflaient de Washington, Jean-Claude Duvalier a bénéficié de ce que tous les observateurs ont considéré comme un blanc-seing de la France. Robert Galley, ministre de la Coopération, avait en effet, le 21 novembre, prononcé un discours dont la presse avait, à l'envi, repris les extraits les plus significatifs : "Nous voulons, à travers les importants investissements français, publics et privés, vous montrer notre solidarité et notre confiance dans l'avenir..." En conclusion, M. Galley devait annoncer le triplement de l'aide française en 1981, avant l'arrivée de F. Mitterrand ».

Après la construction d'une route de 44 kilomètres reliant Port-au-Prince et le port de Jacmel (la Route de l'amitié), l'aide française s'est étendue au développement rural, en

Coopération Franco - Haïtienne

LA FRANCE APPORTE UN IMPORTANT SOUTIEN AU GOUVERVE- NEMENT HAITIEN

L'AIDE FRANCAISE SERA TRIPLEE A PARTIR DE 1981 SELON M ROBERT GALLEY

Par Pierre Robert AUGUSTE

L'inauguration des travaux de modernisation de l'Aéro port du Cap Haitien, présidee ce matin par le Chef de l'Etat M Jean Claude Duvalier et qui s'est déroulée en présence du Ministre français de la Coopéra tion M Robert Galley, a donné lieu à une manifestation de solidarité, d'amitité augurant d'un meilleur avenir de la coopération franco-haitienne. C'est en outre un important soutien économique que le Gouvernement français apporte au Gouvernement haitien.

Après le discours prononcé autour de la participation française au program me de developpement du pays, par le Secrétaire d'Etat au Plan M Edouard Ber rouet, Robert Galley, Ministre français de la Coopération a consacré l'essentiel de ses déclarations, d'une part, à la joie de son Gouvernement de poursuivre son aide en faveur d'Haiti, et, d'autre part, à l'exaltation du processus de démocratisation qu'a rassuré, à son avis, le message du président Jean Claude Duvalier prononcé le 22 septembre dernier.

La France, déclare M. Robert Galley est heureuse et fière de contribuer à l'épanouissement social, et au développement économique

(Voir suite page 8)

TRENTE ET UN MILLIONS DE DOLLARS POUR LA JAMAIQUE

WASHINGTON — La Voix de l'Amérique a annoncé ce matin, en son émission en langue espagnole, que le Vénézuela a octroyé 31 millions de dollars de prêts à la Jamaïque.

Le versement de cette va

Article du *Nouvelliste*, 21 novembre 1980.

collaboration avec l'Allemagne, la CEE et certains organismes des Nations unies.

Dans une logique d'aide liée, c'est-à-dire privilégiant le retour commercial vers la France, le tourisme est un secteur privilégié pour les intérêts français. Cela s'est traduit par deux réalisations emblématiques en 1981 : l'ouverture du Club Méditerranée au nord de Port-au-Prince et la construction du complexe hôtelier Labadie dans la région du Cap-Haïtien. Le gouvernement français a participé à ces investissements : ouverture le 15 décembre 1981 d'une ligne aérienne directe

Paris-Port-au-Prince, desservie chaque lundi par Air France ; aménagement de l'aéroport du Cap-Haïtien pour permettre l'accueil des longs courriers (don de 29 millions de francs entre 1978 et 1982). Les investissements français dans le tourisme de luxe ont suscité des controverses en Haïti ; ils sont dans la droite ligne de la politique poursuivie dans les départements français d'Amérique à la fin des années 1970.

Publicité parue dans plusieurs numéros de la revue franco-haïtienne *Conjonction* entre 1970 et 1980.

L'aide procède par projets, selon une approche très codifiée, qui peut donner lieu à plusieurs générations successives[37]. C'est le cas notamment du projet de Madian-Salagnac, qui apparaît comme le fleuron de la coopération française en Haïti. Michel Brochet[38], grande figure de l'aventure, en fait la description suivante[39] :

> « Madian-Salagnac a commencé à former dans les années 1970 des animateurs polyvalents destinés à vulgariser des techniques agricoles dans les zones rurales du sud d'Haïti. L'expérience ayant démontré les limites de cette approche descendante[40], les agronomes du projet s'adressèrent directement à des groupes d'agriculteurs qualifiés de "personnages" ou de "citoyens", en établissant d'autres rapports pédagogiques s'appuyant sur l'observation des pratiques des agriculteurs et la discussion avec ceux-ci de leurs stratégies [...]. Les activités du projet Madian-Salagnac se sont déroulées de 1973 à 2000, soit pendant 27 années consécutives, dans la presqu'île sud d'Haïti, principalement sur la commune de Petite Rivière de Nippes. Ce projet s'est voulu dès le début un projet de développement intégré, mettant simultanément en œuvre des actions dans le domaine du développement rural, de la santé, de l'éducation, ou encore de la promotion féminine. [...]
>
> Le projet Madian-Salagnac a accueilli 250 à 300 visiteurs par an pendant une dizaine d'années, ses démarches ont fait l'objet de discussions dans les cercles de réflexion sur le développement, et ses résultats en matière de développement économique et social ont été remarqués : un développement spectaculaire des cultures maraîchères et vivrières

37. Pour le même projet, il peut y avoir une, deux, trois phases ou plus. Les projets peuvent connaître des rebondissements sur des périodes assez longues.
38. M. Brochet est ingénieur général honoraire du Génie rural, des Eaux et Forêts, conseiller bénévole de l'association SOS Enfants sans Frontières.
39. M. Brochet, 2014, p. 1.
40. Approche du développement communautaire chrétien (DCC), qui s'appuie sur les travaux du Père Lebret de « Esprit et Humanisme », ceux de Paolo Freire, sur les références de la JAC (Jeunesse agricole chrétienne) ou du syndicalisme agricole des années 1960 en Bretagne.

sur le Plateau de Rochelois à partir d'un programme de construction de citernes individuelles récupérant l'eau de pluie, un désenclavement de la zone par l'amélioration des chemins ruraux […] ; des programmes de formation dispensés à des agriculteurs et des enseignements universitaires dispensés à des élèves-agronomes […] ; des programmes de recherche appliquée produisant des connaissances sur l'agriculture de montagne tropicale […] ; un programme de tournages vidéo qui a permis le recueil d'entretiens avec des agriculteurs par Gerald Belkin[41]. »

Si la tutelle ministérielle du projet change sans cesse à Paris au gré des différentes réformes de la coopération (ministère des Affaires étrangères, puis ministère de la Coopération, puis fusion des deux), certains ont pu suivre le projet sur la durée, notamment Henri Rouillé d'Orfeuil, « parent de cette aventure, qui plaidait en faveur du projet et appuyait les financements », selon P. Dierickx[42]. Alors conseiller Agriculture (1973-1981) au ministère des Affaires étrangères, le concerné témoigne[43] :

« À la mort de François Duvalier, la France a relancé sa coopération avec Haïti. Elle a d'abord envoyé 70 coopérants à l'Institut pédagogique national pour revivifier l'enseignement du français et la francophonie. Grâce à des contacts maintenus avec des congrégations

41. Voir G. Belkin, 1985.
42. P. Dierickx a été conseiller technique principal au centre de Salagnac de 1982 à 1985. Voir son témoignage ci-après.
43. Entretien réalisé à Paris, le 12 avril 2017. Henri Rouillé d'Orfeuil est ingénieur agronome et docteur en économie appliquée. Il est membre de l'Académie d'agriculture de France. Il a travaillé au CIRAD, au ministère des Affaires étrangères, à la DATAR à la Banque mondiale. Il a enseigné à l'EHESS, à l'ENA, à Paris I et Paris VIII. Il a participé à la création du GRET. Il collabore avec plusieurs fondations et associations. Il a écrit une dizaine d'ouvrages dont *Le tiers monde* et *Économie, le réveil des citoyens* (La Découverte), *La diplomatie non gouvernementale* (Éditions de l'Atelier).

religieuses, quelques ONG ont mis en place des actions d'appui au développement agricole, notamment dans la presqu'île sud d'Haïti. Michel Brochet a pu y constituer une petite équipe de jeunes agronomes français.

Il s'agissait d'abord d'un projet classique d'appui au monde rural. Mais, immergés en milieu paysan et formés à l'Institut national agronomique de Paris à l'analyse des systèmes agraires, ils ont vite constaté que les paysans manifestaient une forte réserve, pour ne pas dire une réelle méfiance, vis-à-vis du monde de la coopération internationale, de l'expertise et de la fonction publique. Sans doute l'héritage de plusieurs siècles d'esclavage, de colonisation et de dictature. Les paysans ont toujours été maintenus au plus bas de l'échelle, en situation de victimes silencieuses.

L'équipe a donc décidé de changer de posture, de mettre de côté les conseils et les promesses, et d'engager une recherche sur l'"agraire haïtien". Elle s'est installée sur le plateau de Salagnac à 1 000 mètres d'altitude avec vue sur les deux mers et les deux versants, l'un plus humide et l'autre plus sec. Elle a délimité un transept de 20 km de large coupant la presqu'île sud et décidé d'inventorier tous les éléments naturels et culturels pour comprendre les systèmes agraires et leurs possibles dynamiques de développement.

L'équipe a vite compris que la coopération internationale, ONG comprises, avait tout faux et que l'aide aux paysans haïtiens devait changer du tout au tout et d'abord éviter de faire prendre des risques à ces familles paysannes à la limite de la survie en leur proposant des innovations aventureuses susceptibles de désarticuler leurs systèmes de production.

Recherche, développement, mais aussi formation. C'est par centaines et, en fin de compte, par milliers, que les paysans ont participé à des "stages-personnages" (groupes d'agriculteurs qui se rendaient visite). Dans le même temps, ils ont accompagné les meilleurs étudiants vers les plus hautes études d'agronomie et de sciences sociales. La génération des Philippe Mathieu, des Carl Mondé, des Michèle Oriol ont fini leurs études à l'Agro ou l'École des hautes études… et pris le relais des agronomes français. »

Après avoir travaillé sur un projet en Dominique monté sur le modèle de Madian-Salagnac, Philippe Dierickx a rejoint l'équipe de M. Brochet de 1981 à 1985, composée d'agronomes haïtiens (Alex Bellande, Philippe Mathieu, ou encore Nicolas Dauphin) et de VSNA (volontaires du service national actif) français. Il souligne ce qui fait selon lui la singularité de l'« aventure » :

« Salagnac n'a jamais été un projet au sens classique du terme, plutôt une structure permanente mêlant recherche (agronomique, économique et sociale), formation (paysans, techniciens agricoles, ingénieurs agronomes) et développement (amélioration des systèmes de culture, réalisation d'infrastructures, et organisation de services aux producteurs).

Assez vite au début de l'aventure, les agronomes français s'étaient rendu compte que la vulgarisation de recettes techniques était vaine et infondée, tant les paysans avaient des raisons techniques et économiques de faire ce qu'ils faisaient ! Il fallait partir des ressources présentes sur place (connaissances, moyens, histoire) pour proposer des pistes pertinentes. L'une des conclusions des études historiques était la suivante : alors que l'on parle souvent de systèmes de culture "traditionnels", le traditionnel (et surtout en Haïti) est en perpétuelle évolution[44] !

Les travaux sociologiques réalisés dans le cadre du projet ont mis en évidence le caractère très hiérarchisé de la société rurale haïtienne, les inégalités et les phénomènes d'exploitation qui la traversent. Au-delà des systèmes de cultures, l'étude de l'organisation sociale est primordiale pour savoir ce qu'il faut proposer aux uns et aux autres. De nombreux agronomes et sociologues haïtiens peuvent le faire, j'ai rarement vu des gens d'un niveau de formation tel qu'en Haïti.

Le rôle de la coopération française était alors important. Les fonctionnaires des ministères de la dernière période Duvalier auraient voulu

---

44. Voir les vidéos de G. Belkin, où les paysans expliquent les changements de paysages et de systèmes de culture qui ont eu lieu depuis leur enfance.

contrôler ou exploiter davantage ce projet séduisant. Si nous servions à quelque chose en tant qu'étrangers, c'était de permettre à une équipe d'agronomes d'avoir les moyens de travailler et de bénéficier d'une relative protection (*sic*) contre leur propre administration. Malgré les financements (France, CEE) qui attisaient les convoitises, le centre de Salagnac est parvenu pendant longtemps à garder son indépendance, précisément parce qu'il dépendait de trop d'instances à la fois[45]. Nous étions un peu "intouchables", en tout cas plus ou moins autonomes. Une belle aventure[46]. »

Plusieurs réflexions peuvent être tirées de ces citations. Le premier témoin insiste sur l'idée, désormais communément répandue, selon laquelle les acteurs de l'aide doivent avant tout s'appuyer sur les savoir-faire locaux plutôt que d'en inculquer de nouveaux verticalement. L'exemple de Madian-Salagnac montre toute la difficulté du positionnement d'un bailleur de fonds, qui exporte un cortège de savoirs et de pratiques qui ne doivent pas se substituer ou interférer avec ceux du pays partenaire. Ces refrains vus et revus, qui demeurent souvent au stade de l'incantation, trouvent une illustration aiguë dans ces témoignages. À cet égard, un autre exemple a été donné lors des entretiens par Henri Rouillé d'Orfeuil :

«Je me souviens, un jour, une mission suédoise a observé que les femmes faisaient la cuisine dans une situation difficile (accroupies, sur une structure mobile en pierres), ce qui a donné lieu à un programme de cuisinières en béton, statiques, leur permettant de cuisiner debout. Elles refusaient toutefois de s'en servir et en taisaient la raison. Nous nous sommes finalement rendu compte que, dans leur système rural,

45. Les bâtiments appartenaient à l'église ; la coopération française finançait les stages et l'assistance technique ; le ministère de l'Agriculture haïtien affectait les agronomes et les fonds de la CEE arrivaient via l'AFD.
46. Entretien à Paris le 20 avril 2017.

la cuisine était rotative et changeait d'espace tous les ans au fil d'un cycle précis, notamment pour recharger la fertilité des sols… système très complexe qui ne s'accordait pas du tout avec une cuisine fixe en ciment ! On dit que les Haïtiens sont conservateurs, qu'ils ne veulent pas innover, mais la moindre innovation venue de l'extérieur est tout simplement un risque ! La connaissance et l'expérience sont indispensables. Haïti est Haïti et si l'on ne prend pas en compte la manière dont fonctionnent précisément le pays, le paysan, le système agraire, les projets ne peuvent pas marcher[47]. »

Le terrain haïtien semble poser problème aux bailleurs de fonds et, mise de côté toute généralisation simpliste, il révèle avec acuité les ambivalences auxquelles ils se heurtent. Que peuvent-ils en effet apporter aux Haïtiens, si ces derniers maîtrisent déjà pleinement leur milieu ?

Le développement peut générer des conflits[48] pour s'affiner, d'où les charges sociale et émotionnelle inhérentes à l'approche projet qu'incarne Salagnac. Dès le début, ce projet compte de nombreux partenaires et produit des réseaux informels de connaissances interpersonnelles, avec tous les problèmes que cela peut poser. Il accélère des changements et entraîne des bouleversements, d'où la nécessité, soulignée dans les entretiens, de recourir aux interdisciplinarités (sociologie, histoire, anthropologie, agronomie, etc.) pour appréhender la complexité du terrain.

Les témoins ne tarissent pas d'éloges à l'égard du projet Madian-Salagnac, enthousiasme à considérer avec précaution, comme toujours lorsqu'il s'agit de mémoires subjectives. Ils évoquent en tout cas à la fois sa singularité, son autonomie et son ancrage dans le temps long, qui auraient permis d'améliorer la qualité de vie des populations et d'enraciner la

47. Entretien du 12 avril 2017.
48. Voir notamment B. Hibou et I. Bono, 2017.

confiance. Le premier directeur de l'agence de l'AFD en Haïti, D. Dordain[49], témoigne :

> « Un projet porté par la rue Monsieur[50] m'avait passionné, c'était celui de Salagnac, à la fois pilote en matière d'aménagement de terroir et d'accompagnement de communautés villageoises. L'AFD s'en est inspirée ensuite. [...]
>
> La France, comme d'autres bailleurs de fonds, a souvent adopté une approche *top-down* dans sa conception du développement rural. Si nos résultats ne sont pas brillants en Haïti, c'est au moins partiellement par méconnaissance des pouvoirs locaux qui furent accaparés par les Tontons Macoutes[51] jusqu'au départ de Jean-Claude Duvalier. Il aurait fallu, après 1986, retisser les solidarités et les initiatives locales qui s'ancraient dans les traditions paysannes (cf. la pratique du koumbit, l'entraide), et promouvoir une démarche *bottom-up*, dont Salagnac est un exemple. Mais cette option a été écartée au profit d'une société civile en apesanteur, avatar de la "république des ONG" qui s'est imposée dans ce pays d'autant plus facilement que le pouvoir central était délégitimé, et le pouvoir local sans voix. »

Compte tenu de sa récurrence dans les témoignages, la mission que nous avons effectuée en mai 2017 a débuté par une visite de Salagnac, où se sont déployées des années d'investissements français en Haïti. Il s'agit d'un projet aux succès reconnus, tant par les Haïtiens que par les bailleurs qu'il a attirés. Terrain qui n'a pas vraiment été celui de l'AFD, il soulève pertinemment la question des « décloisonnements ».

---

49. D. Dordain a travaillé 31 années à l'AFD, il a occupé ensuite un poste de conseiller de coopération et d'action culturelle en ambassade. Il intervient comme consultant à partir du Cambodge où il réside. Entretien à Paris, le 13 avril 2017.

50. Nom tiré de l'adresse du ministère de la Coopération.

51. Les Tontons Macoutes étaient les membres de la milice paramilitaire des VSN (Volontaires de la Sécurité nationale), créée à la suite d'un attentat contre le président Duvalier en 1958.

Les Haïtiens perçoivent la coopération et l'AFD de manière indissociable, et les raffinements de l'administration française leur semblent, à juste titre, lointains et abstraits. La coopération française apparaît comme un bloc indifférencié où sont confondus les acteurs des ministères et de l'AFD.

En Haïti, le dispositif de la coopération française est unique. L'identité de l'aide française y est forte et particulière, et plonge ses racines dans la période coloniale, comme il a pu être constaté à Salagnac (réservoirs d'eau construits par des Français).

La visite de Salagnac a été menée par des ingénieurs agronomes ou cadres de la fonction publique, parmi lesquels figurait un expert international haïtien travaillant pour l'ambassade de France, particulièrement au fait des problématiques. Cette rencontre avec l'expert, qui a servi de guide à la mission, a révélé la force normative des bailleurs de fonds. Très expérimenté, cet expert faisait preuve d'une maîtrise et d'une appropriation parfaite autant des enjeux propres à Salagnac que, plus largement, de ceux du monde de la coopération internationale. Comme tous ceux qui pénètrent la sphère des bailleurs de fonds, il en a intériorisé les codes et la terminologie, les normes comportementales et langagières, au point que sa réflexion en est un parfait reflet. Dans son cas, pour autant, la distance critique s'ajoute à la maîtrise du discours.

L'un des effets de l'action des bailleurs réside en effet dans la diffusion d'un langage conventionnel, que s'approprient les « intermédiaires », autrement appelés « courtiers de l'aide »[52]. Ce phénomène d'extraversion[53] se traduit par une

52. Voir par exemple J.-P. Olivier de Sardan et T. Bierschenk, 1993.
53. Que J.-F. Bayart, dans « L'Afrique dans le monde : une histoire d'extraversion » (1999) a théorisé pour désigner un rapport stratégique de l'Afrique à l'international mais qui peut s'appliquer plus largement au monde de l'aide internationale.

captation des ressources que constituent ces médiateurs. Sans parler d'une volonté planifiée des organismes internationaux de les incorporer dans le système de l'aide, ce qui reviendrait à nier la souveraineté des « courtiers », ces derniers ont tendance à se livrer, de fait, à une sorte de mimétisme. Dans leur quête de légitimation (entre autres), les relais nationaux de l'aide sont dès lors parfois plus prompts à intégrer les normes de l'aide plutôt qu'à remettre en question les perceptions et les convictions des bailleurs de fonds afin de les inciter à voir et agir différemment…

Bassin de retenue pour l'irrigation, Salagnac (Nicolas Faugère, 2014).

De l'autorisation d'intervenir à l'installation de l'Agence

La Caisse a reçu compétence en 1975 pour étendre ses activités en Haïti. Le directeur général de l'époque, Yves Roland-Billecart[54], décrit de façon anecdotique un tournant important qui va continuer à être au cœur des stratégies de l'État comme de l'établissement, et qui consiste à élargir son champ d'activité de façon à mieux mutualiser les risques. Ainsi commence une évolution qui conduit jusqu'à une agence mondiale :

> «J'avais notamment eu Jean-Yves Haberer[55] comme stagiaire quand j'étais aux Affaires algériennes. [...] J'avais eu avec lui une véritable amitié et c'est grâce à lui que nous avons pu commencer à sortir du pré carré de la zone franc. [...] C'est avec [son accord] que nous avons obtenu d'abord l'extension à tous les pays lusophones et aux pays anglophones enclavés dans notre zone, cela concernait essentiellement le Ghana. Les pays lusophones – Angola, Mozambique, Guinée-Bissau, Cap-Vert – ouvraient de nouvelles perspectives. J'aurais, moi, voulu que l'on puisse intervenir au Maroc, en Algérie, en Tunisie, mais on se heurtait là à la doctrine Nébot. Guy Nébot était sous-directeur au Trésor et il avait formulé une doctrine très claire : là où il y a des prêts du Trésor, il ne peut y avoir de prêt de la Caisse Centrale et vice et versa. [...] En fait l'extension géographique a démarré plus tard du fait de cette doctrine/impossibilité... La première chose importante a été de sortir de ce concept, de cette limitation. La première fois que nous avons réussi à sortir de cette limitation, c'était quand nous avons pu intervenir en dehors de la zone franc, en 1975[56]. »

---

54. Inspecteur des Finances, ancien directeur général de la Caisse d'équipement de l'Algérie (CEDA), directeur général adjoint (1967-1979) puis directeur général (1979-1989) de la Caisse centrale, puis président d'Air Afrique.
55. Alors haut fonctionnaire à la Direction du Trésor en France.
56. Interview parue dans le journal d'entreprise de l'AFD, le 22 juin 2016.

Le directeur général impute modestement au hasard une réforme, l'extension du domaine de la coopération française, qu'il a lui-même demandée en tant que rédacteur du rapport Gorse[57], en 1971. Ce rapport suggère notamment d'étendre la coopération à un plus grand nombre de pays.

La dernière phrase de l'extrait reproduit partiellement ci-dessus est tout un programme: «le développement éventuel de la coopération offrirait une chance raisonnable de déboucher sur un programme cohérent d'aide de la France». En 1975, lorsque la Caisse centrale voit ainsi ses compétences élargies à une série de pays nouveaux, elle va répondre à un rythme différent selon les situations, en essayant généralement de reproduire son dispositif historique, qui repose essentiellement sur l'implantation d'une agence. D'autres bailleurs de fonds passent volontiers par les ambassades, mais la Caisse centrale avait développé une tradition d'indépendance[58], qui lui était dictée par le droit bancaire et la nécessité de ne pas laisser des considérations politiques prendre le pas sur les considérations économiques et financières dans la gestion de son activité.

Si une agence est ouverte assez vite à Maurice (1978) par exemple, les opérations débutent en Haïti sans ce préalable, prenant appui sur l'agence de Pointe-à-Pitre. En 1979, un premier prêt de 20 MF est réalisé en faveur de la Société hôtelière de la pointe Labadie, pour un projet d'un coût total

57. Le rapport a été remis au Premier ministre en juin 1971. Le secrétariat du Comité d'études a été assuré par Y. Roland-Billecart, rapporteur général, alors directeur général adjoint de la Caisse centrale. Le Comité, présidé par le ministre Gorse, a entendu des exposés de personnalités et tenu des séances de travail réparties sur la période de mai 1970 à juin 1971. Sur Y. Roland-Billecart, voir son autobiographie critique établie par F. Pacquement et publiée par les éditions de l'AFD en 2018.

58. Il s'agissait d'une préoccupation de l'ancien directeur général André Postel-Vinay au moment des indépendances.

estimé à 56 MF. Pourquoi de tels délais ? Cette décision d'ouverture du champ relève davantage d'une rationalisation administrative que d'une ardente obligation politique. L'État continue de décider des priorités géographiques, en agissant à travers les plafonds d'emprunts (direction du Trésor) et par ses mandats et directives (ministères des Affaires étrangères et de la Coopération).

Geneviève Javaloyes[59] évoque dans un de ses témoignages la première intervention de la Caisse centrale en Haïti. Elle a pu suivre les activités en Haïti sur une longue période, puisqu'elle en était chargée en 1985 et a pu ensuite exercer à l'agence plus de vingt ans plus tard. Cela fait d'elle un témoin bien informé des évolutions.

> «La première intervention de l'AFD en Haïti était l'hôtel de la pointe Labadie. La direction générale avait demandé à Jean-Claude Duvalier s'il avait un souhait pour cette première intervention. Il voulait alors développer le tourisme et avait deux projets sur la table : le Club Méditerranée, et le projet de la pointe Labadie, conçu par des opérateurs français. La pointe Labadie est idyllique, parmi les choses les plus splendides que la Caraïbe peut offrir. Le choix était judicieux. Duvalier pensait que le Club Méditerranée trouverait d'autres financeurs, et nous a attribué Labadie. Mais ces promoteurs français n'étaient pas des partenaires fiables, et cela reste l'un des plus beaux contentieux de la maison. Rien n'est jamais sorti de terre, et Labadie est resté notre croix. Désormais, c'est une escale pour bateaux de croisière, tous ces *Celebrity Cruises* d'où sont déversées des hordes de touristes qui se précipitent sur les plages de sable fin, les restaurants et les boutiques de souvenirs.»

59. G. Javaloyes a travaillé à l'AFD de 1975 à 2009, au siège jusqu'en 1998, puis en agence (Cambodge, Guyane, Togo et Haïti). Entretien réalisé le 29 mars 2017 à Paris.

La presqu'île Labadie en 1984 (Collection AFD).

Après une validation le 27 juin 1979 par le conseil de surveillance, la Caisse centrale avait consenti à la Société franco-haïtienne touristique Labadie S.A. un crédit de 20 millions de francs pour lui permettre de réaliser un complexe hôtelier, par une convention en date du 9 janvier 1980. Ce crédit, présenté « sans enthousiasme »[60] au Conseil par le directeur général d'alors, Claude Panouillot, était assorti des garanties conformes aux procédures (aval de la République d'Haïti, nantissement de titres, nantissement des avances d'actionnaires).

L'hôtel devait être géré par une grande chaîne. Pour différentes raisons, le chantier des constructions s'est arrêté en juillet 1981, à un stade d'avancement estimé à environ 50 % du programme prévu.

60. Selon le verbatim de cette séance, qui a pu être consulté dans le dossier juridique archivé.

État des travaux Labadie (Collection AFD, 1984).

Dès lors, la Caisse centrale recherche des solutions en vue de parvenir à l'achèvement du chantier dans des conditions techniques, économiques et financières permettant de rentabiliser le complexe touristique. Dans cette optique, à partir de mai 1982, les missions se succèdent, mobilisant tantôt les experts du siège, tantôt des consultants, et l'avocat de la Caisse centrale. De son côté, l'État haïtien cherchait une solution permettant de faire achever les installations hôtelières et d'en assurer l'exploitation avec le concours de groupes internationaux. Or, ceux-ci étaient réticents à traiter avec la société en raison de son passif et des risques de contentieux. La mise en faillite s'est imposée. Une modification de la législation sur la faillite a même été proposée en vue d'accélérer la cession de l'hôtel à une autre société.

Enfin, dans le cadre des contacts pris avec une grande chaîne hôtelière, une étude a été réalisée sur le tourisme en Haïti et sa commercialisation, en 1984. Ses propositions, peu réalistes et onéreuses, auraient requis une implication accrue de l'État haïtien dans le projet, susceptible en outre d'être sollicité par la Caisse centrale et la COFACE au titre de son aval. Pour compenser, la Caisse centrale s'est engagée dans le financement de nouveaux projets de montants plus importants, en particulier un projet aéroportuaire.

Par-delà cette première opération, reste la question du rattachement d'Haïti, à une époque où la Caisse centrale compte environ 430 personnes au siège (1980). Les voyages ne sont pas monnaie courante, même lorsqu'il s'agit de démarrer les activités dans un nouveau pays. D'abord, le pays, ainsi que les autres pays des Antilles, est suivi par le département responsable de l'Afrique centrale et équatoriale. Le directeur général, Claude Panouillot[61], en fonction depuis janvier 1973, met en place un nouvel organigramme, en janvier 1974, qui repose pour les opérations sur une direction des financements à l'étranger et une direction du développement (dirigée par Lucien Schmandt[62]), pour les aspects sectoriels.

Haïti n'apparaît que dans l'organigramme de décembre 1977. La réorganisation conduit à une géographisation, avec un département où il figure aux côtés de pays d'Afrique centrale.

En janvier 1991, dans la perspective de l'extension du domaine d'intervention géographique, une restructuration

61. Claude Panouillot de Vesly (1914-2003), docteur en droit, licencié ès lettres, diplômé de l'École libre des sciences politiques, est passé par l'Inspection des finances et a été directeur de la Caisse centrale de la France d'outre-mer, directeur général de la Banque centrale des États de l'Afrique-Équatoriale et du Cameroun, et directeur général de la Caisse centrale de coopération économique, parmi d'autres fonctions.

62. Lucien Schmandt (1923-2009) est un personnage important dans l'histoire de la Caisse centrale: tous ceux qui ont travaillé à ses côtés évoquent un homme visionnaire, qui a façonné la culture d'entreprise de la «maison». Il a notamment été à la tête du Crédit de Brazzaville et du Crédit du Cameroun, et a occupé plusieurs postes de direction à la Caisse. Sa biographie est développée dans F. Pacquement, 2017.

remodèle les responsabilités géographiques, avec un département Afrique australe, océan Indien et Caraïbes, et un département Afrique du Nord, Pacifique et autres pays.

AIDE DE LA FRANCE À HAÏTI (EN M$ CONSTANTS)

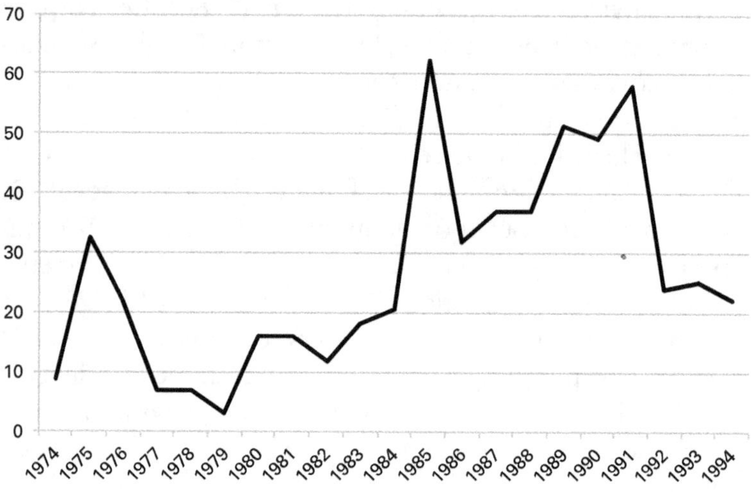

Source : statistiques CAD et mise en forme des auteurs.

Au total, sur la période, l'aide française aura connu, après un palier de 1974 à 1984, une forte croissance, pour retomber ensuite à un niveau intermédiaire. L'APD se mesure sur la base des décaissements, et non sur les promesses. Si celles-ci peuvent avoir une certaine régularité dans le courant des relations bilatérales et ne sont limitées que par la capacité à formuler des projets éligibles, les décaissements, eux, dépendent du rythme d'exécution des projets. L'aide d'un pays peut donc connaître des hauts et des bas, et à cet égard les conditions politiques ont une influence avérée (possibilité de prendre des décisions de financement de projets, avancement des projets, etc.).

Or, comme le montrent les données en annexes 3 et 4, la période est marquée tant par des catastrophes naturelles que par des changements de gouvernement (à partir de 1986). Pourtant, la logique propre aux projets alimente la croissance de l'aide française de 1986 à 1991. Malgré les aléas de la vie politique qui ont rendu difficiles la mise en place et le déroulement des projets, l'aide de la Caisse française de développement (CFD) atteint en 1991 des niveaux significatifs avec près de 800 MF d'engagements pour des projets concernant essentiellement le développement rural et les infrastructures – eau, électricité, télécommunications et transports aériens. Ceci représente environ 220 M€ en valeur 2016. Mais, davantage que les montants, Haïti imprime des images fortes chez les collègues qui découvrent ce pays.

L'agence ouvre en 1984. À cet égard, Jacques de Chalendar[63], inspecteur général des finances, a notamment joué un rôle important. Le développement des petites et des grandes Antilles lui semblait être un objectif régional, et selon lui il y avait une incohérence à ce que l'on soit fortement présent dans les petites Antilles et que l'on ignore les autres. Il visait aussi les transferts de compétences, et pensait que la formation des fonctionnaires haïtiens du ministère des Finances et du Trésor pouvait être confiée aux cadres des DOM des Antilles, ce qui ne s'est pas réalisé.

Cette ouverture est importante : à la différence du responsable géographique, le directeur d'agence était alors rattaché directement au directeur général – ce sera le cas

63. Jacques de Chalendar (1920-2015) était un haut fonctionnaire français. Dans le dernier tome de ses mémoires *Le vent du large*, il évoque une mission qu'il a réalisée pour le Quai d'Orsay en Haïti en 1978.

jusqu'en 2002. Il a un rôle important de représentation et doit pouvoir recevoir, ce qui suggère un logement d'une certaine taille. Ce fut particulièrement le cas en Haïti, où, il est vrai, la contrainte du marché immobilier a d'abord conduit à louer un bien surdimensionné. La responsable géographique Haïti de l'époque, Geneviève Javaloyes, témoigne : « L'agence a ouvert dans des locaux rue Saint-Hugues[64]. La villa de direction déployait ses 800 m² habitables à La Boule 23. » Elle ajoute par ailleurs : « Le temps écoulé entre l'autorisation d'intervenir et l'ouverture s'explique par le souci, légitime, d'attendre d'avoir un minimum de portefeuille pour que cela vaille la peine[65]. »

Le premier directeur de l'AFD en Haïti[66], Dominique Dordain, revient sur les premiers pas de l'Agence :

> « Quand je suis arrivé en Haïti pour ouvrir l'agence, les Haïtiens, avec quelques regrets, se demandaient pourquoi nous avions attendu tant de temps avant de venir. Nous étions vierges, et nous suscitions beaucoup d'espoirs. Sans le dire ouvertement, ils comptaient sur le fait que la France et le Canada animent le réseau francophone et se démarquent des États-Unis dont la présence était contraignante. Nous avons été très bien accueillis.
>
> En vérité nous n'étions pas tout à fait vierges, puisque nous portions un boulet, le projet de la pointe Labadie. C'était assez désagréable d'être associé à ce premier échec. Pourtant, les Haïtiens nous ont fait confiance.
>
> Dans un pays neuf comme Haïti l'était pour nous, les contradictions de nos institutions étaient manifestes. Les services de coopération de l'ambassade avaient leurs projets, nous avions les nôtres, aucune

64. Mention dans le rapport d'activité 1992.
65. Entretien du 29 mars 2017.
66. Une chronologie des directeurs d'agence est proposée à la fin du livre.

coordination. Toutefois l'ambassadeur de l'époque, Michel de La Fournière[67], nous était très favorable. C'était un avantage au moment de l'installation[68]. »

Les agents de la Caisse centrale découvrent, en dehors du continent africain, une forme de pauvreté qui ne leur est pas familière. Cela revient dans quelques témoignages, comme une intuition difficile à expliquer, où se retrouve, notamment, l'idée d'institutions moins structurées et d'interlocuteurs, membres du gouvernement, dans une situation de précarité, d'une vulnérabilité plus grande, d'inégalités plus fortes. Haïti représentait une nouvelle frontière culturelle pour l'AFD. Le contraste entre leur culture et ce que les agents découvrent sur le terrain peut être à l'origine de l'étonnement dont fait preuve le témoin :

« Un Ministre doit aussi être persuadé qu'il dispose de bataillons de fonctionnaires. En Haïti, le Ministre de l'agriculture avait des doutes sur leur présence. J'avais rendez-vous à huit heures ce matin de 1984, le Ministère était à l'extérieur de la ville, un grand bâtiment au milieu de la plaine de Damien, les portes étaient fermées, il me fit entrer par l'arrière. Quand il fut 9 heures, du balcon, il me désigna des groupes qui se formaient de plus en plus nombreux sous les arbres, c'était ses fonctionnaires qui arrivaient peu à peu. Il allait pouvoir faire le contrôle des retards… […]

Un Ministre doit être aguerri aux mouvements de rue, toujours prêt à sauter un mur pour retrouver le calme. En créole haïtien, un kouri est une manifestation qui se transforme en panique de rue et en déferlements de foule, la foule court et se disperse, d'où le terme de kouri.

---

67. Michel de La Fournière (1933-1988) était un diplomate et homme politique français.
68. Entretien du 13 avril 2017.

En 1986, peu après le déchoukage[69] (renversement) de Duvalier, notre ambassadeur et moi avions imprudemment accepté un rendez-vous avec le Ministre du plan à son cabinet en plein centre de Port-au-Prince. Les abords se trouvaient en plein "kouri", le Ministre nous indiqua un mur à franchir sur la rue adjacente et nous fit la courte échelle pour échapper à la foule[70]. »

La communauté des bailleurs de fonds en est encore aux balbutiements ; la coordination est loin d'être spontanée, y compris entre agences des Nations unies. Le temps de l'action collective n'est pas encore venu, et il a fallu attendre plusieurs années avant que les bailleurs de fonds s'accordent autour d'objectifs communs et de pratiques moins susceptibles de peser sur leurs bénéficiaires.

« [...] comment ne pas sourire en voyant les petits enfants avec la bouche enfarinée près de l'enclos des porcelets ? Les petits se gavaient des compléments alimentaires donnés par les services de l'élevage pour renforcer l'embouche porcine, selon les bons conseils de l'Organisation pour l'Agriculture et l'Alimentation. L'organisation onusienne voisine en charge de la santé ne s'en préoccupait guère. Les agences onusiennes ne se parlaient déjà pas beaucoup[71]... »

La politique d'aide au développement se trouve alors mise en relief par des terrains nouveaux qui pour marginaux qu'ils soient n'en sont pas moins révélateurs de questionnements éthiques et philosophiques. La scène des enfants se gavant de compléments alimentaires constitue une image paradoxale du développement. Dès lors qu'un système d'aide est mis en

69. Terme créole – Élimination par le peuple et la force de la rue d'une personnalité de pouvoir, avec l'intention de la déraciner jusqu'à la souche.
70. D. Dordain, 2015, p. 87.
71. *Ibidem*, p. 65.

place, des risques de détournement surgissent, et il peut être utilisé pour des stratégies adaptatives qui le pervertissent.

Un témoin interrogé dans le cadre du livre[72] raconte à ce propos :

> « En Haïti, de nombreux dérèglements assez déroutants accompagnent la présence internationale. Quand j'y étais dans les années 1990, des gens s'injectaient le virus du SIDA pour pouvoir bénéficier des projets de soutien, d'accompagnement (soins, logement, nourriture...). De même, des adolescentes tombaient enceintes volontairement pour pouvoir bénéficier de supports alimentaires d'ONG internationales sur des programmes de support de femmes allaitantes et/ou enfants de moins de 5 ans afin de lutter contre la mortalité infantile... Il faut faire très attention aux programmes gratuits, et mettre en place des mécanismes pour éviter les biais, les effets pervers. »

Autant d'exemples qui illustrent l'« aléa moral » du développement. La superposition spontanée des aides a ainsi pu conduire à ce type de situations où voisinent des programmes d'alimentation du bétail et des populations humaines qui souffrent de malnutrition.

Méthodes et principes d'intervention, corrélations entre aide et politique

Les bailleurs de fonds développent un langage commun et harmonisé[73]. Ils procèdent généralement par des financements de projets, dont le déroulement suit un certain nombre d'étapes qui constituent ce qu'ils appellent le « cycle du projet ».

---

72. V. Grammont, cf. témoignage p. 135.
73. Voir G. Rist, 2002 ; B. Müller, 2012.

La Caisse centrale procède de même et consent des prêts, bonifiés ou aux conditions du marché, comme les autres banques de développement. Son rôle est alors conçu comme complémentaire de celui du ministère de la Coopération (principalement) qui apporte les subventions du FAC et les experts. La France est ainsi en mesure d'apporter toute une gamme de financements aux pays « du Sud », selon la nature économique des opérations envisagées.

La Caisse centrale fait porter sa contribution sur la partie des opérations de développement dont les caractéristiques financières permettent d'assurer le remboursement d'un financement à crédit, le ministère de la Coopération apportant son concours au volet d'expertise, de recherche et de formation, dont la rentabilité est différée ou très indirecte.

La Caisse centrale recrute des ingénieurs et des « banquiers » rompus à l'analyse des choix d'investissement par le calcul micro-économique. Pour en faire un usage plus orienté vers la recherche d'effets en termes de développement, la méthode des effets a été conçue par l'économiste du développement Marc Chervel, à la fin des années 1950. Il élargit l'analyse du micro-économique au macro-économique ; avec le développement des concours aux États, la question ne sera plus seulement celle du caractère remboursable de l'opération stricto sensu, mais plutôt celle de sa contribution à l'économie générale, aux recettes fiscales, à l'équilibre du commerce extérieur et de la balance des paiements, à l'emploi, etc. Elle se diffuse progressivement et constitue, dans les années 1970, un mode d'analyse privilégié des opérations.

Pour autant, les diligences d'instruction ne préservent pas de l'échec. Les bailleurs de fonds sont alors hantés par la crainte de financer des « éléphants blancs »[74] ; clairement, le premier projet de la Caisse en Haïti en est un.

---

74. Un « éléphant blanc » est une réalisation d'envergure et prestigieuse, souvent d'initiative publique, mais qui s'avère plus coûteuse que bénéfique.

Progressivement, la question du lien entre l'aide et la situation politique dans le pays d'accueil se pose. L'article déjà cité de Francis Pisani, paru dans *Le Monde* du 18 avril 1981, observe que « certains avaient espéré que l'aval donné par Paris à la politique de M. Duvalier sur la base de ses quelques efforts démocratiques serait éventuellement remis en question au vu des arrestations du 28 novembre. Or il nous a été indiqué, côté français, que l'aide était un problème économique et technique, alors que les arrestations constituaient, elles, un problème politique, et qu'il n'y avait pas lieu de mélanger les genres. Lors de la réunion des pays donateurs, qui s'est tenue début décembre à Port-au-Prince, les États-Unis et le Canada ont protesté contre le coup de filet du 28 novembre. La France s'est tue ».

Mais l'intervention des bailleurs de fonds dans les affaires intérieures du pays met le plus souvent l'accent sur la rigueur de la gestion et notamment des procédures budgétaires. Un article du *Monde* du 30 mars 1981 relate :

> « Dans un discours remarqué qu'il a prononcé à Port-au-Prince le 2 février, en présence du ministre haïtien des affaires étrangères, M. Édouard Francisque, l'ambassadeur d'Allemagne fédérale, M. Kunzmann, a exigé la budgétisation de toutes les recettes du gouvernement et la fiscalisation des gros revenus [...] M. Kunzmann a demandé à ses interlocuteurs haïtiens de "mettre de l'ordre dans la maison" s'ils souhaitaient que le contribuable allemand continue de participer au développement du tiers-monde. La position de la France était, sous la présidence de M. Giscard d'Estaing, beaucoup moins tranchée, surtout après le séjour mouvementé, en novembre dernier, de M. Robert Galley, alors ministre de la coopération, dont les discours bienveillants à l'égard du régime ont provoqué des remous dans l'opposition et ont été largement exploités dans la presse officielle. Après avoir annoncé une augmentation substantielle de l'aide française et rendu hommage au président haïtien pour son "effort résolu et courageux de démocratisation et de libéralisation", M. Galley l'a assuré du "soutien amical et de la compréhension de la France". [...] Quelques

jours plus tard, la presse indépendante était vigoureusement réprimée, ce qui mettait un terme à la libéralisation et semait le désarroi chez les intellectuels libéraux qui avaient cru un peu trop vite au changement. Les diplomates français en poste à Port-au-Prince préfèrent ne voir dans les événements du 28 novembre qu'un simple "accident de parcours". Le nouvel ambassadeur, M. Marcel Barthélémy, et ses collaborateurs estiment que, compte tenu de la détresse du peuple, il faut parler le langage de la générosité et faire tous les efforts possibles pour aider ce pays francophone. Le reste, pensent-ils, viendra par la suite. »

À propos de cette corrélation entre la visite de Robert Galley et la vague de répression de la presse, un autre article du *Monde* de Pierre Thivolet, datant de novembre 1980, indique :

« L'attitude du gouvernement a été violemment dénoncée par tous les journalistes indépendants. Il semble cependant que ce soit à la suite d'une conférence de presse de M. Robert Galley, ministre français de la coopération, en visite officielle la semaine dernière en Haïti, qu'ait été décidée la vague d'arrestations. Celui-ci, en effet, aurait été pris à partie par des journalistes haïtiens indépendants, après avoir fait l'éloge du gouvernement de M. Jean-Claude Duvalier et de la coopération franco-haïtienne. M. Grégoire Étienne, expulsé depuis, lui aurait notamment reproché d'être "un individu connu pour s'enrichir au détriment des peuples sous-développés" et aurait évoqué, en faisant un parallèle avec le gouvernement haïtien, la compromission du gouvernement français avec certains régimes africains corrompus. »

Les premiers projets de la Caisse en Haïti : aspects sectoriels

Durant la période couverte par ce chapitre, 21 projets sont financés sous forme de prêts pour les infrastructures d'Haïti et ses principales entreprises publiques de services marchands (énergie, autorité portuaire, télécoms, eau, route), de deux projets de réhabilitation de périmètres irrigués, et d'un appui budgétaire. Mis à part la pointe Labadie, les premières opérations conduites avant l'implantation de l'agence sont décidées entre 1981 et 1984.

Le premier directeur d'agence, Dominique Dordain, détaille les premiers projets :

> « Nous avons eu une grande latitude pour engager des recherches en fonction des priorités qui nous étaient proposées (secteurs vivriers, déforestation, bassins versants). Je ne m'y attendais pas lorsque nous avons rencontré le ministre de l'Agriculture Frantz Flambert en avril 1985, qui nous a dit : "Vous voulez vous occuper de bassins versants et de périmètres irrigués ? Pas de problème, nous avons au moins une vingtaine de sites à réhabiliter, faites une sélection et revenez me voir." Beaucoup de pragmatisme et d'ouverture chez nos partenaires haïtiens. Notre choix s'est porté sur l'Arcahaie[75].
>
> L'un des premiers projets a été la réfection de la piste de l'aéroport international de Port-au-Prince (1983), avec Fougerolles. On a réalisé 100 % des travaux en consommant 75 % des crédits alloués, nos interlocuteurs ont été très surpris, ils étaient plutôt habitués à l'inverse… Puis la Caisse a été sollicitée pour la conversion des centraux téléphoniques à la commutation électronique (1984), j'ai bien senti que nos partenaires voulaient affirmer leur autonomie par rapport aux USA. J'ai d'ailleurs été surveillé par la CIA pendant tout mon séjour !
>
> En matière d'énergie, l'ensablement du barrage de Péligre handicapait lourdement l'alimentation électrique de Port-au-Prince, notamment en matière de distribution de l'eau potable par la Centrale métropolitaine d'eau potable (CAMEP). D'où le renforcement de la centrale thermique de Carrefour, qui a ouvert la voie dans le domaine de la distribution de l'eau potable.

75. Financé en 1988.

Périmètres irrigués de l'Arcahaie (Margaux Lombard, mai 2017).

L'AFD a failli lancer un projet pilote de production d'algues spirulines (produit diététique). Après Labadie, si on se plantait avec ce projet, notre réputation allait encore souffrir ! Les algues spirulines étaient destinées aux boutiques chics à Paris, c'était grotesque dans un pays où dominait la malnutrition. J'avais donné un avis négatif, au siège on le voyait d'un œil différent parce qu'il y avait un appui de l'Élysée. Notre partenaire, la banque de développement d'Haïti, a été consultée et s'est prononcée contre le projet, qui ne s'est pas fait. »

Le projet de l'Arcahaie fait partie des projets phares de l'AFD en Haïti.

« Une visite de Mme Mitterrand à l'Arcahaie fin des années 1980-début des années 1990, lui permit de déclarer que l'eau était un don du ciel et qu'il était donc inconcevable de la payer. Tout cela en présence de M. Préval, alors ministre de l'Agriculture, qui en fit un argument de sa campagne présidentielle avant de devenir président… […] Pourtant, les usagers se rendaient bien compte que pour entretenir et gérer ce périmètre, compte tenu des risques d'ingérence de l'État et aussi d'impécuniosité, il fallait y participer ! Au-delà des organisations sociales, il faut donc aussi peser sur les politiques sectorielles[76]. »

Ce témoignage met l'accent sur un problème très concret pour les ingénieurs : la viabilité des projets dépend souvent de décisions de politique publique. La question de la tarification de l'eau n'est pas anecdotique, elle est au cœur de l'équilibre financier des porteurs de projet, de la viabilité à terme des opérations, voire de leur appropriation par les populations bénéficiaires.

Le lien avec les politiques publiques était très fort à cette époque, du fait d'une conjoncture particulière, celle de la mise en place progressive de programmes d'ajustement, comme on le verra un peu plus loin dans ce chapitre.

Conditionnalité politique : les conséquences pour Haïti

La fin de la guerre froide permet au président François Mitterrand, en 1990, à La Baule, de tenir des propos très fermes sur l'ouverture et le pluralisme démocratique en Afrique. À l'occasion de cette 16e conférence des chefs d'État d'Afrique et de France, son discours engage deux mutations pour l'aide française. La première est la mise en place d'une conditionnalité politique qui subordonne la poursuite de l'aide française à la mise en place de systèmes politiques démocratiques. Cette exigence ne sera toutefois vraiment mise en œuvre qu'exceptionnellement. La seconde est une mesure

76. G. d'Andlau a travaillé à l'AFD de 1985 à 2006, comme responsable technique jusqu'en 2004 dans les domaines de l'agriculture et des infrastructures dans la plupart des pays où intervient l'AFD : Méditerranée, Balkans, Afrique, Amérique centrale et du Sud, Caraïbes, Asie. Entretien à Paris le 6 avril 2017.

pour limiter le surendettement. La France ne fait plus de prêt aux États les plus pauvres et endettés, la Caisse leur apporte désormais des dons, suivant les mêmes procédures que pour les prêts. S'ensuit une annulation unilatérale (hors Club de Paris) de la dette sous forme d'APD (dite Dakar 1 et dont 35 pays en tout ont bénéficié).

Le discours reste-t-il destiné aux seuls pays africains ? De fait, Haïti vient d'adhérer à la convention de Lomé IV, signée entre les pays d'Afrique, des Caraïbes et du Pacifique et l'Union européenne, et celle-ci introduit une conditionnalité politique de l'aide.

Les institutions internationales rejoignent ce courant sous une version économique, en termes de gouvernance. Dès 1990, un groupe de travail du CAD porte sur la démocratie et la gestion des affaires publiques. Désormais, le climat d'accueil de l'investissement est une préoccupation plus importante.

Tel est le contexte de l'aide quand éclate le coup d'État du 30 septembre 1991 qui dépose le président Aristide. Dès le lendemain, la condamnation internationale est unanime. Les États-Unis ne peuvent accepter de voir déposer par les forces armées un gouvernement qui avait été élu précisément dans un grand élan démocratique. Outre l'embargo international, les sanctions incluent pour la première fois l'aide au développement. Ainsi, de 1991 à 1994, la coopération française est suspendue.

Bernard Esnouf[77], ancien responsable géographique Haïti à l'AFD de 1991 à 1993, raconte sa mission en avril 1992 :

> « Lors de ma prise de fonction début septembre 1991, l'enthousiasme suscité par l'élection démocratique de Jean-Bertrand Aristide

77. Bernard Esnouf a rejoint l'AFD en 1981 comme ingénieur agronome spécialisé en halieutique. Il a été notamment directeur exécutif adjoint de la nouvelle Direction de la stratégie, des partenariats et de la communication, jusqu'à son départ en retraite en 2016. Récit écrit communiqué le 10 février 2017.

à la présidence d'Haïti avait entraîné un mouvement assez général d'empathie et d'optimisme chez la plupart des agences d'aide au développement. Hélas ! Moins d'un mois après que j'ai rejoint cet espoir, un coup d'État militaire conduit par le général Raoul Cédras referme la parenthèse démocratique. Les Nations unies sanctionnent cette usurpation et décident d'un embargo international, et notre gouvernement notifie à la CCCE l'application stricte de cet embargo sur toutes les actions de développement conduites avec le gouvernement haïtien. Seuls les projets menés à l'initiative des ONG pourront être poursuivis.

Cette première mission à Port-au-Prince [avait] pour objectif [...] de faire le bilan de toutes les petites actions de gestion mises en œuvre après six mois de mise en place de l'embargo. Le premier rendez-vous était naturellement pour la Mission de Coopération et l'Ambassade de France. Il y régnait une ambiance de centre du monde en insurrection, où tous les acteurs présents avaient l'intime conviction d'être en train d'écrire l'Histoire. L'initiative courageuse de l'Ambassadeur Dufour, qui permit d'exfiltrer le président Aristide en pleine nuit et de lui éviter certainement une exécution sommaire, avait manifestement mis tous ses collaborateurs dans un état de grâce totale... Et la CCCE était donc prestement invitée à déployer le même zèle pour la mise en force de cet embargo sur les opérations qu'elle finançait.

À la condition de n'avoir aucun contact avec le niveau politique, nous fûmes autorisés à rencontrer discrètement les directeurs techniques des principales institutions auprès desquelles des financements avaient été gelés, comme l'Électricité d'Haïti, la Centrale autonome métropolitaine de l'eau potable, ou les services de l'irrigation au ministère de l'Agriculture. Privilège de prêteur, si nous avions suspendu tous les nouveaux versements, l'embargo était moins précis sur le remboursement éventuel des échéances dues par l'État haïtien sur l'encours des prêts. Sans trop d'illusions, nous visitâmes également le gouverneur de la Banque centrale, qui nous présenta, sur le ton policé, courtois et toujours économe de mots, qui caractérise souvent les banquiers centraux, une très polie fin de non-recevoir... »

Ce témoignage illustre la culture d'engagement des agents de la Caisse centrale, qui les mobilise fortement pour un métier qu'ils prennent comme une mission. C'est d'ailleurs une attitude qui prolonge bien une observation d'Edgar Pisani (1956) sur la caractéristique spécifique de l'administration coloniale : administration de mission, par opposition à l'administration habituelle « de gestion ». De fait, après la décolonisation, demeure une approche spécifique à l'intervention à distance dans le cadre de la politique qui succède à la mise en valeur coloniale, qui est l'aide au développement[78]. Cet attachement rend difficile la situation de crise que décrit B. Esnouf : il convient de mettre en vigueur des sanctions qui pénalisent les projets ; les interlocuteurs se dérobent, la communauté des bailleurs de fonds se serre les coudes.

Lorsque les sanctions sont décidées à la suite du coup d'État, le dispositif fonctionne bien. Le graphique ci-contre retrace l'évolution de l'aide des principaux bailleurs de fonds d'Haïti pendant la période couverte par ce chapitre. L'APD marque un net repli en 1992-1994, et cet effet est rendu d'autant plus spectaculaire qu'après la reprise survient une forte mobilisation.

Compte tenu de l'importance des États-Unis, on a fait figurer le total et ce pays à part, en regard de l'aide des institutions européennes (cf. graphique p. 104). Le pic de mobilisation des États-Unis correspond à leur intervention militaire. Celui de l'UE tient à l'effet de l'adhésion d'Haïti au groupe ACP (pays d'Afrique, des Caraïbes et du Pacifique) et à la convention UE-ACP de Lomé IV.

Quel bilan tirer de ces sanctions internationales ? La Mission d'études, d'évaluation et de prospective du ministère des Affaires étrangères réalise en 1996 une évaluation à partir

78. Voir J. Meimon, 2007.

APD À DESTINATION D'HAÏTI DE 1974 À 1997 (HORS ÉTATS-UNIS)

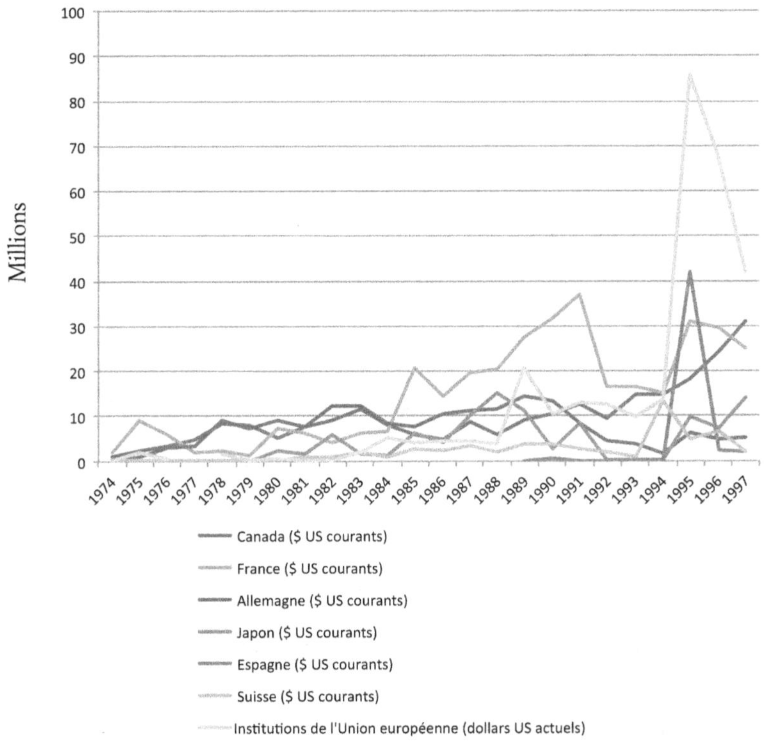

Source : statistiques CAD.

des cas du Togo, du Zaïre et d'Haïti. Elle établit que la décision a entraîné la suspension d'une trentaine de projets conduits par le ministère de la Coopération et la CFD, le blocage de l'aide à la balance des paiements, la cessation immédiate des activités de 163 coopérants, assistants techniques et membres d'ONG, à l'exception de ceux travaillant dans le domaine humanitaire.

APD DES ÉTATS-UNIS ET DE L'UNION EUROPÉENNE À DESTINATION D'HAÏTI DE 1974 À 1997

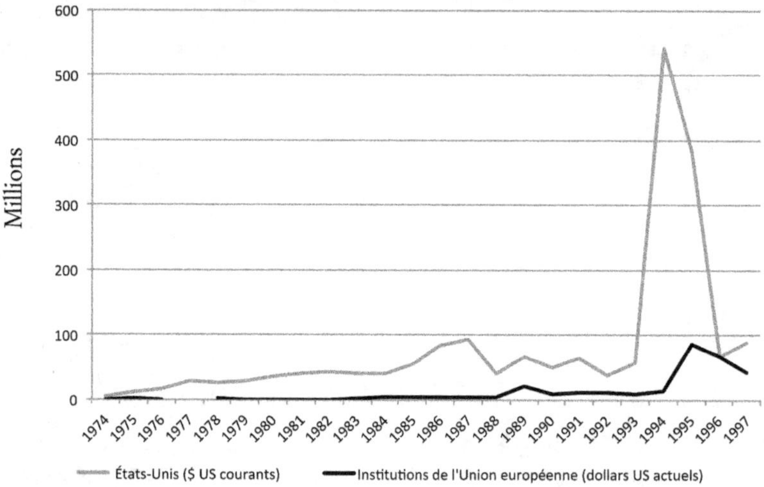

Source : statistiques CAD.
N.B. : les deux graphiques utilisent bien les mêmes données, mais le niveau de l'aide des États-Unis « aplatit » la contribution des autres donateurs, qui sont donc traités séparément dans le graphique précédent.

Aussi bien pour la CFD que pour le FAC, la coopération française était alors en phase de renouvellement et de faiblesse des investissements. Une Commission mixe franco-haïtienne avait défini les grandes orientations du nouveau programme de coopération, mais celui-ci n'était pas encore entré en vigueur au moment du coup d'État. Aussi les actions de coopération en cours étaient-elles peu importantes et dispersées. Des différences dans les politiques de développement étaient notables : la mission de coopération soutenait une politique de développement agricole vivrier, tandis que la CFD appuyait les grands périmètres et les cultures de rente, ce qui a fait apparaître nettement deux stratégies d'approche pour une même réalité rurale.

La décision de suspendre était censée avoir des résultats à très court terme (des sanctions partielles étaient intervenues en 1987 et 1988 et avaient été levées après avoir obtenu satisfaction rapidement), puisque pour les quatre années précédant son retrait, la France était le deuxième pourvoyeur d'aide au développement en Haïti (13,3 %), le premier étant les États-Unis avec 33,7 %. Or la suspension ne fait pas plier le gouvernement et la crise se prolonge de manière inattendue.

Si au départ l'annonce par la France (et les autres donateurs) de la suspension de la coopération avait été bien accueillie par les partisans du pouvoir, elle a progressivement laissé la place, selon la Mission d'études, à un sentiment d'abandon, une perte de confiance :

> « Le ressentiment vis-à-vis de la France est d'autant plus fort que l'image de notre pays et de son rôle politique est "survalorisée" dans les pays francophones. La suspension des actions de coopération a été accusée, en Haïti, de manquer de discernement et a conforté un sentiment diffus que "la France abandonnait le terrain aux Américains" d'autant plus que l'action de ces derniers favorisait nettement une telle impression. »

Le projet de repeuplement porcin[79] est le seul qui ait continué à fonctionner, hors de tout contact avec les autorités non reconnues par la France. Il a en quelque sorte « bénéficié » de la crise qui non seulement lui a permis de se maintenir mais surtout de se rénover et de se restructurer. La CFD semble avoir mieux géré la suspension que le ministère. Pour Haïti,

79. Voir *infra* pour une description du projet.

bien que le représentant de la Caisse fût basé à Paris, les visites de terrain et les contacts officieux ont été fréquents du fait qu'il s'agissait de prêts financiers pour des investissements lourds et d'interlocuteurs « autorisés » parce que non officiels. La CFD a pu redémarrer rapidement ses activités, dès novembre 1994, avec la reprise du projet EDH.

La Mission d'études conclut de façon très nuancée sur l'efficacité du dispositif. En outre, elle met l'accent sur la critique de la conditionnalité, notamment par l'absence de menace crédible : en effet, l'interruption de l'aide pénalise au premier chef les agences d'aide elles-mêmes. Un tel choix est par ailleurs politiquement difficile du fait des conséquences pour les populations les plus défavorisées (presque tous les indicateurs de niveau de vie se sont effondrés). Ces réflexions sont importantes pour une collectivité des bailleurs de fonds en pleine recomposition stratégique.

Les financements internationaux exercent un fort pouvoir normatif

Peu après l'arrivée de la Caisse centrale en Haïti s'ouvre une période d'ajustement structurel pour de nombreux pays. Si la prospérité sur les marchés des matières premières avait donné à la fin des années 1970 l'illusion d'un enrichissement, cette situation a d'abord permis un large recours à l'endettement international. Les pays exportateurs ont contracté des emprunts essentiellement auprès des banques commerciales, dans un contexte de crédit facile avec le recyclage des pétrodollars des pays exportateurs de pétrole.

La dérive de l'endettement conduit à des difficultés de paiements extérieurs et, à partir de 1980, la Caisse centrale en tire les conséquences et se met à consentir des prêts d'ajustement structurel, instruits conjointement avec le Trésor et le ministère de la Coopération. Toutefois, Haïti semble échapper à cette situation ; les tables de la dette (Banque mondiale, 1989) montrent bien un cap délicat en 1986, mais rien qui justifie de détourner la Caisse centrale de son activité.

Deux processus marquent la période concernant les rapports entre Haïti et l'aide internationale.

> « D'un côté les gouvernements haïtiens, malgré les clivages politiques, soutiennent une politique de libéralisation qui induit des crises et des coupes budgétaires entre 1971 et 1995. En parallèle, une alliance large de bailleurs de fonds entre États-Unis, ONU et institutions de Bretton Woods se consolide et utilise l'aide pour sanctionner le gouvernement haïtien. Les deux processus conduisent à une dégradation des capacités financières de l'État haïtien et à une dépendance budgétaire de plus en plus forte vis-à-vis de l'APD [...] En parallèle, l'aide s'est de nouveau réduite considérablement – excepté pour les ONG – avec la fin de l'ère Duvalier en 1986, et ce, jusqu'au retour d'Aristide en 1994, ce qui entraîne une réduction de la capacité financière de l'État[80]. »

En septembre 1990, la France décide d'étendre à l'ensemble des « Pays les moins avancés » (PMA), et donc à Haïti, le bénéfice des mesures d'annulation de dette consenties unilatéralement (Dakar et La Baule), en annulant l'encours de la dette dû et non échu à fin 1988. Le total de l'annulation représente 406,5 MF[81] (cf. annexe 5).

En lien avec la question du surendettement, la corruption entre dans le débat public. Des anciens responsables de l'aide au développement, menés par Peter Eigen de la Banque mondiale, créent en 1993 l'ONG « Transparency International ». Facteur de renchérissement du coût des achats de biens d'équipement, la corruption a une action directe sur le niveau

80. J. Wörlein, 2017, p. 90.
81. Note interne CFD, octobre 1996.

d'endettement. Chaque pays est susceptible d'y trouver sa place[82], menace qui devient d'autant plus sérieuse lorsque les bailleurs de fonds prennent en compte ce critère, à partir de la fin de la décennie, dans leurs critères d'allocation de l'aide.

Plus généralement, avec la fin de la guerre froide, l'aide voit sa motivation politique passer au deuxième plan, ce qui ouvre la voie à un débat plus vaste sur son efficacité. Désormais, les bailleurs de fonds vont devoir rendre compte davantage et de façon plus détaillée de l'exécution de leurs projets et programmes, ce qui change la relation avec les pays bénéficiaires.

***

En 1975, peu après qu'Haïti est passé sous la compétence du ministère de la Coopération, la Caisse centrale est autorisée à intervenir dans le pays. Le premier projet n'est pas un succès, malgré les méthodes habituellement mises en œuvre pour l'instruction des opérations. Vient alors l'installation physique de la Caisse centrale, qui ouvre une agence à Port-au-Prince en 1984, ce qui lui permet de projeter ses méthodes de promotion et de suivi des projets. Les premiers d'entre eux concernent les secteurs de l'agriculture, des infrastructures et de l'énergie.

L'aide internationale est marquée entre autres par une évolution à l'œuvre dans de nombreux pays : le surendettement et les crises de la dette. Dès 1990, un groupe de travail du CAD porte sur la démocratie et la gestion des affaires publiques. La montée du niveau d'exigence en matière de

82. Le classement pays de Transparency International fait apparaître la perception de la corruption à cette période, mais il n'intègre Haïti qu'en 2002, au 89e rang sur 102 pays classés ; Haïti passe en 155e position sur 159 en 2005 et, en 2015, au 159e rang sur 176 pays.

gouvernance est l'un des facteurs qui justifient le passage en sanction d'Haïti en 1991, et se traduit par une baisse de l'aide.

Si les actions de la coopération française sont alors en phase de renouvellement et peu importantes en termes d'investissement, pendant les quatre années précédant la suspension de l'aide, la France était le 2e pourvoyeur d'aide au développement en Haïti derrière les États-Unis. Ce retrait, en plus d'être inefficace, suscite un sentiment d'abandon et se traduit par une efficacité très limitée dans la mesure où elle pénalise les agences d'aide elles-mêmes et les populations les plus défavorisées.

Ainsi, tout au long de la période figurent des sursauts importants à l'échelle d'Haïti, de la France et de l'aide internationale, faisant apparaître des temporalités souvent discordantes. Le contexte national est ponctué de crises

AIDE FRANÇAISE À HAÏTI (M$ COURANTS)
CHANGEMENTS POLITIQUES ET CATASTROPHES NATURELLES

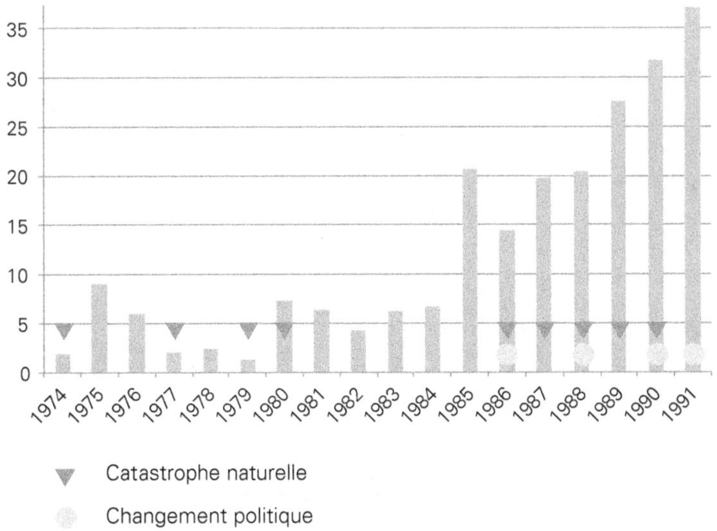

politiques jusqu'au départ de Duvalier puis avec le coup d'État de 1991. L'aide française évolue au gré des nouvelles conditionnalités politiques, qui se retranscrivent de fait sur le terrain haïtien. Au fur et à mesure que les bailleurs de fonds commencent à faire communauté, de nouvelles exigences sous-jacentes à l'aide émergent, depuis le climat politique jusqu'à la nécessité pour les acteurs de l'aide de rendre des comptes sur l'efficacité de leurs actions. Autant de paramètres qui entraînent des changements dans la relation avec Haïti et qui ne favorisent pas la constance dans l'allocation de l'aide.

3
Intervenir au défi d'une présence en pointillé (1994-2010)

Au lendemain de la levée des sanctions, lorsque le retour à l'ordre constitutionnel ouvre la voie à celui des acteurs internationaux, la toile de fond, du côté de l'aide au développement, est à la refondation. Après le trou d'air qui suit la fin de la guerre froide, l'aide se remobilise par la formulation d'objectifs communs, définis progressivement de 1996 à 2000, du CAD à l'ONU. C'est dans ce contexte que s'inscrit la reprise de la coopération. Celle-ci est soumise à l'impératif de plus en plus fort des normes internationales et d'une gouvernance performante.

Compte tenu de la place de la coopération française dans l'aide en Haïti avant le coup d'État, l'enjeu de la reprise des activités de la CFD est grand ; elle se fait par les secteurs retenus antérieurement : infrastructures électriques, télécommunications, eau, périmètres irrigués et autres projets agricoles. Il s'agit de projets en subvention, ce qui change l'échelle. Une percée est opérée dans les quartiers précaires avec un projet d'eau conçu par le GRET, qui deviendra emblématique de l'intervention de l'AFD en Haïti.

Selon Anne Lescot[1], si la société civile haïtienne était dynamique fin 1994, l'époque qui s'ouvre marque aussi le début d'une dépendance accrue d'Haïti à l'international :

«En 1994, le pays sortait de trois années d'embargo très difficiles. Avec le retour du président Aristide, l'idée que le pays allait enfin pouvoir se construire animait les gens, quelle que soit leur classe sociale (avec quelques exceptions). Il n'y avait pas de notion d'insécurité telle qu'on allait commencer à la connaître à la fin des années 90, mais plutôt un vrai sentiment de liberté retrouvée. Aristide portait tout ce qui accompagne les espoirs d'un retour.

Cependant, la présence importante de 20 000 GI et Marines, venus rétablir l'État de droit, a peu à peu installé une ambiance particulière. C'était étrange de voir des chars dans les rues alors que l'on n'était pas en temps de guerre. Il y avait aussi de plus en plus d'histoires de soldats qui monnayaient les faveurs sexuelles des Haïtiens, ou d'autres qui étaient déboussolés jusqu'au suicide par un pays qui les avait accueillis à bras ouverts et qui n'était pas l'enfer violent auquel on les avait préparés !

Et puis ce fut l'arrivée des grandes organisations avec leurs programmes respectifs. Nombreux amis et collègues ont collaboré à ces programmes, ce qui était tout à fait naturel car depuis le départ de Duvalier en 1986 puis l'exil d'Aristide en 1991, le pays n'avait pas encore eu l'occasion de se construire un avenir et le seul espoir de développement passait, le pensait-on, par l'engagement de l'aide internationale…

Cette situation a jeté les bases d'une économie artificielle, qui a déstructuré une bonne partie de l'économie locale, déjà bien mal en point au sortir de trois ans d'isolement. À titre d'exemple, le prix des locations de maisons est passé de la gourde au dollar, et pour beaucoup d'Haïtiens il est devenu impossible de se loger, tandis que d'autres ont trouvé une

1. A. Lescot est anthropologue et documentariste franco-haïtienne, elle a fondé l'association culturelle Collectif 2004 Images Haïti. Elle est chargée de mission Haïti à la Fondation de France.

manne inespérée. Cette présence internationale n'a pas eu d'impact significatif à long terme sur l'économie, et le peuple n'a cessé de voir depuis sa situation se précariser tandis que les classes moyennes se sont également peu à peu décapitalisées. Ce qui aurait dû être un levier vers une forme d'indépendance a en réalité rendu les Haïtiens dépendants[2]. »

Un retour à la démocratie fragile et incertain

Après la phase des sanctions, le suivi de la situation politique devient un exercice obligatoire. En outre, le poids des institutions internationales est de plus en plus grand et le FMI donne la tonalité aux bailleurs de l'aide au développement. La baisse cumulée de 26 % du PIB durant les trois années suivant le coup d'État signifiait qu'avec une croissance de 4,5 % par an (valeur cible du FMI), le PIB ne retrouverait son niveau de 1991 qu'en 2002, et le PIB par habitant seulement en 2014. Or en 1991, Haïti était déjà, de loin, le pays le plus pauvre des Amériques.

Le retour de la démocratie qui accompagne celui du président Aristide en octobre 1994 ne va pas de pair avec une relance de l'économie. Le 22 août 1994, soit deux mois avant son retour d'exil, Aristide signait avec les institutions financières internationales (IFI) les accords de Paris (ou Plan de Paris), plan économique controversé négocié par la BM, le FMI et la BID, d'une part, et les représentants du président Aristide, Leslie Voltaire et Leslie Delatour, d'autre part, en vertu duquel l'État haïtien s'engageait à mettre en œuvre des réformes macro-économiques consistant notamment à privatiser des entreprises publiques et réduire de moitié le nombre de fonctionnaires. En retour, le gouvernement

2. Propos tirés de la conférence « Haïti : Comment prendre le temps du développement ? » qui a eu lieu le 6 juin 2017 à l'AFD.

haïtien se voyait promettre plusieurs centaines de millions de dollars en subventions et prêts des bailleurs internationaux. Cet épisode fait l'objet de plusieurs pages dans l'ouvrage de Wien Weibert Arthus *Les grandes dates de l'histoire diplomatique d'Haïti*:

> «Dans sa thèse de doctorat intitulée "The Influence of Corporate Interests on USAID's Development Agenda: The Case of Haiti", Guy Metayer montre que le Plan de Paris, présenté comme un programme fraîchement négocié, n'était autre que la couverture d'un plan que les IFI avaient élaboré depuis août 1993 sous le titre "Programme d'urgence de recouvrement économique (*Emergency Economic Recovery Program* [EEPR])". […]
>
> Sa signature et sa mise en application ont été deux conditions desquelles dépendaient le retour du président Aristide au pouvoir et le support de l'international pour les années à venir. Dans *Haïti in the New World Order*, Alex Dupuy soutient que la restauration de la démocratie en Haïti a permis aux IFI de mettre en application, et dans des conditions favorables, le projet néolibéral conçu antérieurement par les États-Unis pour Haïti. […]
>
> Le retour du président Aristide […] a résulté d'un choix stratégique clair des États-Unis et du reste de la communauté internationale. Ces derniers n'avaient plus besoin de ce régime militaire qui, certes, sauvegardait leurs intérêts économiques, mais mettait en danger la promotion de la démocratie. Après trois ans d'exil, le président haïtien est devenu l'un des leurs, plus enclin à comprendre et faire avancer leur agenda. Comme le souligne Robert Fatton, ils ont inévitablement déradicalisé Aristide, le transformant d'un prophète anticapitaliste à un ardent allié américain commis aux lois du marché[3].»

De retour en Haïti, Aristide s'emploie à mettre en application l'agenda des accords de Paris. Toutefois, au fil des

3. W. W. Arthus, 2017, p. 188-189.

mois, des dissensions surgissent : des proches du mouvement Lavalas de 1990 se mobilisent contre, et le courant passe de plus en plus difficilement entre Aristide et les IFI. Après la tenue d'élections législatives et municipales en juin et septembre 1995, ses réticences vis-à-vis des privatisations entraînent, au mois d'octobre, une crise politique interne avec la démission du Premier ministre Smarck Michel et la suspension de l'accord avec le FMI.

Le cycle d'élections libres et démocratiques de l'année 1995 se conclut par la présidentielle en décembre, qui voit la victoire de René Préval. Son investiture, le 7 février 1996, consacre le retour à l'ordre constitutionnel.

À la prise de fonctions, en mars 1996, du Premier ministre Rosny Smarth, la situation économique et budgétaire est catastrophique tandis qu'aucune avancée significative n'est perceptible dans le domaine social, qui puisse être portée à l'actif de ses prédécesseurs. L'héritage est, en effet, très lourd : budget non voté (il ne le sera qu'en juin 1996 pour l'exercice se terminant en septembre), déficit substantiel, avec son cortège en termes d'arriérés de salaires, d'arriérés de l'État envers les entreprises publiques, d'endettement croissant vis-à-vis de la Banque centrale. À cela s'ajoutent la diminution de plus de moitié des avoirs extérieurs et un accroissement du taux de réserves obligatoires (53 %) conduisant les banques à une dangereuse surenchère sur la rémunération des dépôts.

Si sur le plan politique la période semble annoncer une nouvelle étape, au niveau économique et social en revanche aucun renversement de tendance n'est perceptible dans la dégradation des structures productives et l'aggravation des conditions de vie des populations.

Après quelques semaines de prise de marques, le nouveau gouvernement s'engage dans la préparation d'un nouveau programme d'ajustement. Cependant, négociée fin mai 1996, la Facilité d'ajustement structurel renforcée (FASR) ne sera présentée au Conseil du FMI qu'en octobre au terme de nombreuses tractations entre le gouvernement et les parlementaires, divisés entre «aristidiens» et «prévaliens», pour l'adoption des trois lois préalables, avec le vote du budget, à la concrétisation de l'accord avec le FMI: modernisation des entreprises publiques, réforme de la fonction publique et structure des tarifs extérieurs.

Mais le gouvernement n'a pas attendu le programme, et les progrès réalisés depuis le mois de mai 1996 sont déjà portés à son crédit. Notamment, les bonnes performances budgétaires avec des recettes supérieures aux prévisions et un niveau très faible des dépenses publiques attestent de la volonté du gouvernement de redresser une situation difficile. Mais, du fait de l'attentisme de l'aide internationale, suspendue à cet accord, le climat social se tend, dès l'été 1996.

Les acquis de la période semblent annoncer une nouvelle étape dans l'évolution du pays, mais le règlement de la dernière crise politique ne peut suffire à réécrire une histoire ponctuée de turbulences. La démocratie reste fragile, surtout dans l'optique du retrait annoncé des forces internationales de maintien de l'ordre. Les bases d'un état de droit ne sont en effet pas en place, l'administration reste notamment corrompue, centralisée et inefficace. À partir des années 1990, la corruption, sujet hautement tabou auparavant, devient une préoccupation croissante de la communauté internationale.

Les évolutions dans le monde de l'APD, et en particulier en Haïti

L'aide au développement traverse une série de changements importants. D'une part, ceux-ci tiennent aux suites de l'ajustement structurel et, d'autre part, les évolutions géopolitiques rendent possibles de nouvelles coopérations.

Carol Lancaster[4] attribue la désignation « ajustement structurel » à l'analyse par la Banque mondiale des problèmes des pays non producteurs de pétrole. Ceux-ci doivent ajuster leurs économies afin d'exporter davantage et d'importer moins pour être en mesure de couvrir le déficit de leur balance des paiements. À la fin de la décennie 1980, l'ensemble des mesures préconisées est résumé par John Williamson. Il les décrit sous le terme de « consensus de Washington », comme résultant d'un accord principalement entre le FMI, la BM et la BID, d'une part, et le Trésor américain, d'autre part.

De façon très stylisée, lorsqu'un État a un problème de paiements extérieurs, il rentre alors dans un mécanisme international de résolution des déficits de balance des paiements. Ce mécanisme repose sur un accord préalable avec le FMI, qui lui apporte des fonds en contrepartie d'un ensemble de réformes à réaliser. Ces conditions sont réunies dans un programme, présenté sous la forme d'une lettre d'intention du gouvernement. Il faut ensuite solliciter les autres bailleurs de fonds, au premier rang desquels les créanciers, qui, pour se réengager, demandent des assurances validées par le FMI sur des perspectives de retour à meilleure fortune.

Avec la fin de la guerre froide, la justification géopolitique des interventions des bailleurs tend à disparaître, l'aide baisse, les financements privés paraissent un moment prendre le pas ; l'efficacité de l'aide est questionnée. Cette interrogation est renforcée par la diffusion de la nouvelle gestion publique, qui a gagné progressivement les pays de l'OCDE depuis les années 1980[5]. En contrepartie, au lieu d'avoir une planète divisée entre deux espaces de coopération susceptibles de s'affronter, désormais la gouvernance globale peut s'ouvrir à

4. Voir D. Kapur, 1997, vol. 2, p. 166.

5. Une direction de la gestion publique (PUMA) est créée à l'OCDE ; en France ce courant est transposé notamment avec l'introduction de la nouvelle loi organique relative aux lois de finances.

LE CLUB DE PARIS

Le Club de Paris est un forum pour la tenue informelle de réunions de discussions entre pays créanciers et de négociations entre créanciers et débiteurs. Le but de ces réunions est de produire un accord de restructuration des prêts publics qui puisse convenir à toutes les parties concernées. Selon la coutume, le président et le secrétariat sont fournis par la Direction générale du Trésor français et leur fonction consiste à aider, quelles que soient les difficultés ou les particularités, le consensus final indispensable. Celui-ci peut comporter plusieurs options, chacune assurant un retraitement des dettes bilatérales représentant un coût équivalent pour le créancier.

Confronté à une crise de la dette extérieure, un pays débiteur, qui constate qu'il ne peut plus faire face à ses échéances, adresse une requête à ses créanciers publics et privés, pour obtenir un report de ses échéances. Les créanciers publics s'organisent dans le cadre du Club de Paris (jusque dans les années 1990, les créanciers privés se réunissaient aussi, dans le cadre du Club de Londres).

Selon un principe de répartition des responsabilités, c'est le FMI qui déclenche les procédures de renégociation de dette : les créanciers ne se réunissent qu'après approbation formelle par le FMI d'un accord. Celui-ci peut lui-même être lié à l'effort d'autres catégories de créanciers. Les effets des Clubs de Paris sont anticipés dans des « tableaux des opérations financières de l'État », pièce maîtresse des accords avec le Fonds. Ils résument sous forme de projections de finances publiques les contributions attendues des diverses parties prenantes au traitement des déficits.

Le Club de Paris s'est réuni pour la première fois en 1956 pour examiner le cas de l'Argentine. Il traite exclusivement de la dette publique extérieure contractée envers des créanciers publics. Sans siège social ni personnel, il ne repose ni sur un traité international ni sur une charte écrite. Dépourvu de statuts, c'est plus un club à l'anglo-saxonne qu'une organisation formelle. Le FMI expose ses analyses sur la qualité des programmes de relance et sur les perspectives macro-économiques.

La Banque mondiale rend compte de la qualité des politiques d'investissement, des mesures sectorielles et des perspectives à moyen et long terme. Les banques régionales de développement, l'OCDE, la Commission européenne et la CNUCED peuvent participer aux réunions et y exprimer leur point de vue.

---

l'ensemble des pays, ce qui permet de penser des questions telles que le climat ou les maladies infectieuses.

L'aide au développement, après la guerre froide, cherche à se refonder. Le processus prend appui sur deux nouveaux concepts, celui de développement durable[6] et celui de développement humain, qui donne lieu à une analyse annuelle par le Programme des Nations unies pour le développement (PNUD) à partir de 1990. Il se déroule sous la forme d'une série de conférences internationales, qui conduisent notamment à la formulation d'objectifs communs afin de permettre à l'aide une meilleure coordination et davantage d'effets de volume. Le processus commence au CAD, en 1996.

En cette période où la communauté internationale s'essaye à la conditionnalité politique et souhaite promouvoir la bonne gouvernance, Haïti fait figure de test. S'il a paru échapper à la tendance générale de l'ajustement structurel pendant les années 1980, en mai 1995, le pays entre dans le processus et n'échappe pas à la rude médication du FMI : il se présente pour la première fois devant le Club de Paris.

Le rôle pris par l'aide semble se faire au prix d'une certaine marginalisation de l'État haïtien par rapport à la communauté financière internationale.

6. Rapport Brundtland, 1987.

> « C'est l'amendement Dole – du nom du sénateur qui le présente, Bob Dole – voté en 1995, à la suite de l'assassinat d'une avocate haïtienne connue, qui marque le coup de grâce pour l'État haïtien. La majorité républicaine du Sénat argue de l'instabilité du gouvernement du pays pour faire suspendre environ 50 millions de dollars d'aide prévue pour Haïti. USAID, suivie par d'autres bailleurs d'importance, cesse alors de financer directement les institutions haïtiennes et redirige une partie substantielle de l'aide publique au développement, auparavant perçue par le gouvernement, vers des organisations privées[7]. »

Le milieu de l'aide voit se diversifier les acteurs : du côté des pays donateurs, les sociétés civiles s'expriment de plus en plus sur l'aide à travers des organisations de plaidoyer, adossées à un milieu associatif qui prend une part croissante dans l'aide au développement, d'abord pour des raisons humanitaires, en réponse aux crises, mais aussi, de plus en plus, vers des thématiques de développement qui ont souvent été sous-investies lors de la période des ajustements structurels.

En France, le rapport d'un comité sur l'organisation et les responsabilités de l'État[8], présidé par Jean Picq, conseiller-maître à la Cour des comptes, se prononce entre autres pour une meilleure cohérence de l'action extérieure de l'État et pour une politique unifiée de la coopération au développement. Il constate « qu'il existe trois centres de décision pour la politique extérieure de la France : le ministère de la Coopération ; le ministère des Affaires étrangères ; le ministère de l'Économie. Leurs champs de compétences se recoupent partiellement, de même que ceux des différents réseaux de la France à l'étranger. Le nombre excessif des intervenants affaiblit l'action de l'État, et entraîne des surcoûts importants ».

Il ouvre la voie à une nouvelle réforme institutionnelle, qui met à l'ordre du jour la fusion des ministères des Affaires

7. J. Wörlein, 2017, p. 90 et suivantes.
8. J. Picq, mai 1994.

étrangères et de la Coopération, sous l'impulsion du Premier ministre Alain Juppé lui-même en 1995. L'objectif affiché est de mieux insérer la politique d'aide au développement dans la politique extérieure de la France, de clarifier les responsabilités et renforcer la cohérence du dispositif, en adaptant l'organisation et le fonctionnement de l'aide pour plus d'efficacité, préoccupation nouvelle.

L'alternance politique permet de prolonger la réforme et de l'appréhender. Une notion nouvelle est introduite, celle de « zone de solidarité prioritaire ». La notion de « champ » disparaît et il est prévu d'étendre, au-delà de ce champ, la notion de solidarité.

Un mécanisme est adopté, le CICID (Comité interministériel de la coopération internationale et du développement), qui regroupe l'ensemble des ministres concernés par la coopération et le développement, et qui est donc élargi aux ministres de l'Intérieur pour les problèmes d'immigration et de la Défense.

En matière d'organisation, l'action de l'État est resserrée autour de deux pôles, l'un diplomatique (constitué par fusion du ministère de la Coopération et du ministère des Affaires étrangères, les Missions étant transformées en services de coopération rattachés directement aux ambassadeurs), l'autre économique et financier autour du ministère des Finances, qui conserve toutes ses compétences.

La CFD change de dénomination en 1998 et devient « opérateur-pivot », l'essentiel des projets de programmes d'aide au développement étant désormais confié à l'Agence française de développement (AFD). L'État doit limiter son intervention au domaine régalien et continue à assurer les appuis institutionnels. L'AFD se voit transférer de nouveaux secteurs (infrastructures sociales), ouvrant la voie à un processus qui durera plusieurs années.

Le processus de formulation d'objectifs communs débouche lors du Sommet du Millénaire de septembre 2000, où les représentants des 189 États membres de l'ONU adoptent un ensemble d'objectifs et cibles de développement assortis de délais, consacrés dans la Déclaration du Millénaire des Nations unies. Ces huit Objectifs du Millénaire pour le développement (OMD) constituent un cadre dans lequel le système des Nations unies tout entier tente de collaborer de façon cohérente. Ils se déclinent en plus d'une vingtaine de cibles et 60 indicateurs (régulièrement enrichis).

> « Au tournant des années 2000, le gouvernement haïtien n'est […] quasiment plus bénéficiaire des flux financiers destinés à l'aide au développement dans le pays. Cette situation permet aux organisations privées d'une part, (et avant tout) à des ONG internationales, à la "société civile" haïtienne d'autre part, de devenir rapidement des acteurs majeurs de l'aide dans le pays. Si l'afflux de ces ONG n'est pas au départ uniquement lié aux acteurs de l'humanitaire, mais aussi à ceux du développement, les ouragans de 1998 – qui ont entraîné une augmentation des projets d'aide dans le pays – ont donné un avantage structurel aux acteurs humanitaires à l'intérieur de la coopération informelle existante entre agences d'État et ONG internationales. Dès 1997, l'ethnologue haïtien Pierre-Étienne Sauveur tentait d'alerter sur le sujet en parlant d'"invasion des ONG"[9] face à leur forte expansion. […]
>
> La crise politique de 2004 ainsi que l'émergence de nouvelles urgences ont conduit à la marginalisation presque totale de l'État haïtien. D'une part, la crise politique qui mena à la fuite d'Aristide et entraîna des émeutes à travers tout le pays permit la militarisation de l'intervention humanitaire en Haïti. D'autre part, la logique de la gestion d'urgence consolida la prééminence du secteur humanitaire sur le secteur du développement dans le pays[10]. »

---

9. P. E. Sauveur, 1997.
10. J. Wörlein, 2017, p. 90 et suivantes.

L'APD en Haïti voit son domaine se rapprocher de logiques et institutions humanitaires :

> « La période comprise entre 1998 et 2010 a été marquée par trois dynamiques. Tout d'abord, la redirection de l'aide des agences gouvernementales vers des ONG a entraîné une augmentation substantielle de ce secteur. Ensuite, une série de crises a mené à une série de réformes rapides, dont l'objectif était de formaliser les relations entre acteurs étatiques et non étatiques, entre secteurs civil et militaire ainsi qu'entre agences d'aide. [...] C'est ainsi que "l'humanitaire" devint un secteur professionnel à part entière en Haïti et s'institutionnalisa à travers un jeu complexe d'inclusion de nouveaux acteurs et d'exclusion non seulement de l'État haïtien mais également des agences d'aide au développement présentes sur place depuis des décennies[11]. »

Dans le domaine de la coopération culturelle, si l'Institut français a pu être en position de « quasi-monopole », l'ancienne attachée culturelle Nadège Chouat souligne le déclin amorcé à la fin des années 1990 et au début des années 2000 avec le retrait de la France (concentration et baisse des moyens), qui n'a d'ailleurs pas été spécifique à Haïti mais s'est appliqué partout dans le monde. Mal perçu par la communauté culturelle haïtienne, ce retrait s'est traduit notamment par l'abandon du projet d'envergure de reconstruction de l'Institut français décidé en 2004 au moment du Bicentenaire de l'indépendance. Selon Nadège Chouat, « la France fait encore beaucoup aujourd'hui, mais différemment [...]. Des choses perdurent, comme le lycée Alcibiade à Jacmel fondé et financé par la famille Rossillon ».

11. *Ibid.*, p. 98-99.

La Caisse suit le mouvement et reprend ses activités en 1995

Le temps du développement achoppe aux aléas des relations entre un bailleur de fonds et un client. La temporalité de la Caisse semble ainsi rythmée par le cycle des opérations, elle assure toutefois une certaine continuité dans le temps en dépit des interruptions. Les projets qu'elle menait avant ces éclipses sont en effet rapidement repris et s'inscrivent dès lors dans l'épaisseur du temps, en témoignent les propos de Denis Loyer[12], directeur de l'agence de la CFD en Haïti en 1995 :

> « La destitution de J.-B. Aristide et la prise de pouvoir de R. Cédras se sont traduites par une suspension de l'aide. Le projet de l'Arcahaie a été arrêté, fait regrettable. Je suis arrivé en 1995, au moment du retour d'Aristide. Coup de chance, nous avons réussi à faire redémarrer le projet de l'Arcahaie. Par ailleurs, l'AFD a été la seule à reprendre les décaissements instantanément[13]. Les Haïtiens étaient stupéfaits de la rapidité avec laquelle cette reprise s'est opérée.
>
> Certes, la gestion n'a pas été optimale, les opérations étaient longues, mais les Haïtiens étaient enchantés de le faire, et l'administration haïtienne était bienveillante, contrairement à ce que l'on peut entendre, et d'excellent niveau.
>
> Les réalisations relatives aux périmètres irrigués de l'Arcahaie ont donné une vraie connaissance et cohérence à notre action. C'est un succès technique. Il y avait toutefois une grande disparité entre les irrigants. D'un côté ceux qui avaient du pouvoir (blancs ou créoles qui

12. Denis Loyer, ingénieur agronome spécialisé en halieutique, a pris sa retraite début 2011, après près de 28 ans dans l'établissement, dont 15 en agence. Entretien réalisé à Paris, le 6 avril 2017.

13. Si les procédures de la Caisse ont fait suspendre les conventions lors de son retrait, à la reprise les projets concernés ont pu être redémarrés à peu près tels qu'ils étaient précédemment et faire l'objet de décaissements rapides.

possédaient la terre), de l'autre les petits. Le système a permis de donner un coup de main aux petits et de corriger certaines inégalités. »

En 1996, Chantal Michel[14], alors responsable géographique, fait un point détaillé de situation dans une note datée du mois d'octobre. La signature d'un accord « stand-by » en mars 1995, suivie par le traitement de la dette bilatérale au Club de Paris en mai 1995, laissait entrevoir une volonté de redressement appuyée par l'ensemble des bailleurs de fonds et une entrée dans l'ajustement structurel. Pour Chantal Michel, les enjeux sont clairs. La coopération avec Haïti relève essentiellement de considérations géopolitiques, s'agissant d'un pays francophone, riche de deux siècles d'histoire avec la France. La prise en compte des intérêts économiques français fait reconnaître néanmoins que les enjeux sont modestes : les exportations françaises à destination d'Haïti représentent 154 MF en 1995 (60 MF en 1994) tandis que les importations ne dépassent pas 50 MF en 1995 (38 MF en 1994). L'éloignement géographique, l'appartenance d'Haïti à la zone dollar (les États-Unis représentent, en 1991, 85 % des exportations et 65 % des importations), ou encore le faible pouvoir d'achat de quelque 7 millions de consommateurs, sont autant de raisons qui expliquent une situation marginale vis-à-vis du marché haïtien. Toutefois, la communauté linguistique constitue un atout pour la pénétration des entreprises françaises : assez présentes avant la crise de 1991 (surtout dans le secteur des travaux publics), elles manifestent un intérêt renouvelé tout en redoutant que l'instabilité politique vienne à nouveau ruiner leurs efforts.

Sur le plan économique, la contrainte fondamentale à court terme réside dans la rareté des ressources financières

14. Décédée en 2012, Chantal Michel a consacré l'essentiel de sa carrière à l'AFD à travailler sur des États insulaires, qui soulèvent des problèmes de développement spécifiques.

nationales en raison de la faiblesse de la production, de l'absence d'épargne domestique et des maigres recettes perçues par l'État. De ce fait, le pays est dépendant de l'aide financière externe qui conditionne la reprise économique.

Le secteur privé local, déstructuré pendant la période d'embargo et entravé dans son développement par l'insuffisance des infrastructures et la puissance de certains groupes privés, n'est pas relayé par les investisseurs extérieurs, méfiants face à un environnement politique encore considéré comme instable.

La faiblesse de la production constitue l'autre contrainte majeure sur le plan économique : la production est freinée dans tous les secteurs par la décapitalisation entraînée par la crise politique et l'embargo, par l'absence ou le délabrement des infrastructures, et par les structures financières qui découragent l'accès au crédit pour financer les investissements.

La contrainte démographique pose également un grand nombre de défis : la population augmente de 2,1 % par an et la population urbaine de 3,8 %. L'exode rural, conséquence de la croissance démographique et de la dégradation de l'agriculture, peuple les bidonvilles de Port-au-Prince, qui compte près de 2 millions d'habitants pour une population totale de l'ordre de 7 millions.

Enfin, l'environnement a connu une dégradation rapide qui s'est accélérée au cours des vingt dernières années. Elle se traduit par des phénomènes graves de déforestation et d'érosion des sols qui n'ont pas, à ce jour, été sérieusement appréhendés.

À la CFD, le traitement administratif d'Haïti évolue : d'abord rattaché au département Nord-Afrique, Pays insulaires et Asie, créé en 1992, il passe en 1998 dans un département Asie, Caraïbe, Pacifique. La CFD est confrontée à une double contrainte : l'ampleur des besoins et la rareté de la ressource disponible. Désormais Haïti, en tant que pays à faible revenu, peut uniquement recevoir les concours de la CFD à l'État sous la forme de dons.

Lors de la reprise de la coopération, en octobre 1994, les projets suspendus de la CFD (10 opérations) présentent des restes à verser de 180 MF. Leur priorité ayant été confirmée par les autorités haïtiennes, ces projets sont réactivés dès le début de l'année 1995, tandis que, dès décembre 1994, la subvention d'ajustement structurel de 40 MF, octroyée en juin 1991, sans pouvoir alors faire l'objet de décaissement, était entièrement débloquée.

De son côté, Proparco[15] n'est à nouveau autorisée à intervenir qu'à partir de mars 1996 et commence par établir son activité de prêt, rendue possible par ses nouvelles compétences[16] ; des accords-cadres sont discutés avec trois banques de Port-au-Prince.

La reprise est marquée par de nouveaux concours, à hauteur de 57 MF en 1995 – 5 MF pour un fonds d'études, 15 MF pour le redressement d'Électricité d'Haïti (EDH) et prêt en dollars équivalant à 37 MF à la TELECO – et de 30,5 MF en 1996 destinés au repeuplement porcin (10,5 MF), à la poursuite du redressement d'EDH (15 MF) et à l'alimentation en eau potable des populations défavorisées (5 MF).

Le fonds d'études et de préparation de projet est mis en place à l'été 1995 (si le financement est décidé en 1994, la convention est signée le 14 juillet) pour permettre au gouvernement haïtien de financer les études de projets d'investissements publics. Des études concernant l'urbanisme à Port-au-Prince, la collecte des déchets dans la capitale et une pré-évaluation de petits périmètres irrigués sont les premières imputées sur le Fonds.

15. Proparco est une filiale de l'AFD dédiée au secteur privé créée en 1977.
16. Voir F. Pacquement, 2017.

Les perspectives immédiates portent d'abord sur la reprise de projets qui avaient été suspendus en 1991, dans les domaines de l'électricité, de l'adduction d'eau, des télécommunications et du développement rural, qui faisaient déjà partie des priorités du premier gouvernement Aristide. La confirmation de ces priorités, lors de la reprise de la coopération en 1994, conduit la CFD à réactiver ces projets, voire à les compléter (électricité et télécommunications).

À la demande des autorités haïtiennes, la CFD participe à la reconstruction de la route de Jacmel, fortement endommagée par le cyclone Gordon en novembre 1994. Un reliquat de 5,3 MF sur un ancien projet routier est redéployé en faveur de cette réhabilitation, qui est réalisée notamment avec l'appui de la Mission des Nations unies en Haïti (MINUHA). Trois passages sont ainsi reconstruits, dont le pont sur la rivière Gosseline inauguré par le président Aristide le 15 décembre 1995, et les protections sont renforcées.

L'amélioration de l'alimentation électrique de Port-au-Prince constituait, avant la crise, une priorité du gouvernement du président Aristide. La CFD avait accordé, en 1991, une subvention de 30 MF pour la remise en état des centrales urbaines de Varreux et Carrefour. Dès la reprise de la coopération, un programme d'urgence est établi en étroite concertation avec les bailleurs de fonds du secteur (BID, UE, CFD et ACDI) pour faire face à une situation préoccupante d'EDH caractérisée par une capacité de production très insuffisante (couvrant à peine 70 % des besoins), des pertes techniques et non techniques considérables (> 50 %) et une situation financière très déficitaire. En avril 1995, la CFD consent, en complément de la poursuite de la remise en état des deux centrales sur le reliquat de la subvention de 30 MF, un don de 15 MF destiné à la mise en œuvre d'une assistance technique opérationnelle d'EDF auprès d'EDH pour aider au redressement de la gestion technique et financière. L'Agence canadienne de développement international (ACDI) cofinance cet appui par le biais d'une intervention d'Hydro Québec. Le gouvernement haïtien ayant pris la décision de confier la gestion d'EDH à un opérateur privé sous forme d'affermage, cette assistance technique est prolongée jusqu'à fin 1997 grâce à une nouvelle subvention de la CFD (15 MF) accordée en juillet 1996 et la poursuite de l'appui de l'ACDI.

Dans le domaine des télécommunications, la modernisation du réseau hertzien, objet d'un concours de 19 MF en 1990, est un des objectifs de la TELECO. Le pays doit alors être doté d'une ossature hertzienne reliant Port-au-Prince aux principales villes secondaires.

Deux concours, d'un montant total de 135 MF, ont été accordés avant la crise à la CAMEP, affectés principalement à des remises en état des infrastructures existantes et à un appui institutionnel à la Centrale. Ces opérations lourdes (captages, équipements d'exhaure, construction et réhabilitation de réservoirs) menées en cofinancement avec la Banque mondiale ont pu reprendre en 1995. Elles sont accompagnées d'un programme de restructuration avec l'appui d'une assistance technique française importante.

Également dans le secteur de l'eau, une subvention de 5 MF est accordée par la CFD, en juillet 1996, pour le financement de bornes fontaines dans les quartiers défavorisés de Port-au-Prince. Les objectifs sont l'alimentation en eau de 30 000 personnes de manière régulière et de 30 000 autres de manière occasionnelle, ainsi que la mise en place de six à huit comités de quartiers, les « komité dlo », capables de gérer leur réseau d'eau potable sur le plan technique et commercial. Henri Rouillé d'Orfeuil, interrogé dans le cadre de ce livre, se rappelle :

> « On a proposé à Gérard Barthélémy[17] de repartir en Haïti, où il a monté un système d'eau avec un ingénieur haïtien, Daniel Henrys, qui

17. Gérard Barthélémy (1934-2007), anthropologue, économiste, ethnologue, spécialiste du milieu rural haïtien, a été conseiller culturel en Amérique latine

a un grand passé dans la coopération. L'eau était distribuée par des bornes fontaines et vendue par galons. Des "komité dlo" ont été montés et ont perduré grâce à des hommes formidables qui géraient très bien le système. C'était vraiment une réussite. »

Selon François Jullien[18], ce projet est « le plus grand succès que l'AFD a eu en Haïti » :

« Les habitants des quartiers pudiquement appelés "défavorisés" ne bénéficiaient d'aucune desserte en eau et devaient acheter à des tarifs exorbitants l'eau à des camions-citernes. Les agents de la société des eaux (CAMEP) perçus comme des représentants de l'État oppresseur ne pouvaient pénétrer dans les bidonvilles. Nous avons réussi avec l'appui du GRET à appuyer la constitution d'association d'usagers de l'eau dont la fonction était d'acheter l'eau en gros à la CAMEP et de vendre l'eau au détail au travers de bornes fontaines autogérées par les usagers. L'opération a été un succès parce que le directeur de la société des eaux était un cadre remarquable et engagé. Ce projet pionnier et emblématique fait figure de modèle et a pu être reproduit dans d'autres pays. [...] Il serait plus difficile aujourd'hui de refaire des projets novateurs comme les bornes fontaines, qui ont marqué l'espace haïtien. Les procédures sont de plus en plus lourdes, l'aide s'industrialise, on formate, on fait moins de sur-mesure, le métier change. »

---

et en Asie, puis artisan menuisier en France. Il a enseigné l'anthropologie à l'Université Paris VII et à l'Université d'État d'Haïti, et a écrit plusieurs essais dont *L'univers rural haïtien. Un pays en dehors* (L'Harmattan, 1991). Il était marié à la conteuse haïtienne Mimi Barthélémy, avec laquelle il a écrit *Haïti, la perle nue* (Vents d'ailleurs, 1999).

18. François Jullien a travaillé à l'AFD de 1983 à 2014 et à Port-au-Prince de juillet 1995 à juillet 1997. Entretien à Paris, le 4 avril 2017.

De même, Guillaume Josse[19] parle de « très belles réussites, avec des acteurs impliqués jusqu'au bout et un modèle économique viable qui a structuré les quartiers », d'un projet « très robuste et très bien monté, qui a fait que beaucoup de professionnels de l'urbanisme ou des ONG travaillant sur l'urbain se sont intéressés au pays ». Selon lui, « l'organisation sociale et communautaire, d'une part, et le lien avec les institutions publiques via la CAMEP, d'autre part, sont deux des principaux effets vertueux du projet. Aucun des bureaux des "komité dlo" n'a été détruit par le séisme de 2010, ce qui relève du miracle. La partie cachée de l'iceberg, ce sont les gangs[20] qui ont pris le contrôle des "komité", et les problèmes d'approvisionnement en eau qui se sont posés… ».

Sacha Braïlowsky[21], le directeur du GRET de l'époque, témoigne :

> « Après une première expérience en 1993 avec Médecins sans frontières (MSF), j'ai décidé de retourner en Haïti parce que le pays m'avait séduit, de même que les personnes avec lesquelles j'avais travaillé là-bas. Je ne voulais plus de ce paravent international qui fausse la réalité, j'avais envie d'être au contact des acteurs locaux. J'ai travaillé dans un centre de santé dans un des quartiers durs de Port-au-Prince, Solino, où j'ai croisé le projet Borne fontaine qui était alors dans une situation désespérée.
>
> Dans la conception initiale du projet, la gestion de l'eau était confiée à des ONG étrangères au quartier. La connexion au service

19. Guillaume Josse est géographe urbaniste et directeur de projets au Groupe Huit. Il a été chef de projet à la division développement urbain de l'AFD entre 2004 et 2012. Entretien à Paris, le 30 mars 2017.
20. Certains attribuent le développement de gangs en Haïti à un effet du retour indésirable de la diaspora haïtienne de quartiers de Miami dans les années 1990.
21. Après quelques missions pour MSF au Guatemala, au Kenya et en Angola, Sacha Braïlowsky a été directeur du GRET en Haïti de 1995 à 1999. Depuis 1999, il travaille chez Suez/Engie. Entretien réalisé à Paris le 5 avril 2017.

public est née grâce à l'écoute des communautés, qui ont émis la volonté d'être raccordées au service public. Le GRET s'est attelé à mettre en œuvre ce pari énorme (pour une idée qui nous paraît pourtant banale ou évidente), et le projet a fonctionné dans six quartiers. ECHO (European Community Humanitarian Aid Office) avait alors décidé d'arrêter de financer le projet, et l'UE était en décalage parce qu'elle ne voyait pas sa dimension sociale et institutionnelle.

L'AFD, elle, l'a immédiatement senti et a pris le relais de l'UE en devenant le bailleur principal. Elle a été un partenaire intellectuel de la méthodologie du projet, et en a d'ailleurs fait un film, "Dlo dlo dlo"[22]. Le projet a pris de l'ampleur, il s'est étendu à 20-30 quartiers. Grâce à l'AFD, la gestion des aspects techniques a été transférée du GRET vers la CAMEP.

Dans un pays où habituellement rien ne marche et où les populations ont peu souvent l'opportunité de prendre leur destin en main, ce projet est un modèle. Il contient des ingrédients assez rares : la résolution d'un problème à grande échelle en très peu de temps, l'appui sur le savoir-faire et la connaissance des populations, la pérennité des structures humaines ("komité dlo"), et ce en dépit des divers aléas de l'histoire récente.

La période rose a duré au moins jusqu'en 1999. L'une des limites tient à ce que le gouvernement haïtien n'a pas démontré de volonté d'aller plus loin. Il faut que l'ensemble des services publics rentrent dans la même démarche pour gagner tous les secteurs de la société. Mais cela n'est toujours pas le cas.

Parmi les turbulences auxquelles le projet Borne fontaine a fait face figure la décision de l'UE d'interrompre ses financements. Grâce à des personnes comme Chantal Michel et Didier Robert[23], l'AFD a eu le

---

22. « Dlo dlo dlo. Eau potable dans les Quartiers défavorisés de Port-au-Prince », CAMEP, GRET, AFD, 52 mn, 2009.
23. Didier Robert, qui a pris sa retraite de l'AFD en 2009, y a exercé des fonctions de toute nature. Il s'est illustré notamment à l'agence de Dakar en période d'ajustement structurel. Cette expérience l'a conduit à la cellule africaine de la présidence de la République à la fin du second septennat de François Mitterrand.

courage de continuer, alors même que les consignes imposaient de ne pas financer l'État haïtien. Elle a outrepassé les règles établies parce qu'elle croyait dans le projet. Il y a hélas aujourd'hui de moins en moins de personnes aussi engagées et prêtes à prendre des risques, en dépit de profils exceptionnels. Le phénomène de bureaucratisation, la recherche de la performance, ou encore le conformisme à l'œuvre dans le recrutement des ressources humaines y sont pour quelque chose. [...]

Haïti est un endroit extraordinaire pour s'interroger sur l'aide au développement. Comme le dit Jean-Bernard Véron[24], "aucun pays au monde ne s'est sorti de la misère par l'aide publique au développement". Le constat d'échec est implacable. Face à des générations désespérées de cet échec, une énorme responsabilité pèse sur la communauté du développement, qui pourtant perdure dans ses erreurs et ne se remet nullement en question. Bien sûr, s'il est légitime de s'interroger sur la pertinence de l'APD, il ne faut pas verser dans une culpabilisation excessive et occulter les responsabilités des classes dirigeantes haïtiennes dans les difficultés que rencontrent les projets.

Pour autant, Haïti apparaît comme un laboratoire où de très bonnes recettes sont parfois expérimentées. Le projet Borne fontaine en est une illustration éloquente. L'AFD ne peut se targuer d'aucun autre projet, en Haïti du moins, qui ait fonctionné à une telle échelle, d'une telle pérennité, et d'un tel impact social. Il a été un mariage très fort d'idées et de personnes. »

Par-delà ce que la littérature sur l'aide offre comme indication sur les relations entre un donateur et le pays où il apporte ses financements, les témoins esquissent un tableau où les relations humaines se tissent et, de part et d'autre, permettent

24. Jean-Bernard Véron a réalisé la majorité de sa carrière à l'AFD, où il a notamment créé la cellule prévention des crises et sortie de conflit. Il a été rédacteur en chef de la revue *Afrique contemporaine*. Il est président du Comité des solidarités internationales de la Fondation de France. Il est également l'auteur d'essais et de romans.

Distribution de l'eau
(Margaux Lombard, mai 2017).

Borne fontaine
(Sacha Braïlowsky, 1999).

Cité l'Éternel
(Margaux Lombard, mai 2017).

de surmonter les bureaucraties perçues symétriquement comme des obstacles.

Vincent Grammont[25] fait l'analyse suivante :

« Selon les statistiques (ONU-Habitat), 80 % de la population de l'agglomération de Port-au-Prince (2,5 millions d'habitants) vit dans les quartiers précaires mais n'occupe que 20 % de l'espace. Cachés au fond des ravines, dans les zones inondables, ils sont majoritaires mais on en parle peu. On entend souvent *moun sa yo* ("ces gens-là"), expression quelque peu dédaigneuse et péjorative.

Si l'AFD fait ce qu'elle fait aujourd'hui en Haïti, c'est parce qu'elle a beaucoup capitalisé sur les quartiers grâce à des rêveurs qui n'étaient pas pris au sérieux au début de l'aventure. Ces utopistes ont réussi à traîner les bailleurs de fonds dans les quartiers pour des projets post-urgence suite au coup d'État de 1994. Tous avaient pourtant le même mot d'ordre : on n'a pas coutume d'intervenir dans les quartiers, on ne sait pas s'y prendre, c'est violent.

Je suis admiratif vis-à-vis de l'AFD, parce que ce n'était pas facile. Avec le projet Borne fontaine, elle est intervenue dans les quartiers précaires en tant que précurseur, en défrichant le terrain, en se heurtant à des obstacles. Il a fallu réfléchir notamment à la façon dont gérer la violence et les antagonismes politiques. Des guides méthodologiques et d'approche ont été mis en place, un travail fructueux qui a pu profiter à beaucoup d'acteurs intervenant dans les quartiers.

Souvent, en Haïti, on fait à la place des Haïtiens et non pas avec eux. Les "internationaux" débarquent pleins de bonnes volontés, mais ils ne partent pas de leur réalité. "On se demande si les ONG développent ou nous enveloppent", m'avait dit un jour un Haïtien. Les projets sont souvent conçus loin du terrain dans des bureaux, et ne font que répliquer ce qui est fait ailleurs, selon le vieux principe du

25. Vincent Grammont travaille dans l'humanitaire depuis 1992, il a effectué des missions en Bosnie, en Irak, au Kurdistan et en Haïti à partir de 1995. En Haïti, où il a passé près de quinze ans, il est devenu expert des problématiques des quartiers précaires. Entretien réalisé à Paris le 17 mars 2017.

copier-coller. Si les Haïtiens sentent qu'un projet n'est pas en accord avec leur culture, ils marquent instinctivement une distance.

Nous n'avons rien inventé, les gens ont les solutions au fond d'eux-mêmes. Ce qui leur manque ce sont les financements, les outils de mise en œuvre, tout le "soft" que les bailleurs ne prennent pas en charge. Il faut arrêter de construire des écoles ou des dispensaires et davantage travailler sur les mécanismes d'accès aux services sociaux de base pour les plus démunis.

Des outils simples peuvent être mis en place, mais qui supposent de bien connaître la culture et la société haïtiennes. Le contrôle social par exemple : dans les quartiers, au lieu de faire appel à la police pour régler des conflits communautaires, les habitants recourent souvent à la médiation des chefs de quartiers, les primo-arrivants qui inspirent le respect. Les bailleurs de fonds ne comprennent pas toujours que les Haïtiens sont habitués à se débrouiller en dehors des structures étatiques et partent d'eux-mêmes, de leurs proches, de leurs méthodes, pour trouver les solutions.

Quand quelqu'un est malade, ils demandent en premier aux parents, aux grands-parents s'ils peuvent faire bouillir des plantes

Quartier de Bristout et Bobin (Vincent Grammont, 1996).

médicinales. Même s'il y a un dispensaire au milieu du quartier précaire accessible financièrement, les habitants ne s'y rendent parfois pas, du moins tant qu'ils n'ont pas épuisé leurs ressources propres. Les habitants des quartiers sont issus de la migration des départements, ils sont imprégnés d'une forte culture rurale, dans laquelle le corps et l'esprit sont indissociables. »

Ce témoignage montre la difficulté de concevoir un projet sans prendre en compte de façon patiente tout l'environnement. C'est que, par-delà l'apparence, une bonne idée d'intervention extérieure peut comporter le risque d'aléa moral. Dès lors qu'une aide est mise en place, des logiques de détournement peuvent apparaître, produisant autant de stratégies adaptatives de la part des acteurs, qui parfois font passer des préoccupations de court terme avant des enjeux à plus long terme, qui, ce faisant, les compromettent. Selon l'adage « l'enfer est pavé de bonnes intentions », il importe d'autant plus d'exercer une présence sur le terrain avec une représentation bien insérée dans les divers circuits, pour déceler ces

Quartier de Bristout et Bobin (Vincent Grammont, 1996).

effets pervers de l'aide qui sont souvent difficiles à anticiper. Le suivi-évaluation est une diligence minimale qui permet de réduire les difficultés de tous ordres.

Outre les projets énumérés précédemment, la CFD assure le relais du ministère de la Coopération dans le financement du repeuplement porcin : en avril 1996, un concours de 10,5 MF est consenti sous forme de subvention à la République d'Haïti pour atteindre à son terme (1998) la diffusion directe d'au moins 13 000 porcelets par an. Ce qui, pour un témoin, s'impose comme « un magnifique projet d'épargne et de crédit, extrêmement sophistiqué au niveau technique », résulte d'une histoire douloureuse :

> « Suite à l'apparition de la peste porcine en 1978, les Américains ont imposé un génocide quasi complet aux Haïtiens. J'ai retrouvé les notes que j'avais prises à l'époque, les chiffres sont impressionnants, de l'impérialisme pur… De 1978 à 1979, on est passé de 1,6 million de bêtes à 600 000. À mon arrivée en 1984, le cheptel avait presque disparu. Or en 1982, la FAO avait fait 1936 prélèvements à la peste porcine : seuls 21 % d'entre eux étaient positifs. Beaucoup de foyers étaient sains et auraient pu être épargnés ; le capital génétique aurait pu être préservé.
>
> La solution américaine[26] consistait à importer des *large-white*, qui n'avaient rien à voir avec un système de production domestique, autochtone, traditionnel. Nous nous orientions, avec la coopération française, vers un repeuplement à partir d'une souche hybride entre le

26. En 1984, le ministère haïtien de l'Agriculture, des Ressources naturelles et du développement rural (MARNDR), avec l'appui financier de l'USAID et de l'IICA, met en place un programme de repeuplement en porcs améliorés dit « grimèls », mais cette tentative échoue car le porc « grimèl », gourmand en aliments de qualité et en soins vétérinaires, ne s'adapte pas aux conditions difficiles de l'élevage traditionnel haïtien (revue franco-haïtienne *Conjonction* n° 200, 1996).

cochon noir des petites Antilles et le Gascon-Chinois. Nos points de vue étaient donc en conflit[27].»

En quelques années en effet, l'introduction de croisements améliorés ressemblant à la race locale décimée permet un repeuplement quasi complet du cheptel familial. L'importance du porc dans les systèmes de production agricole haïtiens est marquée notamment par un rôle économique et financier (fonction d'épargne), mais aussi social, culturel ou encore agronomique.

En 1996, la CFD occupe une place importante et reconnue dans le secteur de l'électricité, avec la remise en état des centrales de Varreux et de Carrefour et, aux côtés de l'ACDI, l'assistance technique à l'Électricité d'Haïti (EDH). L'adduction d'eau représente l'un de ses autres secteurs de concentration, avec un montant cumulé d'engagements s'élevant à 140 MF. Dans le domaine du développement rural, des opérations décentralisées d'épargne (crédit et financement de petites infrastructures rurales) constituent d'autres axes d'intervention. D'autres secteurs d'intervention sont par ailleurs envisagés, comme le secteur urbain. François Jullien revient sur cette diversité:

«Je suis arrivé en Haïti quelques mois après le retour d'Aristide. À l'époque il était très populaire et bien vu de la communauté internationale, tout le monde croyait qu'il allait changer les choses. L'équipe locale avait alors vécu les trois ans d'embargo assez dur, et avait continué, seule, à faire tourner l'agence. Nous faisions encore des prêts[28]. Il fallait aller vite et bricoler, sur le plan financier, pour faire redémarrer les opérations.

Les projets de développement rural consistaient à remettre en état des systèmes d'irrigation dans la région de l'Arcahaie. Nous avions la

27. D. Dordain, entretien du 13 avril 2017.
28. Le dernier prêt de l'AFD a eu lieu en 1995.

chance d'avoir des intervenants haïtiens de confiance, très bien formés et impliqués, c'est pourquoi le projet marchait.

L'AFD a appuyé l'émergence des associations d'irrigants, la collecte de redevances, la police de l'eau. L'autonomisation a été progressive. La dimension sociale du projet était importante. Il y avait un système de rétrocession en faveur de l'association des irrigants des prêts que l'on avait faits à l'État. Ce n'était pas facile mais on essayait de faire du transfert aux producteurs, auxquels on avait notamment proposé des systèmes que l'on avait développés en Afrique avec plus ou moins de succès[29]. »

Ce propos est une illustration du tropisme du bailleur de fonds, en situation de déficit de gouvernance, qui consiste à faire des préconisations, lesquelles agissent comme autant de vecteurs de transferts de politiques publiques d'un pays à l'autre. La mention par le témoin de la tentative d'importation de modèles d'aide provenant d'Afrique montre par ailleurs une fois de plus le modèle autoritaire qui peut accompagner l'aide internationale.

Haïti sous sanctions internationales, une présence à distance

Malgré son implosion en 1997 et la crise institutionnelle qui en a résulté, le parti Fanmi Lavalas et son leader Jean-Bertrand Aristide remportent en 2000 les élections locales, législatives et présidentielles.

L'accumulation d'arriérés de paiements place le pays sous sanction – lorsque des échéances de remboursement des prêts de l'AFD ne sont pas honorées, elle doit progressivement

29. Entretien du 4 avril 2017.

déployer un certain nombre de diligences, qui vont de l'arrêt de l'instruction de nouvelles opérations à la suspension des versements.

Mais aux difficultés financières s'ajoute la crise politique, qui conduit à nouveau au gel de l'aide internationale[30], mouvement auquel la France se joint :

> « Partant d'un rapport d'observateurs de l'OEA sur des malversations électorales, l'Union européenne applique depuis janvier 2001 les sanctions dérivant de l'article 96 [...] de l'accord de Cotonou [...]. Il impose d'interrompre, après un délai de négociation, ou de bienséance, l'aide directe aux institutions gouvernementales d'une partie lorsqu'elle "a manqué à une obligation découlant du respect des Droits de l'Homme, des principes démocratiques et de l'État de droit".
>
> C'est ainsi que la France, soucieuse, comme ses partenaires, de ne rien faire qui puisse valoriser politiquement un pouvoir aux actes répréhensibles, a été conduite à "suspendre" maints projets de coopération déjà approuvés, tel un programme d'appui aux organisations professionnelles agricoles, "suite à la détérioration de la situation politique". Par rapport à quelle décennie jugée satisfaisante ? On aimerait savoir quand, depuis 1804, et en dehors de la courte période 1994-1996, la situation politique haïtienne a répondu à nos critères de normalité[31]. »

Dans les années suivantes la crise s'intensifie, avec une situation sécuritaire de plus en plus dégradée.

Ce retrait international se traduit, pour l'AFD, par un transfert des activités haïtiennes en République dominicaine[32].

---

30. Le 6 février 2001 : à la veille de l'intronisation d'Aristide à la présidence, l'UE et la BID imposent des sanctions financières à Haïti pour manquements à la démocratie. En 2004, sous la pression de l'opposition armée et de la communauté internationale, Aristide quitte le pouvoir en février.

31. R. Debray, 2004.

32. En 1997, l'AFD a été autorisée à intervenir en République dominicaine. Les dossiers étaient suivis par l'agence de Port-au-Prince, devenue une agence régionale jusqu'en 2001, date de l'ouverture de l'agence de Saint-Domingue.

« Prenant acte d'une très forte croissance des activités en République dominicaine, d'un côté, et d'un quasi-arrêt des activités en Haïti, de l'autre, pour des raisons à la fois économiques (sanctions à cause des impayés) et politiques (les relations étaient exécrables entre la France et le président Aristide à l'époque, qui avait pourtant suscité de grands espoirs à son élection), l'AFD a traversé la frontière. [...] Les Haïtiens trouvaient étrange que la France ait son agence à Saint-Domingue et un bureau en Haïti, à rebours de l'évolution historique. Symboliquement, ils considéraient que l'île était coupée en deux et qu'Haïti était la partie française, où la France devait être », témoigne Ludovic Cocogne[33].

La reprise des activités de l'AFD en Haïti s'opère progressivement depuis la République dominicaine. À partir de mi-2002, les projets haïtiens sont suivis par l'agence de Saint-Domingue[34], d'abord a minima, du fait de l'application des sanctions. En décembre 2003 encore, l'UE reconduit pour un an les mesures de sanctions économiques et financières, sur proposition française au sein du groupe ACP[35]. Jusqu'en 2004, le régime des sanctions internationales prévaut. Il faut attendre la démission forcée d'Aristide en février 2004, et la constitution en mars d'un gouvernement intérimaire de transition conduit par Gérard Latortue, pour sortir de cette situation.

Une série de conférences de bailleurs de fonds va établir le dialogue avec les gouvernements successifs. La première se tient à Washington en juillet 2004, et la communauté des bailleurs y apporte son soutien au nouveau gouvernement

33. Ludovic Cocogne est entré dans le groupe AFD en avril 1989. Il a travaillé avec toutes les structures du groupe et sur tous les continents, au siège et en agence. Dans le réseau, il a été affecté dans plusieurs agences du bassin caribéen, que ce soit dans les départements d'outre-mer ou dans les pays étrangers, ce qui l'a conduit en Haïti de 2003 à décembre 2006. Entretien téléphonique le 16 mars 2017.
34. R. Lambert a eu pour charge en 2002 de fermer l'agence.
35. R. Debray, 2004.

et à sa stratégie nationale de reconstruction des institutions et de l'économie haïtienne – le Cadre de coopération intérimaire (CCI) – en annonçant des contributions de 1 085 M$, supérieures aux besoins recensés (924 M$). L'exécution de ce CCI a été suivie dans le cadre de plusieurs réunions qui se sont tenues dans le courant de l'année 2004 et en 2005 (Cayenne en mars ; Montréal en juin ; Bruxelles en octobre).

Lors de la relance des activités en Haïti en 2004, un projet d'urgence est instruit pour reprendre la suite du projet Borne fontaine ; un nouveau volet porte sur l'électricité (réparation de centres thermiques) ; deux concours de faibles montants portent sur la lutte contre le VIH/Sida : Gheskio et Zanmi Lasanté (ZLS). Ludovic Cocogne évoque le deuxième projet santé :

> « La visite du projet SIDA de Zanmi Lasanté sur le plateau central à Cange fait partie des souvenirs les plus marquants de ma carrière. Paul Farmer[36], qui s'était pris de passion pour Haïti, mobilisait beaucoup de financements grâce à son charisme. Son centre comprenait un hôpital qui fonctionnait, avec des médicaments, du personnel formé (Américains et Cubains), des ordinateurs reliés par satellites aux États-Unis ; tandis que le village d'à côté n'avait ni eau ni électricité, et que le directeur départemental de la santé n'avait même pas une mobylette pour se déplacer. Une illustration du contraste saillant entre l'opulence des ONG (qui faisaient un très bon travail dans des conditions exceptionnelles) et le dénuement de l'État haïtien. L'hôpital de Hinche manquait cruellement de moyens, tandis que le centre de Paul Farmer était à la pointe en termes de prévention, dépistage et traitements du SIDA. Les gens venaient de partout en Haïti, certains avaient marché

36. Paul Farmer est né en 1959. Médecin anthropologue américain, il a cofondé l'ONG Partners in Health basée à Boston, en partenariat avec l'association haïtienne Zanmi Lasanté. Il enseigne l'anthropologie de la santé à Harvard. Son parcours est raconté dans le livre de T. Kidder *Mountains Beyond Mountains: The Quest of Dr. Paul Farmer, a Man Who Would Cure the World*

Centre de santé de Thomonde
(Chantal Regnault, 2008).

Plateau Central, Cange, Zanmi Lasanté
(Chantal Regnault, 2008).

des semaines depuis l'autre bout de l'île. C'était un îlot d'efficacité, dans un océan de dysfonctionnements qu'était l'Haïti des années 2000. »

Pascal Brouillet, chef de projet santé dans les années 2000, livre son témoignage des projets de relance de l'AFD dans le secteur de la santé[37] :

« En Haïti, j'ai travaillé comme conseiller technique au ministère de la Santé publique et de la Population entre 1998 et 2000, ministère qui ne fonctionnait pas bien mais qui comptait des personnes de très grande qualité. À mon arrivée à l'AFD en 2000, j'ai eu envie d'appuyer Haïti à un moment où l'AFD n'arrivait plus à intervenir dans le pays.

Le projet qu'avait initié quelques années plus tôt Partners in Health/Zamni Lasanté (ZLS), une ONG créée par le Pr Paul Farmer et par le Dr. Jim Yong Kim[38] afin de répondre aux besoins de santé des habitants du Plateau Central haïtien, me paraissait exceptionnel. C'était l'une des deux premières expériences au monde qui permettaient à des malades atteints par le VIH-SIDA d'avoir accès aux antiviraux, à une époque où l'on mettait en place des traitements contre cette pandémie dans les pays du Nord, mais pas encore dans les pays du Sud.

Je me rappelle que le directeur général de l'USAID avait dit à cette époque que donner des antirétroviraux (ARV) dans les pays du Sud n'avait pas de sens, parce que comme les pauvres n'ont pas de montre, ils ne peuvent pas prendre leurs médicaments (*sic*). Le Pr Paul Farmer a montré que l'on pouvait non seulement mettre en place des traitements antirétroviraux dans les pays du Sud, mais qu'en plus le taux d'observance des malades était meilleur que pour les patients séropositifs traités à Boston, parce qu'en Haïti ils avaient mis en place un

(2003). Il a tenu la chaire internationale « La violence culturelle et la matérialité du social » au Collège de France en 2001-2002. En 2012, il a été nommé Conseiller spécial en médecine communautaire en Haïti par le Secrétaire général de l'ONU M. Ban Ki-moon.

37. Entretien du 16 mars 2017.

38. Président de la Banque mondiale depuis 2012.

accompagnement des patients en formant des agents communautaires, démarche qui est devenue un modèle reconnu d'innovation "née au Sud" valable pour le monde entier.

L'AFD s'est donc engagée dans le financement du projet de Partners in Health/ZLS, organisation qui refusait alors le financement de l'USAID pour la position exprimée ci-dessus, et parallèlement dans le projet d'une autre ONG haïtienne, GHESKIO, également centrée sur la lutte contre le VIH-SIDA en Haïti. Ces deux projets ont permis de relancer l'activité de l'AFD en Haïti après le déplacement de l'agence de Port-au-Prince vers la République dominicaine. »

Comment ce dispositif s'est-il déployé entre Saint-Domingue et Port-au-Prince ? Au-delà de la question administrative, des témoins situés de part et d'autre de la frontière communiquent leur point de vue. Parmi eux, Ernest Barbot[39], un témoin historique de l'AFD en Haïti :

« J'ai démissionné de Gheskio en octobre 2004 et j'ai commencé à travailler pour l'AFD début novembre, à une époque où l'objectif était de redynamiser les activités, réduites à un stade minimal depuis la fermeture de l'agence, et à une époque où elle n'était pas très visible. Lorsque j'en parlais à des amis ou anciens collègues, ils me répondaient : "Quoi ? L'AFP ?". Je devais préciser. Nous avons fait beaucoup d'efforts en ce sens, et aujourd'hui on nous entend, on nous voit, nous sommes beaucoup plus présents dans les instances de concertation.

Le gouvernement de G. Latortue impulsait une dynamique de relance et de coordination de l'aide. Je participais alors à toutes les réunions de coordination des bailleurs, en représentant l'AFD sur place.

---

39. Ernest Barbot est docteur en médecine. Boursier du gouvernement français en 1991, il obtient par la suite une maîtrise en santé publique à l'Université de Montréal. Il occupe actuellement le poste d'adjoint du directeur de l'agence de l'AFD à Port-au-Prince et est aussi chargé du suivi des projets santé pour l'AFD en Haïti. Entretien le 11 mai 2017 à Port-au-Prince.

L. Bonnamour[40] et L. Cocogne venaient presque chaque mois en mission. Il régnait à l'époque une sorte de psychose sécuritaire, dont je ne pense pas qu'elle était justifiée puisqu'il n'y a pas eu d'agression particulière dirigée contre la communauté internationale ; elle était pourtant aux aguets. »

Respectivement directeur adjoint et directeur de l'agence d'Haïti à l'époque, Ludovic Cocogne et Luc Bonnamour rapportent leur perception du retour de l'AFD en Haïti.

« Quand, en février 2004, Aristide quitte Haïti, les velléités de fermeture (ou mise en veille) du bureau de l'AFD ont été abandonnées. Nous nous y rendions régulièrement depuis Saint-Domingue quand la situation sécuritaire le permettait (assassinats et enlèvements à l'époque). Les missions en Haïti étaient à la fois fascinantes et très prenantes. C'est un pays où l'on ne fait pas les choses par-dessus la jambe, où l'on ne peut pas s'en foutre, ou alors on s'en va vite. On ne peut pas tenir sans être impliqué, mais cet investissement est énergivore. Je ne passais qu'une semaine dans la poussière et le capharnaüm haïtien, mais j'étais épuisé.

Haïti, pour comprendre, il faut aller voir. S'il y a un fort attachement général pour le pays, c'est parce que même dans les périodes de trouble, on rencontre toujours des personnes incroyables. Les Haïtiens ont une grande capacité d'initiative et d'action, la société est ouverte sur le monde. La population est passionnante à l'échelle individuelle, mais il y a un dysfonctionnement collectif.

Une très forte empreinte française était perceptible, dans la langue mais aussi au-delà. La relation à la France est ambivalente : un attachement et, en même temps, un sentiment que la France n'a pas toujours

40. L. Bonnamour a travaillé 22 ans à l'AFD. Il a été directeur général de la Société immobilière de Guadeloupe et directeur d'agence au Ghana, au Vietnam (avec ouverture de la Chine), en République dominicaine (avec compétence régionale sur Cuba, Haïti et la Jamaïque), avant l'ouverture de l'agence au Nigeria.

été bienveillante et n'a pas toujours donné à Haïti ce qu'elle lui devait, une sorte d'amertume. À l'époque où j'y étais, Aristide parlait de coup d'État franco-américain. La France revenait et réinvestissait, mais ce retour était assez clivant. Parmi les partisans d'Aristide toujours présents en Haïti et qui avaient quelques relais, ce retour massif des institutions internationales et des grands pays dans le financement d'Haïti était en effet perçu comme une sorte de reconquête du pays, une atteinte à sa souveraineté dans le choix de ses gouvernants et de sa politique.

Les projets de santé, irrigation et bornes fontaines qui étaient conduits à l'époque par l'AFD sont des projets dont on peut être satisfaits dans l'ensemble compte tenu des contraintes qui existaient, mais leur grande limite réside dans le contournement de l'État haïtien. Tout le monde le sait, le répète, et pourtant on continue. Ce sont des beaux projets qui ont indubitablement amélioré les conditions de vie des populations, mais rien n'a été fait pour la pérennité institutionnelle[41]. »

« À partir de Saint-Domingue, nous avons suivi le redémarrage d'Haïti, de 2004 à 2006. Aristide, dont certains avaient coutume de dire qu'au lieu de devenir un Mandela il était devenu un Bokassa, avait quitté Haïti en février 2004. Dans un contexte très difficile, nous avons assez bien travaillé avec le gouvernement dirigé par Gérard Latortue. Indépendamment d'un contexte sécuritaire troublé (nous avions alors un garde du corps), la gouvernance locale était fragile puisque le gouvernement Latortue avait plus ou moins été mis en place par les bailleurs de fonds.

Beaucoup de réunions de bailleurs se faisaient à l'instigation des États-Unis. Il était plus simple de les organiser depuis l'Amérique du Nord, et quelqu'un comme Colin Powell (secrétaire d'État à l'époque) n'avait pas forcément envie de venir à Port-au-Prince pour des raisons de sécurité. Il y avait une bonne synergie des bailleurs (BM, BID, USAID,

41. Entretien téléphonique avec Ludovic Cocogne le 16 mars 2017.

Commission européenne), et les Américains étaient omniprésents avec une très forte implication de l'USAID.

Nous avions une excellente équipe sur place avec Ernest Barbot. Il a joué un rôle majeur pendant toute cette période, en raison de sa disponibilité, de sa connaissance du terrain et de son réseau de relations.

À l'AFD, Haïti était perçu comme un des pays les plus pauvres, mais aussi l'un des plus attachants, si attachant que j'ai du mal à en parler de manière objective. Des gens aussi passionnés par le développement qu'à l'AFD ne peuvent qu'aimer Haïti. Tout le monde n'y serait certes pas allé en affectation, mais ceux qui y sont allés sont tombés amoureux du pays, d'une richesse culturelle étonnante.

Depuis Saint-Domingue, on voyait que les relations entre les deux parties de l'île étaient complexes. À l'époque, on disait que sur une population de 8 millions en République dominicaine, il y avait 1 million d'Haïtiens, la plupart dans une situation misérable, travaillant dans les champs de canne à sucre ou comme employés de maison. Le plus souvent en situation irrégulière, leur statut n'en était que plus fragile[42]. »

Outre la question de l'organisation matérielle s'exprime ici, au sein d'une autre génération, l'émerveillement devant la culture haïtienne. C'est un thème récurrent, qui est évoqué davantage que dans d'autres pays, et il convient de s'y arrêter. Les professionnels du développement expérimentés découvrent un univers spécifique insoupçonné avec étonnement. C'est que leur parcours, entre les outre-mers et l'Afrique, leur a fait formuler l'hypothèse d'une certaine contiguïté, qui leur fait sous-estimer combien Haïti constitue un univers culturel propre et distinct. Cet émerveillement ne peut être compris qu'au regard d'une trajectoire propre à des personnes qui sortent avec enthousiasme de l'univers culturel où leur pratique du développement les a fait évoluer jusqu'alors.

42. Entretien téléphonique avec Luc Bonnamour le 14 avril 2017.

Certes, ces propos flatteurs ne sont pas dépourvus d'ambiguïté. L'attachement revendiqué au pays donne en effet à penser ; il peut être l'expression d'une charge émotionnelle alliant des facteurs divers, depuis le dépaysement jusqu'aux difficultés (professionnelles notamment), surmontées ou non. Ce discours est en tout cas révélateur d'une énergie spécifique qui a pu être mobilisée pour faire face à des défis sans précédent dans la vie des agents. Par ailleurs, il faut peut-être ajouter ici que l'attachement décrit, pour fort et sincère qu'il soit, n'est pas l'apanage d'Haïti en dépit du discours très singularisant qui imprègne les témoignages recueillis.

Concernant l'activité de l'AFD à l'époque, le directeur d'alors, Luc Bonnamour, se souvient d'une visite du sénateur Michel Charasse en février 2006 en Haïti, qui se traduisit par un rapport optimiste où était reconnu « le bon travail de l'AFD » :

> « Il a également relevé que les alliances françaises bénéficiaient d'une bonne réputation, et apportaient [...] une contribution essentielle à la visibilité de ce qui subsistait de la coopération française. L'influence francophone dans la région pouvait néanmoins être renforcée, selon lui, par la mise en place d'une sorte d'institut régional de la francophonie à Port-au-Prince. [...]
>
> Sur les actions de l'AFD, (le) rapporteur spécial a indiqué que le rythme de décaissement des concours était inégal et tributaire de la situation économique [...] et politique des États comme des régimes éventuels de sanctions [...]. De même, certains projets, particulièrement en Haïti compte tenu des tensions locales, souffraient du manque de rigueur et d'appropriation de la maîtrise d'ouvrage. Il a toutefois considéré que [...] l'apaisement espéré des tensions en Haïti offrait des perspectives encourageantes, selon des priorités réellement ciblées que l'AFD semblait avoir bien définies. [...]
>
> Il a aussi évoqué la situation particulière en Haïti, où il s'était rendu la veille des élections et où le retour rapide à l'ordre public était, selon

lui, indispensable pour permettre à l'aide internationale d'affluer dans de bonnes conditions... »

Guillaume Josse, chef de projets à la division du développement urbain de l'AFD (2004-2012), livre son analyse personnelle :

« Entre 2004 et 2011, j'ai été en charge de plusieurs projets (infrastructures, bornes fontaines, gestion des déchets aux Gonaïves et au Cap-Haïtien, AIQIP-Aménagement intégré des quartiers informels de Port-au-Prince). Les projets Gonaïves-Cap-Haïtien, c'est l'un des plus grands ratés de ma vie professionnelle. À l'époque je n'étais pas assez lucide et expérimenté, mais si je devais le refaire maintenant, je plaiderais contre ce projet.

C'est le seul pays sur lequel j'ai travaillé pendant huit ans[43]. Il fait partie de ceux où la hiérarchie de l'AFD laisse beaucoup de marge de manœuvre, ce qui est appréciable. J'avais une certaine fierté, dans cette AFD qui devenait vraiment une banque, à dire "moi ce que j'aime, c'est Haïti".

Haïti est un pays extraordinaire, tout à fait hors-norme et passionnant, avec une culture absolument incroyable. Les grands témoins des événements ne sont pas des experts mais des poètes, des gens de théâtre et de littérature, des peintres.

On ne fait pas du développement avec des bons sentiments. Or des bons sentiments, en Haïti, il y en a beaucoup. C'est le "pauvre idéal", l'Haïtien : il parle français, il est un peu africain mais pas vraiment, il n'est pas loin des États-Unis, il vit dans les Caraïbes, il parle créole c'est poétique, en plus il est peintre, il aime le théâtre, et il est très pauvre, donc complètement dépendant. C'est terrifiant[44]. »

---

43. L'AFD a une politique de mobilité et incite ses agents à changer de poste tous les quatre ans. Cette structuration est donc peu courante.
44. Ce témoignage fait écho à celui de D. Dordain (cf. *supra*) sur la difficulté de qualifier la spécificité de la pauvreté en Haïti. Entretien du 30 mars 2017.

Les témoins expriment combien le pays renouvelle les missions de développement de l'établissement, pour lesquelles la pauvreté qui prévaut s'impose comme une donnée incontournable et un défi existentiel. L'attachement revendiqué sort du discours économique du développement et affirme à la fois une composante professionnelle à laquelle il semble impossible de se soustraire, alors que les professionnels se gardent de « bons sentiments ».

Olga Koukoui, chargée de projet développement urbain à l'agence de l'AFD de Port-au-Prince de 2013 à 2016, ajoute qu'Haïti renvoie à « des choses sur nous-mêmes ». Ce n'est pas étonnant, les identités se forgent dans le rapport à autrui et le pays, on l'a vu, représente un ailleurs culturel, historique et « administratif », à un degré qui semble plus grand que les autres pays. Haïti semble donc se présenter comme un « révélateur » des préjugés autant que de réalités insoupçonnées.

Après les sanctions, un nouveau contexte pour l'aide internationale

En février et avril 2006, des élections permettent l'avènement dans le calme d'un président de la République, René Préval, et la mise en place d'un Parlement (97 députés et 30 sénateurs). Un gouvernement de large coalition est formé sous la direction du Premier ministre Jacques-Édouard Alexis, avec pour mission de poursuivre et d'amplifier les efforts engagés en 2004.

Sous son impulsion, une Conférence internationale pour le développement économique et social (CIDES I) est organisée à Port-au-Prince en juillet 2006, afin de présenter à la communauté internationale sa stratégie d'action et son programme de gouvernance. La CIDES reprend le processus de mobilisation des bailleurs engagé en 2004, et des crédits sont promis pour accompagner les efforts de restructuration de l'État et de développement du secteur économique.

Une seconde CIDES se tient à Madrid en novembre-décembre 2006, l'Union européenne s'engage alors à débloquer une enveloppe supplémentaire de 60 M€ pour accompagner les programmes de gouvernance de l'État haïtien.

Les élections municipales, début décembre 2006, parachèvent le renouvellement du personnel politique haïtien. Les élus locaux, issus d'un paysage politique émietté, n'ont toutefois généralement qu'une idée assez vague du rôle qu'ils sont en position de jouer et ne disposent pas encore des compétences requises pour l'assumer. Le déroulement d'élections libres et transparentes en 2006 représente cependant un pas essentiel dans le processus d'institutionnalisation politique, en permettant pour la première fois la mise en place complète des collectivités territoriales et du nouveau système judiciaire.

Des divergences fréquentes se font jour entre l'Exécutif et le Parlement, qui constitue un bon relais d'opinion mais souffre d'un absentéisme paralysant et ne dépasse pas toujours les considérations de politique locale. Or le Parlement est fort d'un statut constitutionnel qui lui permet de démettre le gouvernement ou un de ses membres sans pouvoir lui-même être dissous par le président. Il fait usage de ce pouvoir en renversant en avril 2008 le Premier ministre Jacques-Édouard Alexis, comme conséquence des émeutes de la faim qui agitent le pays après l'augmentation très forte du prix du riz sur les marchés. La crise politique s'aggrave, la vacance du pouvoir est particulièrement mal venue, à un moment où le pays se trouve confronté à un problème aigu de sécurité alimentaire.

En dépit de la présence des forces armées et de la police de la Mission des Nations unies pour la stabilisation en Haïti (MINUSTAH) avec quelque 8 000 hommes, le pays reste confronté à des problèmes graves d'insécurité, marquée par des assassinats et des enlèvements perpétrés sous l'influence des gangs armés qui sévissent dans les quartiers pauvres de la capitale. Cette situation s'est toutefois améliorée après que le président Préval a donné mandat à la MINUSTAH d'y intervenir par la force en janvier 2007. Les nombreuses arrestations opérées ont apporté un certain apaisement, parfois au prix des libertés individuelles, mais le problème se trouve reporté sur une justice démunie en moyens matériels et humains et sur une police encore mal formée et souvent soupçonnée de complicité, notamment avec les kidnappeurs.

Un enjeu majeur des fonctions régaliennes de l'État réside dans la capacité qu'il a, avec l'appui de la MINUSTAH et de la Police nationale haïtienne qu'elle s'attache à renforcer et à moderniser, de permettre l'exercice des libertés civiles, compromises par la violence que des bandes armées font régner dans l'aire métropolitaine de Port-au-Prince, et qu'aggrave l'extrême pauvreté. Dans un pays habitué à un système présidentiel fort, l'alignement des pratiques sur les principes démocratiques affirmés ne peut se faire sans un processus long qu'encadre la MINUSTAH, dont le mandat est prolongé d'une année en octobre 2007.

La situation économique accuse le poids des changements politiques. Haïti affiche un indicateur de développement humain (IDH) de 0,532 en 2007 (PNUD) ; il reste dans la catégorie des PMA, avec le PIB par habitant le plus bas de toute l'Amérique. Des notes internes de l'AFD résument la situation économique en quelques chiffres : un classement au 153e rang sur 177 pour l'indice de développement humain, 76 % de la population vivant avec moins de 2 $/jour et 55 % avec moins de 0,5 $/jour ; une mortalité infantile de 76 pour mille, double de la moyenne régionale ; un accès à l'eau potable pour moins de 50 % de la population ; une espérance de vie inférieure de 18 ans à la moyenne régionale, et un taux de prévalence du VIH de 2,2 % ; un taux d'alphabétisation des adultes et des jeunes compris entre 50 et 66 % ; un indicateur de pauvreté humaine élevé, de 31,8 % (pourcentage des individus risquant de mourir avant 40 ans, taux d'analphabétisme des adultes, accès aux services de santé et à l'eau, pourcentage des enfants malnutris) ; un taux de satisfaction des besoins alimentaires très bas, avec 19 % seulement (13 % en milieu rural) recevant les rations quotidiennes minimales fixées par l'OMS.

Les indicateurs communément utilisés dans le système international pour mesurer les économies des pays placent presque systématiquement Haïti en dernière position. Force est de constater qu'Haïti n'avait pratiquement aucune chance d'atteindre les Objectifs du Millénaire pour le développement (OMD) à l'horizon 2015, si ce n'est ceux relatifs à l'égalité des genres et au taux d'infection au VIH-SIDA, grâce à une forte concentration de moyens du Fonds mondial et d'initiatives privées américaines soutenues par les plus grandes universités.

De fortes disparités régionales opposent la zone métropolitaine de Port-au-Prince et des trois communes (Pétion-Ville, Carrefour et Delmas) qui en constituent l'agglomération et qui est parfois désignée comme la « République de Port-au-Prince », et le reste du pays, d'où la pauvreté chasse nombre de familles qui viennent grossir les bidonvilles qui entourent la capitale (le taux d'urbanisation est passé en 50 ans de 10 à 40 %), où l'offre de services publics (logement, eau potable, assainissement, sécurité) ne parvient pas à suivre. La misère pousse aussi les populations rurales à émigrer toujours davantage, le plus souvent illégalement, vers les pays voisins.

Le relèvement de l'économie haïtienne et la restauration de l'État se heurtent au handicap majeur que constitue un déficit dramatique en ressources humaines, résultat de l'hémorragie continue de cadres depuis l'ère Duvalier, qui touche aussi bien l'administration que le secteur privé.

La pression démographique se traduit par une dégradation dévastatrice de l'environnement, notamment une déforestation inquiétante du pays. Face à une offre de plus en plus réduite, la demande de bois de feu va croissant, avec un risque non négligeable de pénurie énergétique que ne fait qu'aggraver la difficulté d'honorer une facture pétrolière qui, jointe aux achats de produits alimentaires, dépasse la valeur des exportations du pays. Autres conséquences de la dégradation de l'environnement, les terres arables sont en diminution croissante et le régime torrentiel des rivières cause chaque année de sévères inondations.

La politique économique rigoureuse appliquée entre 2004 et 2006 par le gouvernement de transition a pourtant permis le rétablissement des grands équilibres macro-économiques, sans toutefois s'accompagner d'une accélération de la croissance. Celle-ci n'a pas, en 2007, atteint l'objectif fixé à 4 %. La cause en est notamment les retards importants observés sur le rythme des dépenses publiques (malgré une progression de 30 % des recettes intérieures) et l'attentisme d'un secteur privé décapitalisé face à des besoins d'infrastructures qui tardent à être satisfaits.

Le déficit du compte courant représente environ 10 % du PIB et de fortes entrées de devises (les seuls transferts de la diaspora haïtienne sont estimés par la BID à 1,6 Md$ annuel, soit un montant supérieur au budget de l'État) ont permis une accumulation de réserves nettes, qui ont atteint sur les sept premiers mois de l'exercice 2006-2007 100 M$, pour un objectif fixé à 30 M$ pour la totalité de l'exercice, et qui représentent deux mois d'importations. Le taux d'inflation, qui avait atteint près de 25 % entre 2005 et 2006, a été ramené à moins de 8 %, et la gourde haïtienne connaît une appréciation continue face au dollar américain.

C'est dans ce contexte que l'aide internationale connaît des changements rapides, dans le sens d'une meilleure coordination. La coopération française y participe, et tout particulièrement l'AFD, qui se voit transférer de nombreuses responsabilités.

En France, la poursuite des réformes de l'aide

Votée en 2000, mise en œuvre en 2006, la nouvelle loi organique relative aux lois de finances (LOLF) remet la question de l'efficacité des politiques publiques à l'ordre du jour et s'inscrit dans la ligne de la « nouvelle gestion publique ». Dans le sillage de cette réforme, le dispositif de pilotage stratégique de l'aide se renforce en 2004, avec la mise en place de cadres pays et les stratégies sectorielles.

Le traitement administratif d'Haïti évolue de nouveau à l'AFD : en 2004, il est rattaché au département Outre-mer, où il rejoint les pays des petites Antilles (intégrés au titre de la Coopération régionale). Une conférence d'orientation stratégique et de programmation (COSP) est établie en 2006.

En juin 2006, une rencontre a lieu entre le président français Jacques Chirac et le président haïtien René Préval. Luc Bonnamour se souvient : « Jacques Chirac avait promis le financement d'un projet routier qui n'était pas prioritaire pour l'AFD. Il avait donc fallu trouver entre 50 et 100 millions d'euros, ce qui représentait beaucoup pour l'AFD dont les subventions en Haïti s'élevaient à 20 millions par an. »

Lorsque l'AFD reprend son activité en 2006, elle est à nouveau dans une période de croissance de son domaine géographique. Les défis, pour elle, sont en termes de compétitivité pour opérer en Chine, en Inde ou en Turquie. La première étape consiste à renouer un partenariat. Fin 2006, l'AFD se réinstalle en Haïti avec Geneviève Javaloyes comme directrice de l'agence de Port-au-Prince.

« Je suis arrivée début novembre 2006 à Port-au-Prince pour reprendre les activités. Parmi les projets en cours il y avait un très beau projet eau, qui mêlait du "hard"[45] et de l'ingénierie sociale avec les

45. Par analogie avec l'informatique, le « hard » désigne les équipements, le « soft » étant l'expertise, la formation…

"komité dlo". Il y avait deux projets santé, un peu particuliers : le centre Gheskio par ailleurs largement financé par les Américains (les Républicains) ; le projet de Paul Farmer (Zanmi Lasanté), financé également par les Américains (les Démocrates). Des projets formidables et intelligents mais le problème, moins pour Gheskio que pour celui de Paul Farmer, c'est qu'ils ne sont pas du tout reproductibles. Or ce qui n'est pas reproductible est selon moi sujet à caution.

Lorsque le président N. Sarkozy est allé au Brésil, il en a tiré l'idée d'un projet de banques de lait maternel car, semble-t-il, cela fonctionnait très bien au Brésil, où contrairement à Haïti il y avait une bonne chaîne du froid. Je n'ai jamais cru en ce projet, qui n'a d'ailleurs jamais été mis en place.

Il y avait un autre projet très intéressant avec beaucoup d'investissement personnel et de transfert de savoir-faire, celui de Jacmel avec la municipalité de Strasbourg. Les Strasbourgeois ne se bornaient pas au "hard" et prenaient du temps pour appuyer et former les Haïtiens. Tout a été balayé par les catastrophes, c'est dommage.

Les relations avec les Haïtiens étaient excellentes. C'est une fierté, ils m'ont toujours dit que les Français avaient une grande capacité d'écoute et que l'on était plus proches, plus présents, plus attentifs que les autres bailleurs comme la Banque mondiale ou la BID, encore plus procéduriers que nous. Nous avons une très bonne image, le fait que nous étions petits y était pour quelque chose.

Quand je suis partie d'Haïti, le Premier ministre Michèle Pierre-Louis[46] m'a demandé ce que je retirais de mon séjour : je lui ai dit que je repartais avec la conviction que le verbe développer n'est pas un verbe transitif direct mais un verbe pronominal, réfléchi. On ne développe pas quelqu'un, on se développe.

C'est difficile d'envisager un avenir plus raisonnable que le présent. Pourtant en Haïti il y a des acteurs de qualité exceptionnelle, très au-dessus de nombre de pays. Quand j'y étais, l'ambassadeur de France avait coutume de dire qu'il n'avait jamais rencontré des gens qui

46. M. Duvivier Pierre-Louis fut Premier ministre d'Haïti entre 2008 et 2009. Elle dirige la fondation FOKAL.

excellent autant à expliquer les raisons de leur situation, et qui soient aussi incapables de les résoudre.

C'est un pays qui fait briller les yeux et qui suscite des attachements profonds, je peux en témoigner. "La lutte même vers les sommets suffit à remplir une vie d'homme, il faut imaginer Sisyphe heureux" (Camus). Haïti a un côté Sisyphe. Mais j'ai été très heureuse là-bas[47]. »

Geneviève Javaloyes n'est pas la seule, parmi les témoins interrogés, à appuyer son discours d'images puissamment évocatrices. Celle du « tonneau des Danaïdes » est également survenue à plusieurs reprises dans les entretiens. Le recours à des mythes peut être lu comme un indicateur de la charge affective projetée sur une expérience trop dense ou intense pour être dite de façon élémentaire.

Non sans résonance avec de précédents témoignages sur l'influence des relations interpersonnelles, celui de Christian Fusillier[48] met l'accent sur un État paradoxal, apparemment fragile et pourtant incarné par des personnalités de grande qualité. Certes, leur rôle est délicat à appréhender, parce qu'il y a, comme il est apparu lors de notre mission à Port-au-Prince en mai 2017, coexistence de corps permanents, faiblement mobiles, aux carrières peu évolutives, et de corps soumis à un taux de rotation élevé, au gré des changements politiques, et une certaine ouverture vers des carrières privées ou internationales.

« Je suis reparti en Haïti en 2007 pour le ministère des Affaires étrangères, en tant que chef de mission pour l'évaluation du projet

47. Entretien avec Geneviève Javaloyes, le 29 mars 2017 à Paris.

48. Christian Fusillier travaille à l'AFD depuis 2011, où il est actuellement responsable de la division Agriculture, Développement rural et Biodiversité. Il est allé en Haïti à plusieurs reprises : d'abord au Cap-Haïtien en 1988-1989 dans le cadre d'un projet de formation agricole financé par la Banque mondiale, ensuite en tant que chef de projet à l'AFD au milieu des années 2000, et pour le ministère des Affaires étrangères en 2007. Entretien à Paris, le 10 avril 2017.

d'appui institutionnel et de formation des cadres (PAIFC), logé au sein du ministère de l'Agriculture. Il consistait à définir la politique agricole et l'ensemble des politiques sous-sectorielles (aménagement des bassins versants, gestion de l'eau, etc.). Une équipe de 4-5 assistants techniques travaillait au sein du ministère, et a fait un travail d'identification, d'animation de dialogues, de présentation des résultats dans toutes les régions, pour que petit à petit le ministère soit bien doté en politiques, et que ces politiques soient connues.

Une fois le projet terminé, malgré l'ensemble des formations qui avaient été dispensées auprès des cadres, les vicissitudes de l'administration haïtienne (qui, lorsqu'elle n'est pas appuyée par de l'argent extérieur, a de très faibles moyens) ont repris le dessus. Tous les cadres et savoir-faire hérités de cette époque de travail intense au sein du ministère de l'Agriculture ont été perdus. Quand je suis revenu quelques années plus tard, en 2009, puis en 2016, il ne restait plus rien. Par malchance, le ministère de l'Agriculture a subi un ou deux incendies, dans lesquels se sont perdues beaucoup d'archives, et le séisme de 2010 a détruit la quasi-totalité du ministère.

En Haïti il n'y a pas vraiment d'État, ou celui-ci fonctionne mal. L'absence de mémoire institutionnelle donne le sentiment d'un éternel recommencement. On ne peut pas généraliser puisqu'il y a des cadres qui sont en poste depuis 20 ans, notamment au sein du secteur agricole, et qui ont un véritable engagement, une mission de service public. Ils auraient pu travailler pour l'ONU ou des ONG, ils auraient pu émigrer, quand on sait à quel point l'intelligentsia haïtienne s'exporte bien.

L'expérience du PAIFC m'a donné une leçon sur Haïti : l'état de délabrement des institutions, mais aussi la persévérance et l'engagement de quelques-uns. Haïti est un mélange de tout cela. C'est un pays de contrastes saisissants, que ce soit dans le milieu paysan, politique ou autre ; on trouve tout et son contraire.

En Haïti, la concertation des bailleurs est difficile, mais certainement pas inexistante. L'État est peu et mal organisé, et pendant longtemps il y a eu une rotation extraordinaire, mais du côté des bailleurs de fonds aussi. Ce double *turn-over* est un énième facteur de complication dans le pays. Du coup, il y a une prime à celui qui reste.

En Haïti, c'est celui qui reste et dont les personnels sont en poste sur des délais relativement longs qui finit par avoir l'histoire et une connaissance du terrain et des dynamiques. C'est un avantage certain en Haïti de savoir faire des projets longs et de savoir maintenir la motivation des techniciens, des ingénieurs, pour qu'ils soient là dans la durée. Mais c'est un pays qui use.

Pourquoi aime-t-on ce pays ? Parce qu'au-delà des aspects fatigants, il y a la sphère du motivant : l'extraordinaire capacité d'Haïti et de son peuple, une capacité de résilience, de création... Ce n'est pas par hasard que l'on y rencontre autant d'artistes, d'écrivains. »

Les projets de l'AFD à cette période touchent une large gamme de secteurs : santé et protection sociale, eau et assainissement, agriculture, développement rural et biodiversité, institutions financières, appui au secteur privé, collectivités locales et développement urbain, transports, énergies durables, éducation et formation professionnelle. En outre, à partir de 2009, l'AFD se voit transférer de la Mission d'appui à l'action internationale des ONG (MAAIONG), du ministère des Affaires étrangères, la responsabilité du financement des projets de leur initiative. Or Haïti est un pays important à ce titre, puisque c'était l'un des premiers destinataires des cofinancements de cette Mission sur les cinq dernières années, qui en 2007 a décaissé près d'1,7 M€. Par ailleurs, 46 volontaires de solidarité internationale étaient soutenus par la Mission pour un coût estimé de 376 000 €, et 200 000 € ont été consacrés au codéveloppement en 2007, afin de mettre en œuvre des projets associant la diaspora haïtienne.

Lorsque, fin 2009, est créé un département Amérique latine et Caraïbe à l'AFD, il est centré sur les pays émergents et de nouvelles activités. Le cas haïtien est un peu en décalage avec le reste du département, puisqu'il s'agit d'une activité État fragile/post-crise, plus proche, pour l'AFD, d'une activité africaine que latino-américaine. Ce département est surtout préoccupé de répondre aux défis de pays engagés dans des processus d'émergence. Haïti fait figure de petit pays, et les candidatures pour le continent portent plutôt sur de nouvelles « géographies » que sur des pays d'intervention anciens comme Haïti.

L'AFD reçoit progressivement au cours des années qui suivent la plupart des moyens opérationnels de l'aide au développement, en particulier le cofinancement des initiatives des ONG (2009), très important dans le cas d'Haïti. C'est donc un établissement dont les missions et les activités augmentent régulièrement. Il importe de distinguer croissance de l'aide française et croissance de la seule activité AFD. 2009 voit la création d'un conseil d'orientation stratégique (COS), présidé par le ministre chargé de la coopération et composé des représentants de l'État au conseil d'administration de l'AFD. Il permet notamment de donner de nouveaux mandats géographiques à l'Agence (2011).

Une communauté des bailleurs de fonds de plus en plus soucieuse de réunir une offre coordonnée

Après les engagements pris à Monterrey[49] en mars 2002, les bailleurs de fonds cherchent à améliorer leur efficacité collective par une série de démarches pour réduire la charge que leur communauté en forte expansion tend à faire peser sur les pays bénéficiaires.

Dans le cadre de ces processus, l'engagement des bailleurs de fonds est en effet régulièrement réaffirmé depuis 2004,

49. En mars 2002 s'est tenue à Monterrey, sous l'égide des Nations unies, la Conférence internationale sur le financement du développement, dont le résultat a donné lieu au « consensus de Monterrey » dans la perspective de l'atteinte des OMD. http://www.un.org/french/ffd/pressrel/22apress.htm

mais les annonces de contributions sont plus généreuses que les décaissements effectifs, en grande partie du fait de la capacité d'absorption limitée. À ce titre, les effectifs de l'administration haïtienne sont insuffisants, tant quantitativement qu'en termes de compétence.

Le catalogue des bailleurs de fonds, impressionnant, permet de dégager le profil propre à chacun. Tout d'abord, du côté des multilatéraux, la Commission européenne est, après les États-Unis, le premier partenaire d'Haïti, avec un volume d'aide de 735,7 M€ sur les dix dernières années. Ses secteurs de concentration sont le développement rural, la sécurité alimentaire, les infrastructures, la gouvernance et l'éducation. L'UE finance également un programme de renforcement intégré du milieu des affaires, des actions dans le domaine énergétique, un projet régional de développement économique du Corridor Nord de l'île, et quelques actions sur l'accès à l'eau potable. La Commission devait en outre apporter une aide budgétaire de 10 M€ par an sur quatre années.

La BID intervient sous forme à la fois de subventions et de prêts. Sa stratégie s'aligne sur les quatre priorités du gouvernement (réconciliation nationale et sécurité, promotion d'une croissance économique diversifiée, accès de la population aux services de base et problèmes environnementaux).

La Banque mondiale voit ses programmes subir des retards de mise en œuvre du fait des délais mis par le Parlement à ratifier ses accords de dons, une étape rendue nécessaire par la commission d'engagement. Depuis janvier 2005, date à laquelle Haïti s'est acquitté de ses arriérés, la Banque a approuvé 11 projets représentant 199 M$.

Du côté des bilatéraux, les États-Unis sont le premier partenaire d'Haïti en termes d'aide. Les montants consacrés à ce pays par l'USAID atteignent 178,3 M$ en 2007. Les principaux secteurs couverts par l'aide américaine sont l'accès aux services sociaux de base (49 % sur la santé avec notamment le projet MSH et l'éducation de base), le soutien à la croissance économique (22,3 %, à travers le soutien à la microfinance et l'appui à la création d'emplois sous diverses formes), la paix et la sécurité (19 %) et la gouvernance (9 %). D'autres agences gouvernementales apportent un appui dans le domaine de la sécurité intérieure (équipement de la Police nationale), du contrôle des frontières et de l'émigration illégale, la lutte contre le trafic de drogue et un soutien à la réforme du système pénal.

La coopération canadienne figure au second rang des bailleurs bilatéraux, elle met l'accent sur le renforcement de l'État, l'accès aux services de base (éducation, santé, infrastructures) et la relance de l'économie. La présence du Canada se traduit également par l'action d'une dizaine d'organisations partenaires canadiennes, sur lesquelles elle s'appuie pour les projets de renforcement des institutions étatiques et de la société civile.

La question de la dette fait l'objet d'une approche nouvelle. L'initiative PPTE mûrie depuis le G7 de Lyon, en 1996, est finalisée par le G8 de Cologne, en 1999, puis les années suivantes par diverses dispositions. Le bénéfice de l'initiative repose sur une condition essentielle : la conception de documents stratégiques de réduction de la pauvreté (DSRP). Le DSRP doit être soumis à un large processus participatif, en particulier avec la société civile, avant d'être transmis au FMI et à la Banque mondiale, pour approbation. C'est le facteur principal d'éligibilité au dispositif, ou « point de décision », qui enclenche de façon partielle et provisoire le bénéfice de l'annulation. S'ouvre alors la « période intérimaire » de PPTE, durant laquelle le pays doit s'engager sur des réformes structurelles qui accompagnent la mise en œuvre de la stratégie de réduction de la pauvreté. Leur mise en œuvre satisfaisante permet ensuite aux Institutions de Bretton Woods (IBW) de déclencher le point d'achèvement, au terme duquel le bénéfice de l'annulation est définitivement acquis.

En Haïti, le DSRP qui prend la forme d'un Document de stratégie nationale pour la croissance et la réduction de la pauvreté (DSNCRP) dégage trois grands axes prioritaires : soutenir les vecteurs de la croissance (agriculture, industrie, commerce, environnement, artisanat, transports, électricité, communications et tourisme) ; favoriser le développement humain ; promouvoir la gouvernance, la justice et la sécurité. Il est reçu favorablement par les Conseils de la Banque mondiale et du Fonds monétaire, ce qui déclenche, le 30 juin 2009, le point d'achèvement. Le bénéfice de cette annulation de dette intervient peu avant le tremblement de terre de 2010, qui est l'occasion de déployer une réponse collective de grande ampleur.

***

L'aide évolue, après la guerre froide, dans le sens d'une plus grande exigence en matière de gouvernance, qui se traduit par l'introduction d'une conditionnalité politique.

La France limite l'endettement des plus pauvres en ne faisant plus de prêts aux États concernés. Si, lorsqu'elle faisait des prêts, la Caisse était soumise à un plafond d'engagement, le recours à la ressource budgétaire est encore plus contraignant. Ne pouvant plus apporter que des subventions, la Caisse est alors confrontée en Haïti à la double contrainte de besoins de grande ampleur dans un contexte de rareté accrue de la ressource disponible.

Après la crise politique haïtienne et le gel de l'aide internationale qui s'en est suivi, la reprise de la coopération à partir de 1994 consiste d'abord à renouer les fils de l'ancienne période, en gérant les reliquats sur les concours ou en octroyant des concours nouveaux dans des secteurs déjà bien connus.

Après les accords de Paris controversés de 1994 (qui marquent une étape importante dans la libéralisation de l'économie haïtienne), et dans un contexte politique turbulent, se dessine alors une relation complexe et chaotique entre Haïti et les bailleurs de fonds, dans laquelle ces derniers hésitent entre prise de distance vis-à-vis du pouvoir et maintien de l'engagement auprès des populations. C'est une période (1994-2010) où les ONG déploient leur activité, et où le rôle pris par l'aide semble se faire au prix d'une certaine marginalisation de l'État haïtien par rapport à la communauté internationale.

La France se joint au mouvement de sanctions internationales et, en 2001, plusieurs projets de la coopération sont suspendus. Les projets de l'AFD en Haïti sont suivis par

AIDE FRANÇAISE À HAÏTI (M$ COURANTS)

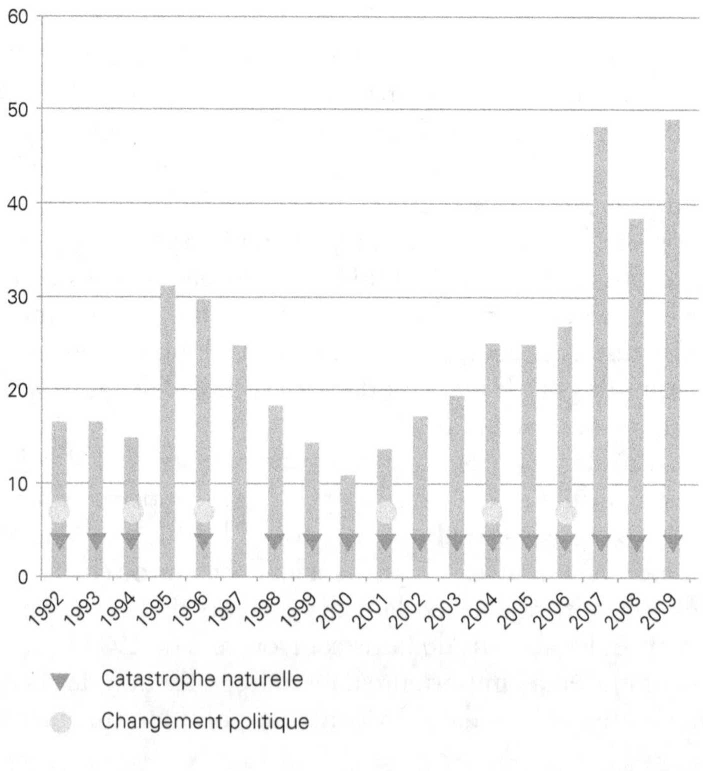

l'agence de Saint-Domingue, d'abord a minima puis beaucoup plus activement à partir de 2004. La relance de 2004 se traduit notamment par deux projets santé de lutte contre le VIH/Sida. Fin 2006, l'AFD se réinstalle en Haïti.

Pour la communauté des bailleurs de fonds, cette période est marquée par d'intenses progrès en matière de coopération, avec de nombreuses réformes de procédures, afin de contribuer à lever les obstacles administratifs à l'efficacité de l'aide. L'aide internationale s'est certes réorganisée, mais cette reconfiguration la rend-elle pour autant plus apte à répondre à une situation complexe ?

Ainsi, comme pour la période précédente, les différentes évolutions propres au contexte national haïtien, d'une part, et aux réformes françaises et internationales, d'autre part, ne se superposent pas dans le temps et sont plutôt désynchronisées. Quand ce n'est pas Haïti qui est en proie à de graves crises politiques (démission forcée d'Aristide en 2004, entre autres exemples), c'est la coopération française qui se montre lunatique (départ et réinstallation de l'agence), du moins se transforme, ou bien la coopération internationale qui est occupée à refonder ses modes d'action. Sous l'injonction d'une gouvernance performante, les organisations de l'aide testent de nouvelles exigences, et tentent également de mieux se coordonner (conférences CIDES, OMD). Haïti peut faire figure de terrain test, avec tous les écueils que cela comporte.

4
Le post-séisme sous le signe des inflexions et des changements d'échelle

Catastrophe sans précédent, le séisme du 12 janvier 2010 a engendré un changement d'échelle (nombre de victimes, ampleur des dégâts, intensité de l'aide, etc.) et a donné lieu à une gouvernance exceptionnelle, en même temps qu'il a révélé des problèmes spécifiques de la coordination des acteurs internationaux. L'événement s'inscrit dans une histoire encore récente, donc délicate à analyser en raison du manque de recul. Il existe toutefois d'ores et déjà un solide corpus d'ouvrages, de rapports institutionnels ou d'études évaluatives qui ont traité le sujet[1]. Beaucoup d'auteurs ont cherché à tirer des « leçons », des « enseignements » de l'événement[2]. Les sciences sociales se sont également penchées sur le sujet[3] :

> « Leur production, importante et diversifiée, est l'œuvre d'universitaires et de chercheurs haïtiens, de militants et d'activistes sociaux, de chercheurs étrangers travaillant sur Haïti depuis de longues années

1. Voir notamment A. Dupuy, 2010 ; A. Butterfield, R. Reario et R. Dolan, 2010 ; P. Farmer *et al.*, 2012 ; M. Schuller, P. Morales, 2012 ; J. Gedeon, 2013 ; V. Ramachandran et J. Walz, 2012. Voir aussi des études anthropologiques comme A. Corbet, 2011.
2. F. Grünewald, 2010.
3. Voir M. Schuller et P. Morales, 2012 ; L. Hurbon, 2014 ; J. Heine et J. Verlin, 2014.

ou ayant rencontré le pays à l'occasion de la catastrophe. Elle fait écho à d'autres productions – romans, documentaires, fictions – qui ont, elles aussi, contribué à produire un univers de sens autour de la catastrophe haïtienne et qui dialoguent avec – autant qu'elles inspirent – les travaux de sciences sociales. [...] Leur contribution est souvent bienvenue à la fois pour densifier l'appréhension sociale de l'événement et pour dégager celui-ci de l'émotion pure qu'il provoque dans un premier temps. En outre, dans le cas haïtien, le séisme de 2010 ouvre également la possibilité de rendre visibles des réflexions [...] relativement peu traitées dans les travaux de sciences sociales [...] plus habituellement occupés [...] par des questions de culture locale, de religion (vaudou) ou de folklore[4]. »

Moins qu'il n'a provoqué de réelles ruptures dans les rapports qu'entretient la communauté de l'aide internationale avec Haïti, le séisme a entériné, parfois décuplé, des tendances qui étaient déjà perceptibles auparavant. C'est le cas aussi du secteur humanitaire :

« Le séisme a altéré la situation sur place avec l'afflux de nouveaux acteurs et la mise en place de nouveaux modes d'action. En revanche, il n'est pas pertinent de focaliser l'analyse en termes temporels sur le 12 janvier 2010 [...] Il existe une série de processus institutionnels internationaux qui arrivent à maturation juste avant le séisme en Haïti et sont, de ce fait, directement mis en œuvre en Haïti à partir de 2010, transformant la crise haïtienne en un terrain de test de ces réformes. Il s'agit notamment de la réforme humanitaire menée au sein de l'ONU [...], de la rationalisation des outils managériaux de planification temporelle entre comportementalisme et New Public management [...], de la centralisation des services de sécurité des Nations Unies [...] et de la création d'outils de quantification des États périphériques avec des indicateurs centrés sur leurs fragilités[5]. »

4. S. Revet, 2015.
5. J. Wörlein, 2017, p. 145.

À partir de 2010, Haïti est pleinement et constamment appréhendé comme un «pays en crise». Si cette catégorie avait déjà affleuré dans les discours, elle devient vraiment opérante avec le séisme. Le terme, dont la définition mériterait de longs développements, recouvre à la fois un volet «catastrophes naturelles», un volet politique et un volet humanitaire. Ils se déclinent en une série de crises entre 2010 et 2016, dont la gestion (par ailleurs de plus en plus routinisée[6]) accapare les acteurs de l'aide, au détriment, d'une part, de la compréhension des dynamiques qui animent les crises répétées et, d'autre part, d'une projection dans un horizon plus lointain (ce sur quoi est censée porter une politique de développement).

Un événement d'une ampleur sans précédent

De magnitude 7,2 sur l'échelle de Richter, le séisme a eu lieu le 12 janvier 2010 à 16h53. Selon le Centre de recherche d'épidémiologie des désastres (CRED) de l'université de Louvain-la-Neuve, il aurait tué 222570 personnes et affecté 3,7 millions d'autres, dont 1230000 sans-abris et 500000 déplacés qui ont fui la capitale[7]. Selon le rapport de la Cour des comptes de 2013, l'ensemble des dégâts matériels et des pertes économiques est évalué à 7,8 Md USD, soit 120 % du PIB haïtien. Plus de 100000 maisons auraient été complètement détruites, et 4000 écoles ont dû être fermées. Par ailleurs, aux victimes du séisme se sont ajoutées celles causées par l'épidémie de choléra qui s'est déclarée en octobre 2010.

6. Voir Y. Buchet De Neuilly, 2015, p. 221-236 (cité par J. Wörlein, 2017).
7. S. Revet, 2015, p. 173-178.

DES CHIFFRES ET DES INDICATEURS

La science du XIXe siècle a privilégié la mesure et la taxinomie comme des instruments de maîtrise de ses objets. Les politiques publiques font de même, lorsque le New Public Management tend à promouvoir une approche de l'État comme un agent économique rationnel qui doit optimiser son activité sous contraintes.

Dans le monde du développement, très tôt le recours aux seuls indicateurs comme le PIB a été critiqué comme une approche privilégiant à l'excès la croissance au détriment des transformations structurelles qu'elle doit également susciter.

La diversification des indicateurs n'atténue guère leur pouvoir normatif et agit comme un écran par rapport à la diversité des situations. Les chiffres objectivent apparemment les discours et, ce faisant, réduisent l'espace politique pour formuler des stratégies spécifiques.

Alain Desrosières[8] et Alain Supiot[9] s'accordent pour montrer l'ambiguïté d'une pratique qui met au premier plan la bonne gestion et qui relaie des modèles normatifs et des processus de répétition y compris lorsque la pratique en question n'apporte pas de résultat concluant. Naturellement, l'analyse peut justifier une quantification, pertinente pour le suivi évaluation, mais il convient de ne pas outrepasser la place laissée au chiffre.

Comme souvent dans les catastrophes, les chiffres ont suscité de nombreux débats et controverses, notamment quand, le 12 janvier 2011, soit un an après le séisme, le Premier ministre haïtien Jean-Max Bellerive a arrêté celui de 316 000 morts, au-dessus des précédentes estimations à 250 000 victimes. Le pouvoir des chiffres s'est affirmé à l'occasion du séisme[10] :

---

8. A. Desrosières, 2014.
9. Conférence intitulée « Développement durable et gouvernance par les nombres : une approche juridique », donnée en novembre 2017 à l'AFD et Alain Supiot *et al.*, 2016.
10. Voir notamment I. Bruno et E. Didier, 2013 ; I. Bruno, E. Didier et J. Prévieux, 2014.

« Le débat autour du bilan des morts en Haïti est presque exclusivement mené par les acteurs de l'aide, les autorités haïtiennes en étant relativement absentes. […] Au-delà de la question des financements de l'aide, liée à ce chiffrage, la nécessité de produire des chiffres est non seulement connectée à l'attribution des responsabilités dans le gouvernement du désastre, mais aussi à l'efficacité et au travail de légitimation de l'aide.

Il n'était pas possible de chiffrer précisément le nombre de victimes de la catastrophe. Ensuite, au-delà du fait que la focalisation sur chiffre s'oppose à la fois à la dignité rendue à chacun des disparus et au respect de la souveraineté symbolique du gouvernement haïtien, elle peut être considérée comme ironique, dans la mesure où l'État haïtien a très bien pris en charge seul la question de la "gestion des morts" (collecte, transport et enterrement des cadavres par le Centre national des équipements)[11]. »

Peu nombreux sont les exemples récents de séisme ayant touché directement une capitale. Le cœur battant d'Haïti, Port-au-Prince, a été frappé de plein fouet, et les organes de pouvoir ont été très affectés. Les pertes humaines se sont comptées en grand nombre dans les administrations, et le palais présidentiel a été en partie détruit. L'État haïtien, atteint dans ses structures matérielles et humaines, a ainsi vu sa capacité de réactivité fortement réduite dans un premier temps. D'autre part le séisme a eu lieu au moment où se tenait une réunion au siège de la MINUSTAH, et de nombreux cadres ont été tués (101 employés, dont le représentant spécial et chef de la mission). Cette perte – la plus grosse que l'ONU ait jamais connue en un seul événement – a entamé, là aussi, sa capacité d'action en tant qu'instance de coordination entre le gouvernement haïtien et les bailleurs de fonds.

11. J. Wörlein, 2017, p. 247.

Face à la catastrophe, un immense mouvement de solidarité internationale s'est déployé. L'afflux de promesses, de dons, d'aides financières diverses, de programmes d'assistance d'urgence, a rythmé l'après-séisme. L'événement a marqué un accroissement sans précédent de l'aide humanitaire, appelant une nécessaire coordination (cf. annexe 6).

L'ambiance était cacophonique et une compétition régnait entre les organisations internationales, comme le décrit l'ancien directeur de l'AFD en Haïti Yves Malpel[12] :

> « Face au dénuement des administrations et au chaos ambiant, l'hyper activisme des "partenaires", les ambassades, les agences de financement, les ONG, sans parler de la presse ou des entreprises privées, était surréaliste. Les avions étaient pleins, tout le monde voulait faire quelque chose. Dès l'aérogare, le désordre et l'agitation étaient rois. On tâchait d'organiser cette reconstruction qui partait dans tous les sens. [...]
>
> Les Américains ont voulu installer une administration déléguée sur Haïti au niveau de la primature, une sorte de gouvernement bis avec des hommes de Price Waterhouse, des "Clinton boys", qui s'étaient installés, pensant que le fait de planter leur tente dans le jardin du Premier ministre leur donnait du pouvoir... D'immenses tentes militaires climatisées, qui fourmillaient de jeunes cadres supérieurs ordinateurs en main, déconnectés des administrations et de la réalité, essayant de bâtir des stratégies, de mettre en place le contrôle des "projets". Ils se sont perdus dans les méandres de la gestion des affaires publiques en Haïti, en plus des difficultés quotidiennes de Port-au-Prince (risques de kidnapping, circulation démente, pannes d'électricité). Ils tournaient à vide dans leur bulle, rien ne redescendait sur le terrain. »

12. Yves Malpel a travaillé à l'AFD de 1981 à 2015. Il a servi en Guinée, Mauritanie, Polynésie, Ghana, Gabon, Sénégal, Martinique, Guadeloupe, Haïti et Suriname. Il a dirigé l'agence de Port-au-Prince d'août 2010 à octobre 2013. Entretien téléphonique, le 26 avril 2017.

Une gouvernance post-séisme sous le feu des critiques, une coordination laborieuse

Classiquement, les dynamiques de gouvernance à l'œuvre suite au séisme se comprennent comme le résultat d'une histoire longue et mouvementée. Elles ont en outre été modelées par les institutions internationales. Celles-ci sont elles-mêmes en proie à des luttes concurrentielles (chacun tenant à « jouer sa partition », dans un contexte international d'exceptionnalité intermittente, où les crises que constituent les catastrophes naturelles mobilisent un nombre croissant d'acteurs internationaux, sous le signe d'une injonction collective à agir), tensions qui sont révélées lorsque la situation les mobilise toutes simultanément sous forte contrainte. Le post-séisme, dès lors, est le fruit de l'interaction entre les faiblesses historiques de l'État haïtien et l'entropie au sein des acteurs internationaux (bailleurs de fonds, ONG, agences onusiennes, etc.).

Les acteurs ont souvent été réactifs à la hauteur de l'ancienneté de leur présence. Les mécanismes de coordination inter-bailleurs mis en œuvre correspondent à des pratiques mises en place au cours des années qui ont précédé. Cette coordination s'est d'abord déroulée sur le terrain. Certaines institutions ont ainsi choisi de renforcer leur équipe locale (DG ECHO, DFID britannique[13], USAID, Canada). Des « envoyés spéciaux » ont été choisis, parmi lesquels Pierre Duquesne[14] pour la France :

> « L'émotion a été extrêmement forte dans notre pays. À cette occasion, les journaux français ont "redécouvert" les liens historiques

13. Department for International Development.
14. Pierre Duquesne est un ancien élève de l'École nationale d'administration et de l'Institut d'études politiques de Paris, il est ambassadeur, délégué interministériel à la Méditerranée depuis 2017. De 2014 à 2017, il était représentant permanent de la France auprès de l'OCDE, après avoir été, de 2008 à 2014,

entre Haïti et la France. La France entretient une relation particulière avec Haïti, pays qui occupe une place importante dans la mémoire collective mais avec lequel le lien est plus fantasmé que réel. Il a tout de même fallu attendre 206 ans pour qu'un chef d'État français se rende en Haïti pour la première fois !

En tant qu'ambassadeur chargé des questions de reconstruction et de développement, je devais, entre autres, constituer la Mission interministérielle pour la reconstruction d'Haïti (MIRH) avec Geneviève Javaloyes, qui avait quitté son poste de directrice de l'agence de l'AFD à Port-au-Prince quelques mois plus tôt. Nous avons recruté des représentants issus de tous les ministères (Intérieur, Agriculture, Culture, etc.).

La CIRH (Commission intérimaire pour la reconstruction d'Haïti) est le double produit de la communauté internationale et d'une loi haïtienne. Elle a eu pour vertus d'éviter une concurrence sauvage entre les bailleurs de fonds, de permettre de vrais échanges avec les Haïtiens et une certaine coordination entre les acteurs internationaux, de maintenir l'intérêt des capitales pour Haïti. C'était une vraie opportunité pour avancer ensemble. Mais elle s'est heurtée à un mauvais choix de personnes. Comme le FRH (Fonds de reconstruction pour Haïti), elle a eu une durée de vie limitée puisque l'essentiel était de coordonner l'action et non de faire à la place des Haïtiens. »

La « redécouverte des liens entre Haïti et la France » qu'évoque l'ambassadeur tient probablement à de nombreux facteurs – on a évoqué le décompte difficile des Haïtiens à l'étranger, les diasporas instituées de longue date parfois les ayant « naturalisés » dans leurs pays d'accueil.

---

ambassadeur chargé des questions économiques de reconstruction et de développement au ministère des Affaires étrangères et du Développement international. Entretien réalisé à Paris le 12 avril 2017.

L'ambiguïté des relations franco-haïtiennes est un thème qui a été abondamment abordé par les témoins interrogés dans le cadre du livre. L'un d'entre eux dit notamment[15] :

> « Il existe une relation très affective qui peut osciller entre engagement total et renoncement. Certains passent d'un extrême à l'autre, c'est très passionnel. Le rapport de R. Debray[16] le montrait bien, la relation France-Haïti est très ancienne et complexe. Haïti, c'est un peu un caillou dans la chaussure française. Il y a des montées en pression qui prennent souvent une tournure très politique, puis qui retombent dans une certaine indifférence générale. La relation ne s'inscrit pas toujours dans une dynamique de construction dans la durée, elle donne l'impression d'être rythmée par les anniversaires et les visites de haut niveau. »

LES CONFÉRENCES INTERNATIONALES QUI ONT SUIVI LE SÉISME

Conférence de Montréal, 25 janvier 2010. Deux semaines après le séisme, cette première rencontre a rassemblé les ministres des Affaires étrangères de 16 pays, ainsi que les représentants de 8 organismes internationaux (ONU, BM, FMI, etc.) au siège de l'OACI (Organisation de l'aviation civile internationale). La présence et les interventions du Premier ministre haïtien Jean-Max Bellerive ont rappelé la souveraineté de l'État haïtien dans la mise en œuvre de l'aide et de la reconstruction.

Conférences sectorielles préparatoires, entre janvier et mars 2010. En amont de la conférence internationale des donateurs à New York, quatre conférences sectorielles ont été organisées sous l'égide des Nations unies avec des acteurs non gouvernementaux : les entreprises

---

15. Dominique de Longevialle est ingénieur civil de formation. Il a rejoint l'AFD en 2008 et occupé le poste de coordonnateur géographique pour Haïti de 2012 à 2016. Entretien, le 20 mars 2017 à Paris.
16. R. Debray, 2004.

privées ; la diaspora ; les ONG et les collectivités territoriales, la dernière s'intitulant « Conférence internationale des villes et régions du monde pour la reconstruction en Haïti » (23 mars 2010, Fort-de-France).

Conférence internationale des donateurs[17] à New York, 31 mars 2010. Sous l'égide des Nations unies et des États-Unis, en coopération avec le gouvernement d'Haïti, et coprésidée par le Brésil, le Canada, l'Espagne, la France et l'Union européenne, cette conférence a marqué une étape cruciale pour l'aide post-séisme. En plus de l'aide humanitaire et la reconstruction matérielle du pays, l'enjeu portait aussi sur la reconstruction d'institutions solides et le développement du pays à long terme pour améliorer la prévention de nouvelles crises à venir.

La « conférence internationale des donateurs pour un nouvel avenir en Haïti » est conçue selon le modèle des conférences internationales de donateurs qui existent depuis la fin des années 1950. L'idée de regrouper plusieurs donateurs pour un pays donné a permis aux institutions de Bretton Woods à la fois de partager la charge de besoins importants, de diluer leur rôle en ce qui concerne la conditionnalité, et de s'imposer comme leader du monde du développement. Généralement, c'est le pays de destination de l'aide qui fait la demande d'une conférence internationale de donateurs, mais en l'occurrence, à la suite du tremblement de terre, Haïti y a été fortement incité.

Le succès de ce type de conférence se mesure à l'aune des financements obtenus. La conférence de New York a suscité les engagements de 55 États et institutions internationales, d'un total de 5,6 Md USD pour 2010 et 2011, dont 1 Md USD

17. Le communiqué final de la conférence est disponible en ligne [http://www.undp.org/content/undp/fr/home/presscenter/speeches/2010/03/31/statement-by-the-co-hosts-and-co-chairs-at-the-international-donors-conference.html].

au titre de l'annulation de la dette extérieure d'Haïti. Selon le rapport « L'aide a-t-elle changé ? », émanant du bureau de l'envoyé spécial des Nations unies pour Haïti, cela représente un triplement des flux d'aide financière entre 2009 et 2010. En 2010, l'aide des bailleurs de fonds officiels a représenté 400 % des recettes nationales du gouvernement haïtien[18]. L'UE a annoncé une aide de 1,23 Md€ pour le plan d'action pour le relèvement et le développement d'Haïti, s'ajoutant aux 295 M€ déjà engagés en matière d'aide humanitaire. L'aide privée internationale, quant à elle, a été évaluée à 2,20 Md€. Le changement d'échelle est donc spectaculaire, dans un contexte où l'administration haïtienne, très durement touchée, peine justement à exercer son rôle de maîtrise d'ouvrage et d'ordonnateur.

Le montant total des contributions (9,5 milliards de dollars[19]) et l'afflux de dizaines de milliers d'acteurs humanitaires s'inscrivent sur des échelles qui réactualisent la question de la capacité d'absorption de l'aide. Certes, les bailleurs de fonds, depuis le début du siècle, sont sensibles à la part que les humanitaires y prennent, mais les masses en question représentent une mobilisation de très grande ampleur.

Naturellement, la crédibilité des engagements et de la coordination réside dans un suivi minutieux. Mis en place par OCHA, le Financial Tracking Service (FTS) permet aux différents pays et contributeurs potentiels de suivre ce qui est déjà financé, à travers un système qui fournit des informations sur les financements de projets en fonction des pays et des secteurs, afin d'éviter les duplications de projets et de coordonner les financements.

---

18. V. Ramachandran et J. Walz, 2012.

19. La somme inclut l'aide bilatérale et multilatérale ainsi que les ressources dédiées aux activités d'ONG, voir : The office of the secretary-general's special adviser, Lessons from Haiti, http://www.lessonsfromhaiti.org/download/International_Assistance/2-overall-financing-data.pdf

LES PRINCIPAUX BAILLEURS DE FONDS FACE AU SÉISME EN HAÏTI (2010-2011)

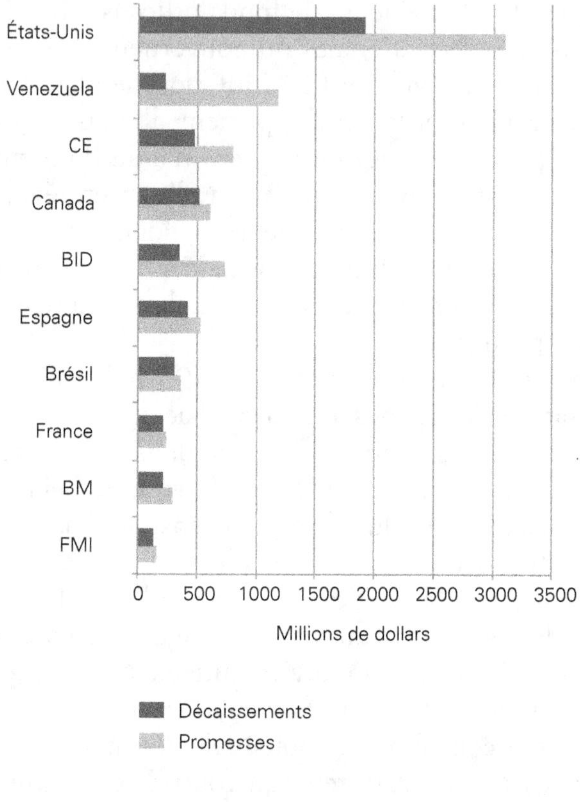

Source : V. Ramachandran et J. Walz, 2012, qui s'appuient sur les données du Bureau de l'envoyé spécial des Nations unies pour Haïti, qui ne sont désormais plus accessibles.

N.B. : Total provenant de tous les bailleurs du secteur public : 8,401.4 M$ promis et 5,327.7 M$ décaissés, 2010-2011. Contributions globales jusqu'à mars 2012. Ces chiffres n'incluent pas les donateurs du secteur privé. Les contributions comprennent l'aide humanitaire (pour tremblement de terre et choléra) ainsi que les Fonds pour la reconstruction et le développement (hors allègement de la dette).

Une institution est créée spécifiquement pour le suivi : le CIRH (Comité intérimaire pour la reconstruction d'Haïti), coprésidé par Bill Clinton et Jean-Max Bellerive, et composé de représentants du gouvernement et de donateurs. Cette agence de coordination de financements de projets est financée par le FRH (Fonds de reconstruction d'Haïti), de 391 millions de dollars. Le mandat du CIRH a expiré en 2011 et il est remplacé fin 2012 par le Cadre de coordination de l'aide externe au développement.

Selon le Bureau de l'envoyé spécial pour Haïti, parmi les 9,28 milliards de dollars en aide humanitaire et aide à la reconstruction promis pour les années 2010 à 2012[20], 5,63 milliards de dollars (60,7 %) ont été versés[21]. S'agissant de l'aide française en particulier, le rapport rédigé par la Cour des Comptes[22] indique :

> « Le Président de la République française, en se rendant à Port-au-Prince dès le 17 février 2010, a annoncé un effort de la France en faveur de Haïti de 326 M€. Par ailleurs, les organismes français faisant appel à la générosité publique ont collecté un montant d'environ 245 M€, dont 87 M€ provenant de particuliers. En s'inscrivant dans la continuité de ses observations formulées en décembre 2006 dans son rapport sur "L'aide française aux victimes du tsunami du 26 décembre 2004", la Cour des comptes a examiné l'action de l'État. À ce titre, elle a contrôlé le montant de la dépense publique supplémentaire effectivement engagée, qui s'est en fait élevé à 152,5 M€. »

---

20. Ce chiffre inclut l'aide humanitaire pour le séisme et pour la réponse au choléra, ainsi que les engagements de fonds pour la reconstruction promis lors de la conférence de New York et d'autres fonds pour la reconstruction. Il n'inclut pas l'allègement de la dette.
21. UN Office of the Special Envoy for Haiti, « 2010-2012 overall contributions from public sector donors to relief and recovery efforts in Haiti as of March 2012 ».
22. Cour des Comptes, 2013.

Ainsi, en France, le certificateur des comptes étend-il désormais son contrôle aux promesses internationales, ce qui offre une garantie supplémentaire.

À une échelle différente mais comme à d'autres moments de l'histoire d'Haïti tels que la chute de Duvalier en 1986 ou le retour d'exil d'Aristide en 1994, le séisme de 2010 a représenté un formidable espoir, sinon de refondation, du moins de changement. Un ancien directeur de l'AFD à Port-au-Prince (2010-2013), Yves Malpel, en témoigne :

> « Il faut souligner l'enthousiasme et l'espoir qui existaient en 2010 autour de la reconstruction d'Haïti, l'unanimité au niveau international pour saisir l'opportunité de la catastrophe et "reconstruire Haïti en mieux". Il y avait une conscience collective des erreurs commises [...]. Une confiance dans les potentialités du pays aussi. C'était le temps des bonnes résolutions ! »

« Reconstruire en mieux », un refrain inlassable du post-séisme, « déjà utilisé après le tsunami de 2004 dans l'océan Indien, [qui] est devenu la devise généralisée de l'aide onusienne, des États-Unis et d'une partie de l'élite haïtienne pour la transformation de la société haïtienne et de ses institutions étatiques, et ce, dès la conférence sur la reconstruction du 31 mars 2010 à New York »[23]. Le témoignage de Guillaume Josse, chef de projets à la division du développement urbain AFD de 2004 à 2012, est une autre illustration de ces « rêves de refondation » :

> « Après le séisme, j'ai effectué une mission[24] avec Didier Robert et Louis-Jacques Vaillant[25]. À mon retour, j'ai écrit une note qui a atterri

23. J. Wörlein, 2017, p. 263.
24. Cette mission a été un moment fort pour l'AFD, elle était la première aide de l'extérieur et a notamment permis de sauver un certain nombre de documents.
25. Louis-Jacques Vaillant, docteur en économie, a commencé son parcours à

dans les mains d'Hillary Clinton par l'intermédiaire de Bernard Kouchner. J'y écrivais que ce séisme pouvait être une opportunité à plusieurs égards pour : régler la question foncière (purger les litiges fonciers et repartir à zéro en milieu urbain) ; asseoir l'État haïtien dans ses capacités de programmation stratégique (les 4 milliards de dollars promis à l'époque ne représentent que la moitié du budget de la ville de Paris). Les moyens étaient là pour piloter un changement sous une responsabilité partagée entre l'État haïtien et les bailleurs. Mais cela ne s'est pas fait.

Au Liban, l'expérience du CDR (Comité de développement et de reconstruction[26]) a permis au pays de se reconstruire en 5 ans, parce qu'il imposait un corpus de procédures aux bailleurs. L'agence n'était constituée que de Libanais, sauf experts extérieurs en appui léger. Je suggérais la même formule pour Haïti, c'est-à-dire une institution centralisée qui puisse capter les fonds et mettre en place les programmes. Ce type de structures a l'avantage de pouvoir payer le fonctionnement, et bien rémunérer les gens afin qu'ils ne partent pas ailleurs.

Après le séisme on a vu des absurdités, comme l'armée américaine qui a explicitement demandé que l'on déplace Port-au-Prince ! Les Nations unies ont fait un camp à 30 km, un scandale qui a généré la formation de bidonvilles.

2010 était une opportunité historique pour les bailleurs, et surtout pour la société haïtienne. Mais elle n'a pas été saisie, et maintenant nous sommes face à une république des ONG (qui ne paient pas d'impôts et participent très peu au PIB et aux politiques publiques), une république des corrompus (le séisme a généré un flux de fonds supplémentaires et un État encore plus faible, donc des capacités plus fortes à détourner les fonds), une division accrue de la société haïtienne, et une fuite des cerveaux. Telle est la situation sept ans après le séisme,

---

l'international au sein de la Société d'études pour le développement économique et social (SEDES) en tant qu'animateur d'un projet de motorisation paysanne en Côte d'Ivoire ; il rejoint ensuite l'AFD où il exerce diverses fonctions, notamment directeur du département Amérique latine.

26. Créé en 1977.

alors qu'il n'y avait jamais eu autant d'argent, d'attention, et de gens passionnés... »

Ce propos, qui se termine de façon énergique, exprime une impatience qui se retrouve chez de nombreux témoins. En Haïti, les représentants de l'AFD semblent partagés entre une assez grande et rapide compréhension des enjeux, et une capacité contributive limitée. La petite taille du pays fait que, sans nier sa profonde complexité, une vision d'ensemble des dynamiques sociales est relativement accessible. De cette impression de maîtrise peuvent jaillir un certain engagement et une forme d'enchantement, qui se heurtent à l'impuissance et à la frustration. En effet, si les représentants des bailleurs de fonds comme le témoin ci-dessus expriment une indignation face à l'inertie de l'action collective en Haïti, et s'ils désirent incarner, eux, une volonté d'action, ils n'ont pas d'autre accès aux leviers de décision que par la mise en place de quelques financements.

Ce mythe d'un possible « retour à zéro » marqué par une foi dans l'avenir, s'il n'est pas l'apanage d'Haïti, est peut-être plus actif dans ce pays qui cumule les défis... En témoignent les titres de certains ouvrages parus après le séisme : *Haïti, réinventer l'avenir*[27], ou encore *Refonder Haïti*[28].

L'aide internationale post-séisme a fait l'objet de très nombreuses observations, évaluations et analyses. La littérature « grise » a été prolifique sur le sujet. L'inflation des études réalisées sur la gestion du séisme à partir de 2010 révèle une montée des interrogations, de la part des divers organismes internationaux, au sujet de leurs interventions en Haïti.

Il n'a fallu que quelques mois après la catastrophe pour que la critique de la réponse post-séisme fasse consensus, tant

27. D. Rainhorn, 2012.
28. P. Buteau, R. Saint-Eloi et L. Trouillot, 2010.

du côté des Haïtiens que de la communauté internationale. Les débats sur la réception et l'utilisation de l'aide ont été légion. Si de nombreuses actions ont été menées avec succès et une bonne inclusion des Haïtiens, « l'aide internationale [...] a suscité beaucoup de frustrations en Haïti : trop dispersée pour être efficace, trop éloignée des attentes des populations, se heurtant à la complexité du pays et à ses faiblesses institutionnelles »[29].

Parmi les refrains de la critique adressée à l'aide internationale figurent la logique d'empilement des structures de coordination avec des structures préexistantes, et l'exclusion des acteurs haïtiens, dont le CIRH est une illustration éloquente. En décembre 2010 est formulée une accusation publique de la part de hauts fonctionnaires haïtiens de la Commission, suivie d'une lettre ouverte signée par les 12 membres haïtiens de l'organisation, qui déplorent n'y tenir qu'un rôle de figuration.

Le fait que les acteurs gouvernementaux haïtiens ne soient pas informés des actions menées, ainsi que le décalage entre leurs priorités et les secteurs investis par les donateurs sont également invoqués pour illustrer la marginalisation des acteurs publics haïtiens. L'étude du Center for Global Development (CGD) intitulée « Haïti : où est allé tout l'argent ? » cite l'exemple des transports, secteur pour lequel « les promesses dépassaient de 510 pour cent (737 millions de dollars) la demande du gouvernement d'Haïti [...]. À l'opposé, les promesses de dons pour le renforcement des institutions démocratiques ont tourné court – seulement 20 pour cent (31 millions de dollars) de la demande du gouvernement d'Haïti ont été satisfaits par les donateurs »[30]. Cela tient en partie à un effet persistant de la culture ancienne de l'aide

29. AFD, Fondation de France, 2015.
30. V. Ramachandran et J. Walz, 2012.

ÉVALUATIONS DE LA RÉPONSE AU SÉISME

Évaluations de programmes ou projets (8)	Évaluations d'organisations (18)	Évaluations de bailleurs de fonds (8)	Évaluations de secteurs ou systèmes (5)
• American Red Cross • Action contre la Faim (ACF) (3) • British Red Cross • Chaine de Bonheur/Swiss Solidarity • World Vision • Ushahidi	• Action contre la Faim (ACF) • Agenzia Agenzia per la Risposta alle Emergenze (AGIRE) • American Red Cross • British Red Cross • CARE International • CARE International et Save the Children US • Christian Aid • Concern Worldwide • Disasters Emergency Committee (DEC) • La Coalition humanitaire (4 ONG basées au Canada) • Fédération internationale des sociétés de la Croix-Rouge et du Croissant-Rouge (FICR) • BCHA • Oxfam International • Solidaridad Internacional • Tearfund UK et NL • PAM • FNUAP • UNICEF	• Fondation de France • Norad/ministère norvégien des Affaires étrangères • Gouvernement australien • Agence suisse pour le développement (SDC) • DG-ECHO • Ministère fédéral pour la Coopération économique et le Développement, ministère des Affaires étrangères, Allemagne • Ministère néerlandais des Affaires étrangères • DfID Royaume-Uni	• Emergency Nutrition Network (ENN) • Délégation aux Affaires stratégiques, ministère français de la Défense • Comité permanent interorganisations (2) • Tulane University/DRLA et université d'Haïti

Source : « Réponse au tremblement de terre en Haïti. Cartographie et analyse des lacunes et des duplications dans les évaluations », Rapport de K. Haver de Humanitarian Outcomes, Éditions OCDE, février 2011.

liée, qui n'est pourtant plus de mise dans les pays à faible revenu, et qui se traduit par une culture de l'offre plutôt que de la réponse à la demande. En outre, l'aide, y compris dans ses composantes d'urgence, voit s'affirmer dans son voisinage les politiques de « nationalisme économique » et de « diplomatie économique ».

Outre les modes de faire, la critique de l'aide post-séisme cible aussi la réception des montants *de facto*. Plusieurs études d'évaluation post-séisme se recoupent pour conclure à la très faible quantité d'argent allouée *in fine* au gouvernement haïtien. Selon l'étude du CGD, « les agences humanitaires, les ONG, les opérateurs privés et autres fournisseurs de services non étatiques ont reçu 99 pour cent de l'aide humanitaire, alors que moins d'un pour cent est allé au gouvernement d'Haïti ». Les ONG haïtiennes ont été largement écartées des financements internationaux, tandis que les ONG internationales et les opérateurs privés se sont vu accorder des moyens colossaux et sont devenus le canal principal de l'aide internationale.

Des critiques visant l'aide post-séisme découle celle qui épingle la nouvelle « république des ONG »[31], à propos de laquelle un témoin interrogé dans le cadre du livre s'exprime : « l'expression est assez juste : certains plantent leur drapeau dans un quartier, et décrètent que c'est leur territoire d'intervention. Il y a une dimension d'occupation, à chacun son territoire, c'est un peu le *far west* ». De nombreux intellectuels haïtiens ont exprimé leur indignation, au premier chef l'écrivain Lyonel Trouillot, qui considère que « l'action humanitaire porte en elle cette contradiction qu'en déclarant vouloir répondre à des problèmes d'urgence elle justifie en même temps sa propre existence [...] L'humanitaire peut avoir des

31. L'expression est empruntée à E. Mulet, représentant spécial de l'ONU en Haïti (Coulon, 2010, cité par D. Rainhorn, 2012).

partenaires locaux, mais il n'a pas d'égaux. Il pense seul les besoins des autres […] il sait ce qu'il vient faire, ce qu'il faut faire […]. Sur place, il ne discute pas, il recrute»[32].

Le séisme de 2010, outre les critiques portant sur la forme et les modes de faire de l'aide internationale, a intensifié les réflexions au sujet du fondement même de celle-ci et de ses multiples effets pervers. L'un d'entre eux est «l'effet bulle»: l'afflux massif d'argent sur un laps de temps court a laissé la place à une sorte de chute brutale générée par le retrait de ressources étrangères. Les cycles de l'aide à l'œuvre en Haïti depuis plusieurs décennies génèrent à la fois des dépendances et des déceptions.

> «Plusieurs exemples illustrent le caractère parfois néfaste de l'aide internationale. […] Je suis bénévole à la Fondation de France, qui, suite au séisme, a lancé des appels à dons. Elle a récolté 35 millions d'euros, avec lesquels elle a notamment financé un programme de pépinières sur les plateaux du centre d'Haïti, en lien avec le Mouvman Peyizan Papay (MPP – Mouvement paysan papaye) qui consistait à relancer l'agriculture avec des espèces végétales plus performantes. On vendait des plantules à un prix très bas, que les paysans replantaient dans leurs champs. CARE a voulu faire la même chose, mais en donnant des plantules gratuites, ce qui a été néfaste pour les paysans.
>
> Autre exemple, la mise en place après le séisme de centres de santé portés par des acteurs extérieurs comme MSF ou Médecins du Monde (MDM). En Haïti, la santé est délivrée à 80 % par des acteurs privés. Les ONG étrangères qui sont venues avec des soins médicaux gratuits ont ruiné des cliniques haïtiennes[33].»

32. L. Trouillot, 2010.
33. Entretien avec Jean-Bernard Véron à Paris, le 31 mars 2017.

Le remplacement de l'aide au développement par l'humanitaire et la dialectique court terme/long terme

La présence humanitaire en Haïti a pris la forme de deux vagues d'installation : la première en 1998 ; la seconde, nettement plus importante, en 2010. C'est alors un véritable changement d'échelle qui est opéré, avec des ordres de grandeur financiers comparables à ceux des donateurs publics, et un déploiement d'effectifs très supérieur. Certains y voient une forme de concurrence :

> « Les logiques de la gestion d'urgence post-séisme de 2010 déplacent les acteurs de l'aide au développement présents depuis des décennies dans le pays au profit des acteurs humanitaires et imposent des temporalités nouvelles d'appréhension du terrain haïtien [...]. Le monde humanitaire se retrouve dans une aporie : alors que les conditions du départ des humanitaires sont pourtant pensées dès la phase d'intervention d'urgence, ces conditions ne sont finalement jamais réunies et le système humanitaire crée donc en Haïti les conditions de sa perpétuation[34]. »

Si l'urgence est censée céder le pas au développement, cette transition n'advient pas dans la mesure où l'urgence, précisément, se routinise. La préoccupation de l'ambiguïté entre urgence et développement est vive chez les témoins interrogés dans le cadre du livre, comme l'illustrent les propos d'Alix Françoise[35] :

> « Haïti est un cas très intéressant pour interroger l'aide au développement : que fait-on, avec qui, et à quoi cela sert-il ? C'est un pays qui remet en cause bon nombre de certitudes. [...]

34. J. Wörlein, 2017, p. 7.
35. Alix Françoise travaille à l'AFD depuis 2007. Elle a été responsable géographique Haïti de 2010 à 2012. Entretien, le 20 mars 2017 à Paris.

Le paradoxe est le suivant : Haïti est un pays sous perfusion d'aide internationale, dont on voit pourtant que le développement n'est pas effectif. La frontière ténue entre développement et urgence humanitaire pose la question de nos ambitions et de nos moyens, en sachant, d'une part, que l'AFD n'intervient en Haïti qu'en subventions, d'autre part, qu'Haïti ne se situait pas dans la zone prioritaire de l'AFD avant le séisme. »

Elle évoque ici l'une des grandes problématiques de l'aide en Haïti, celle des temporalités. Les témoins se sont dans la majorité montrés préoccupés par la dialectique urgence/développement. En effet, si dans les discours la séparation humanitaire/développement, qui recoupe celle de court terme/long terme, semble claire, elle l'est moins dans la pratique. Tous les acteurs doivent gérer le temps court, étant donné la récurrence des crises de toutes sortes en Haïti. Par ailleurs, la question de la temporalité de l'aide ne se réduit pas à cette opposition (à certains égards artificielle) qui en éclipse les différentes nuances. D'autre part, les temporalités de l'aide sont bien souvent exogènes à Haïti (cycle du projet préétabli, etc.).

Au quotidien, une grande partie des Haïtiens semble percevoir l'aide internationale comme un bloc homogène et indifférencié, souvent subsumé sous le terme « humanitaire » depuis 2010, qui repose sur l'idée selon laquelle « il existe un ensemble d'institutions distinctes mais interconnectées qui produisent des normes qui guident l'action humanitaire sur le terrain et permettent de lui donner une cohérence »[36].

Ce glissement serait lié « à la fois à la réforme de l'humanitaire, menée en 2005 par l'ONU, mais également aux conditions imposées (libéralisation de l'État et des marchés) par plusieurs gouvernements (avant tout le gouvernement

36. J. Wörlein, 2017, p. 102.

américain) et institutions internationales pour fournir de l'aide publique à l'État haïtien»[37]. Le mot «humanitaire» a pris un pouvoir englobant croissant, finissant par désigner un «champ professionnel relativement unifié»[38] auparavant fragmenté, et assorti de connotations parfois négatives liées à une certaine hégémonie.

Si les images des deux familles d'intervenants se chevauchent, la logique de distinction se réaffirme toutefois suite aux différentes polémiques autour de l'aide post-séisme. Une ligne de fracture se révèle petit à petit entre OSC et humanitaires de diverse nature, d'une part, et la communauté des bailleurs de fonds, d'autre part. Même si l'intervention des unes et des autres repose en grande partie sur des Haïtiens, la connaissance du pays ne peut pas s'improviser, et elle n'est jamais assez poussée, particulièrement dans une situation de traumatisme collectif. La forme de présence est différente: nombreuse et visible sur le terrain pour les premières, plus diffuse et visible dans les états-majors pour les dernières. Si le nombre de travailleurs humanitaires a été très élevé, résultat d'une mobilisation impressionnante, le revers de la médaille est que cela a pu être vécu comme du «tourisme humanitaire» du fait des rotations à un rythme parfois élevé. Les agents de l'aide ne sont pas exempts de cette interprétation et peuvent souffrir de son effet.

Le «Rapport sur l'engagement international dans les États fragiles: République d'Haïti», publié par l'OCDE en 2011, observe:

> «L'arrivée massive d'acteurs non étatiques et de nouveaux experts a eu pour effet immédiat un balayage de la dynamique qui avait été créée entre la communauté internationale et l'État avant le séisme. Cette dynamique, bien qu'imparfaite, en particulier à cause du manque

37. *Ibid.*, p. 111.
38. *Ibid.*

d'alignement avec le DSNCRP, allait dans le sens d'une responsabilisation de l'État et surtout d'un dialogue plus cohérent entre les partenaires au développement ainsi qu'avec le gouvernement. Le raz-de-marée humanitaire, bien que nécessaire en partie au moins, a rendu extrêmement difficile tout effort de reconstruction prenant le contexte et son analyse comme points de départ. »

L'AFD dans le post-séisme

Face à une crise, l'AFD a une vocation que l'on pourrait qualifier d'« universelle », c'est-à-dire qu'elle doit pouvoir accompagner les diverses phases avec une vision transversale qui la distingue de celles des OSC qui ont un champ opératoire délimité, en général parce que leurs ressources humaines et financières sont spécialisées ou plus contraintes.

Certes, en contrepartie, l'AFD, avec ses procédures, peine à intervenir en urgence immédiate. Toutefois, l'établissement a immédiatement contribué au dispositif post-séisme, sous la forme d'une mise à disposition d'un cadre très confirmé, Alain Riès. Sa mobilisation s'est faite sur une simple lettre, sur la base de laquelle il est parti pour Haïti se mettre pendant deux mois à la disposition de Jean-Max Bellerive. Sa contribution a consisté à appuyer l'élaboration du plan de redressement d'Haïti dont était chargée une équipe autour du Premier ministre.

Un témoin insiste sur le rôle de l'ambassadeur de France, Didier Le Bret, dans la gestion de l'après-séisme. Son implication sur de nombreux fronts et la couverture médiatique qu'il a attirée, pour montrer que la France était présente, l'ont plutôt incité à déployer des actions concrètes immédiates, et il s'irritait de la façon de faire et des procédures de l'AFD. Avant le séisme, l'activité de l'AFD en Haïti prenait la forme d'une décision de financement d'un projet par an, à hauteur, en moyenne, de 6 millions d'euros de subventions.

Dans l'élan de solidarité internationale qui a suivi le séisme, la France a joué un rôle important dans la mobilisation et son aide à la reconstruction a changé l'échelle des engagements, tout en faisant de l'AFD le principal opérateur pour gérer cette aide. Les crédits supplémentaires apportés (101 M€ pour 2010 et 2011) ont généré un afflux financier très important. L'impatience de l'ambassadeur, absorbé à parer au plus pressé, lui donnait le sentiment, selon les témoins, que l'AFD se soustrayait à l'obligation de répondre à ses demandes.

Ainsi, alors que l'AFD défendait, conformément à ses procédures, pour l'aide budgétaire, le principe d'une affectation en faveur de dépenses déjà inscrites au budget de l'État, l'ambassadeur a décidé d'y imputer plutôt le don non budgété d'un stock de camions Renault, exposant l'AFD à des rappels à l'ordre du ministère français de l'Économie. Ces tensions internes renvoyaient à des mailles d'action et des niveaux d'exposition par construction très différents. L'essentiel est que malgré la diversité des modes opératoires, le dispositif français ait pu être efficace.

Du côté de l'agence, le directeur a dû partir, mais la continuité a ensuite été assurée, et l'AFD s'est distinguée notamment par son rôle d'animation des bailleurs de fonds auprès du directeur de l'époque :

> « Nous nous sommes beaucoup fait remarquer à cette période en vertu du rôle d'animation des bailleurs joué par l'AFD : beaucoup ont pensé que l'on avait un cran d'avance et que l'on allait faire plein de choses. Certains ont eu le réflexe de venir vers nous parce qu'on semblait être en première ligne. Mais nos moyens n'ont pas suivi ce leadership et après cette petite fenêtre d'ouverture, les autres bailleurs ont petit à petit repris leur place.
>
> Les projets en cours étaient en quelque sorte remis en question après le séisme. Ce n'était ni clair ni officiel, mais tout le monde avait

l'impression que c'était comme si tout ce que nous faisions avant perdait brusquement de son sens. Il y avait une totale remise en question, nous avions le sentiment que l'on allait repartir à zéro. Dans cette ambiance où il était difficile de se concentrer, tout partait dans tous les sens, surtout avec des personnes hyperactives comme Didier Le Bret. Ce n'est que graduellement que l'on est revenu au contexte de ce que l'on faisait.

On a perdu beaucoup de choses, moi ma maison s'est totalement effondrée, ma voiture est devenue ma maison ambulante. On a aussi perdu des amis, des collègues, des connaissances. Le Quartier général des NU s'est effondré en pleine réunion, le représentant des NU a péri avec tout le QG. Ce sont des gens que je croisais régulièrement. Il y avait une espèce d'euphorie, d'adrénaline, suivie d'une prise de conscience[39]. Grâce à un contact de l'ambassade de la République dominicaine, nous avons pu trouver des appartements à louer, pour le bureau et pour nous. Après la période de crise, nous avons logé dans la résidence de direction. À cette période, tout le staff a été accueilli par Saint-Domingue, j'étais le seul à rester. J'ai logé chez des amis temporairement dans un premier temps, mais après j'ai dû retourner à Port-au-Prince pour accueillir les premières missions. Je me suis beaucoup investi dans le travail, ce qui m'a aidé à surmonter cette période difficile[40]. »

Dans un tel contexte, la question de prioriser se pose de façon très aiguë. L'exposition médiatique, la mise en tension très forte à tous les niveaux (ministères, collectivités locales, ONG, etc.), les sollicitations nombreuses sont autant de paramètres qui imposent de hiérarchiser et de choisir.

L'AFD, pourvue par ses procédures d'une certaine marge de manœuvre, devait agir au mieux, alors que l'agence était

39. L'emploi de ces termes qui peuvent paraître surprenants n'est pas un lapsus ; ils illustrent un état d'esprit de déconnexion où une grande énergie est déployée pour pouvoir faire face au choc.
40. Ernest Barbot, entretien du 11 mai 2017.

durement touchée, les locaux étant détruits, et les dossiers ainsi que l'équipement bureautique devant être reconstitués. La reprise d'activités a paru très lente dans ces conditions. Entre janvier et mars, aucun versement n'a été effectué sur les projets car les conditions matérielles ne le permettaient pas. Il y avait un décalage entre le rythme soutenu imposé par la mobilisation internationale, et le temps local, lent et difficile, grevé par le pesant état des lieux d'une situation dont il fallait prendre la mesure.

Est-ce une manifestation de l'attachement revendiqué pour Haïti, ou bien par fidélité à la culture de mission de l'établissement, des «anciens» se sont mobilisés : Geneviève Javaloyes, qui venait de prendre sa retraite, a rejoint l'équipe de l'ambassadeur Duquesne. Ludovic Cocogne rappelle que «Didier Robert, l'un des grands connaisseurs d'Haïti à l'AFD, était dans la première mission de prospection post-séisme. Il a dit qu'il ne serait sorti de sa retraite pour nul autre pays qu'Haïti».

> «La pression médiatique et politique était très forte : objectifs d'engagements et surtout de décaissements et de visibilité, bien peu compatibles avec la complexité de la situation sur place et les projets retenus pour l'AFD. Dans de telles circonstances, la seule manière de fonctionner efficacement aurait été d'alléger les procédures et de déléguer encore plus pendant la période de crise.
>
> Nous étions guidés, pour la reconstruction, par deux principes sur lesquels nous n'avons rien lâché. D'abord, le fait de travailler en coordination avec les autres bailleurs et partenaires. Pour la petite histoire : dans cette ambiance de guerre, la communauté internationale était animée d'une paranoïa généralisée (enlèvements, réplique de séisme, etc.). L'AFD était pratiquement la seule agence de développement à avoir un représentant installé sur place, dans une maison facile d'accès, où se réunissaient chaque semaine autour de dîners les représentants de la BID, de l'UE, de la Banque mondiale, des coopérations canadienne, espagnole, brésilienne, etc. Si les bailleurs de fonds

se concertaient, les responsables haïtiens gardaient le leadership et nombre d'entre eux participaient à nos réunions amicales, notamment le ministre des Finances.

Nous sommes ainsi devenus très amis entre "bailleurs de fonds", et ces relations nous aidaient énormément dans le travail. Je peux témoigner, contrairement aux idées reçues, que la coordination de bailleurs a été exceptionnelle à Port-au-Prince. L'atmosphère était celle de l'entraide et de la solidarité ; nous cherchions tous à être cohérents dans nos actions et le plus complémentaires possible.

Le deuxième fil rouge était de remettre les pouvoirs publics haïtiens au cœur des projets. Avant le séisme, tout le monde avait baissé les bras face à la corruption et aux problèmes interminables. Au moment de la reconstruction prévalait l'idée d'arrêter de traiter exclusivement en direct avec les ONG, et de remettre les maîtrises d'ouvrages publiques haïtiennes à la tête des projets.

En Haïti la pente est raide, le vent est fort, la chaleur frappe, les cyclones aussi, mais il faut être patient, malgré les difficultés. On ne peut pas toujours se vanter d'avoir financé des projets spectaculaires ou des innovations mirobolantes, mais ce dont il faut être fier c'est de ne pas avoir abandonné les agriculteurs de l'Arcahaie et du Plateau Central ou les services de santé de l'intérieur du pays[41]. »

Ce témoignage se différencie du discours dominant consistant à fustiger la marginalisation des acteurs publics haïtiens dans le post-séisme. Cette dissonance peut s'expliquer par un paradoxe micro/macro. Dans de telles situations, l'information peine à circuler, et le champ dans lequel interviennent les individus est plus restreint que d'habitude. Si le témoin a le sentiment que les acteurs publics haïtiens « gardent le leadership » et prennent toute leur part dans le post-séisme, notamment en participant aux « réunions amicales » informelles entre bailleurs de fonds, cela ne se reflète pas à l'échelle

41. Yves Malpel, directeur de l'agence de Port-au-Prince de 2010 à 2013.

macro de l'aide post-séisme en général. Par ailleurs, contrairement à une majorité d'humanitaires qui ne connaissent pas le pays, les bailleurs de fonds sont plus ancrés dans un réseau de relations interpersonnelles tissées avec les acteurs publics haïtiens au fil de leur présence, ce qui a facilité le dialogue et la concertation après le séisme.

Selon Alix Françoise, la responsable géographique Haïti au moment du séisme, « un fort élan soufflait à ce moment-là, une sorte d'euphorie utopique... Un foisonnement d'idées assez stupéfiant. Tout était détruit, c'était donc le moment de repartir à zéro sur de bonnes bases. Que faire, et surtout, comment essayer de faire mieux ? Au-delà des annonces politiques, ces questions nous agitaient à l'AFD. Le temps de la réflexion longue n'est toutefois venu que quelques mois plus tard, puisqu'au départ c'est la réponse immédiate qui prédominait ».

Le choix des projets post-séisme de l'AFD (cf. annexe 7) a été imprégné d'une forte coloration politique. Ainsi, la reconstruction de l'hôpital de Port-au-Prince est loin de faire l'unanimité parmi les témoins interrogés. Au rang des raisons invoquées figurent notamment l'insuffisance des financements au départ[42] (complétés par des financements ultérieurs de l'USAID « grâce aux relations de M. Duquesne avec le département d'État américain », selon le directeur de l'époque) et l'inefficacité des partenaires publics haïtiens dans le secteur de la santé. D. De Longevialle puis E. Barbot évoquent les difficultés qui entourent ce projet :

> « La lenteur de la reconstruction de l'hôpital fait l'objet de critiques, mais en France la construction d'un hôpital met 10 ans. Il y a eu peu de temps perdu, les murs s'érigent, en revanche les avancées en

42. L'AFD avait prévu 30 millions d'euros au départ, puis elle a donné 25 millions, pour un projet de 50 millions en tout.

termes de gouvernance sont faibles à ce jour. Cette question est très problématique et sensible. Le risque est de livrer un hôpital flambant neuf, mais sans personne pour le faire tourner. [...] En Haïti comme ailleurs, la question de la visibilité de l'action est cruciale. Le fait de vouloir à tout prix afficher rapidement des résultats concrets est parfois contre-productif.»

«C'est un projet très compliqué, dont la réussite ou l'échec sera imputable au fonctionnement de l'hôpital. Or nous n'avons pas de prise sur celui-ci... Le fonctionnement de la nouvelle structure reste un défi de taille. [...] Lorsqu'on a découvert que les Américains avaient l'intention de construire un nouvel hôpital pour remplacer l'ancien, une coordination s'est imposée. Le gouvernement haïtien a insisté pour garder le site actuel, une erreur puisqu'il a fallu démolir, réhabiliter provisoirement, redémolir et reconstruire.»

Le témoignage d'Ernest Barbot soulève un débat important de l'aide. Dans une situation de stress majeur comme le fut le séisme, peut-on prendre des décisions sans les diligences appropriées ? Jusqu'où peut-on aller dans une telle situation d'urgence ? Ces enjeux de définition des frontières sont loin d'être anecdotiques.

Le deuxième projet phare de l'AFD a consisté à mettre en œuvre un programme dans deux quartiers précaires de Port-au-Prince, Martissant et Baillergeau. Le projet AIQIP (Aménagement intégré des quartiers informels de Port-au-Prince), pour lequel 30 millions d'euros ont été investis (10 millions de l'AFD et 20 millions de l'UE), vise à répondre aux besoins d'accès aux services essentiels et de logements dans ces deux quartiers, à travers une approche d'aménagement urbain intégré (reconstruction assistée).

Ce projet a été également au cœur de vifs débats ; comme celui de l'hôpital, il a mis l'AFD face à ses propres questionnements. D'importantes divergences ont eu lieu en interne (comment et avec quelles institutions travailler, entre autres).

« C'était au départ un excellent concept de reconstruire à l'intérieur des quartiers, alors que les autres bailleurs voulaient construire des villes nouvelles. Mais un défaut majeur du projet était l'absence de financements pour les logements eux-mêmes, or c'est ce que tout le monde attendait. C'était très compliqué, surtout dans un pays où le cadastre et le droit n'existent pas. Un autre défaut était le paramètre "temps" : les aménagements de quartiers se préparent et s'exécutent sur des années, et ici on voulait des résultats immédiats. L'AFD se retrouvait ainsi prise à son propre piège : des études d'aménagement de quartiers, des cartes, des plans, des concertations, mais pas de concret. Ce n'est absolument pas le genre de projets qu'il fallait faire. J'étais harcelé tous les matins : Que décaisse-t-on ? Que peut-on voir[43] ? »

Deux regards complètent ce témoignage. Le premier est celui d'un agent de l'AFD chargé de suivre les projets de développement urbain, Sylvain Joachim[44] :

« En août 2010, je suis parti travailler pour la FAU (Fondation Architectes de l'Urgence) en Haïti. On avait identifié des leaders communautaires, avec lesquels on collaborait pour faire de l'urbanisme participatif. Il y avait cette demande très particulière du quartier de Bristout, dans un contexte post-séisme, qui souhaitait la mise en place d'un adressage (noms de rues sur les maisons), un moyen de donner une existence au quartier. On a fait cet exercice avec les populations. Comme il n'y avait aucune donnée cartographique il fallait tout créer, on déambulait avec des photos aériennes imprimées, zoomées au maximum, et on identifiait les maisons, on rencontrait les gens.

J'ai commencé à travailler comme consultant pour ONU-Habitat entre novembre 2011 et l'été 2013. Il s'agissait de coordonner des ONG

43. Yves Malpel, entretien du 26 avril 2017.
44. Sylvain Joachim travaille à l'AFD depuis trois ans au sein de la division urbaine. Entretien réalisé à Paris le 21 mars 2017.

qui faisaient de la planification urbaine communautaire, de co-animer des ateliers de formations au ministère des Travaux publics, des appuis aux mairies/au ministère des Travaux publics.

Avec le projet AIQIP, on ne reconstruit pas *pour* les Haïtiens mais *avec* les Haïtiens. Ce ne sont pas de simples bénéficiaires des projets, mais des co-acteurs. Il s'agissait dès le départ de reconstruction assistée. Ce principe avait déjà été employé par des ONG comme le GRET et d'autres auparavant. Au-delà des infrastructures, c'est dans la renaissance du dialogue entre les institutions et les populations que réside l'une des réussites du projet.

Quand j'étais à la FAU, on avait fait une visite dans le quartier de Bristout-Bobin avec la mairie de Pétion-Ville. En 60 ans d'existence, c'était la première fois que les autorités locales rentraient dans ce quartier ! Le séisme a été un moyen positif de mettre ces populations sur le devant de la scène. Avec les dégâts, les populations déplacées et la pression internationale, le gouvernement ne pouvait pas fermer les yeux. L'émulation post-séisme a poussé le gouvernement haïtien à intervenir dans les quartiers. La création de passerelles entre les mairies, les ministères, les habitants des quartiers, est une conséquence positive du séisme s'il en est. »

Vincent Grammont décrit l'arrivée des acteurs internationaux dans les quartiers :

« Les quartiers précaires ont été majoritairement touchés par le séisme. Les besoins étaient énormes, or très peu d'acteurs savaient travailler dans ces zones. Il y avait le GRET essentiellement, et aussi la Banque mondiale, qui finançait un projet communautaire d'envergure (PRODEPUR[45]) avant le séisme.

Après le séisme, tout le monde s'est précipité dans le désordre, sans coordination. Je me rappelle l'intervention d'un représentant de

45. Projet national de développement communautaire participatif en milieu urbain.

la Banque mondiale dans les réunions qui disait "je vous en supplie, n'intervenez pas n'importe comment dans les quartiers !" et proposait de passer par les interlocuteurs formés dans le cadre du PRODEPUR. C'était un projet qui démarrait mais ils avaient repéré des "cibles" dans des quartiers difficiles, des individus honnêtes, des vrais représentants.

J'avais appuyé la demande de la Banque mondiale en proposant également d'utiliser les contacts communautaires du GRET, qui avait beaucoup de recul avec les "komité dlo" depuis 1994 dans une trentaine de quartiers. Mais beaucoup d'acteurs internationaux ne se sont pas appuyés sur les bonnes personnes, et se sont retrouvés parfois avec des chefs de gang comme interlocuteurs... Les vrais leaders communautaires les regardaient alors en rigolant, parce qu'ils s'étaient fait avoir. C'est difficile par la suite de renverser une telle situation. Les vrais leaders se mettent en retrait, ils ne veulent pas d'histoire. Il y a une manière fine d'intervenir dans les quartiers, avec une phase d'observation au préalable. [...]

Après le séisme, quand l'AFD et la FOKAL ont commencé le projet Martissant, nous (ONU-Habitat) avons alerté l'AFD sur les limites du projet. En effet, à côté du quartier où elles intervenaient se trouvait une zone de non-droit où aucune organisation internationale ne voulait intervenir en raison de la présence de gangs armés. Mes facilitateurs m'avaient dit que les habitants de cette zone râlaient. J'avais écrit au directeur de l'AFD pour l'avertir que le projet Martissant pouvait ainsi être perturbé en termes de sécurité si le projet ne prenait pas un peu en compte la zone en question. Lorsque l'on fait un projet dans un quartier précaire, on ne peut pas ignorer ce qu'il se passe autour, sous peine d'être confronté à la jalousie qui peut aller jusqu'à certaines formes de violence.

Au moment où le choléra s'est répandu en octobre 2010, les acteurs de la santé n'étaient pas habitués à intervenir dans les quartiers précaires. Avec l'équipe de facilitateurs communautaires d'ONU-Habitat, nous avons mis en place des processus communautaires en amont pour leur ouvrir le quartier, ce qui passait parfois par des négociations avec les gangs, et de la pédagogie auprès des populations (symptômes du choléra, etc.). Au début, le personnel médical haïtien refusait d'entrer dans certains quartiers par peur, à la fin ils confiaient que c'était une expérience humaine extraordinaire. Les "mauvais garçons" ont pu trouver des jobs dans ce cadre en devenant facilitateurs du projet d'urgence, tout le monde était impressionné que l'on ait mis de tels réseaux en place dans un quartier réputé dangereux[46]. »

Outre les deux projets phares de l'AFD après le séisme, la question était de savoir si l'AFD devait poursuivre les plus petits projets qui étaient déjà en cours. Le directeur de l'époque s'est opposé à l'annulation d'un projet de soutien aux services de santé maternelle et infantile dans l'intérieur du pays, qui disposait déjà de peu de moyens, et qui a pu amorcer une nouvelle phase après le séisme avec une ONG française. Il plaidait en revanche pour l'annulation des projets d'appui à des mairies, qui lui semblaient représenter une grande consommation d'énergie pour des résultats inexistants. L'agence s'est battue pour maintenir les projets agricoles, secteur historique de l'AFD en Haïti.

« Toute la vie économique et sociale dépend de l'agriculture, qu'il est impératif de maintenir en vie, ne serait-ce aussi que pour faire contrepoids à Port-au-Prince qui était devenue un énorme cancer. C'était la position ferme de la ministre des Finances. Nous avons dû beaucoup nous battre pour maintenir l'agriculture dans notre portefeuille et avons finalement obtenu l'accord du siège et de P. Duquesne sur un projet exemplaire de soutien à l'agriculture dans le sud d'Haïti pour lequel l'UE a aussi délégué des fonds[47]. »

46. Entretien du 17 mars 2017.
47. Entretien avec Yves Malpel le 26 avril 2017.

Cette question de la durabilité des interventions et du rôle de l'AFD dans le temps long est évoquée par Olga Koukoui[48] :

« Port-au-Prince est une ville très impressionnante, c'est un dédale, un labyrinthe de béton et de personnes, qui au départ paraît complètement chaotique. J'ai mis deux ans à déchiffrer ce chaos et me rendre compte qu'il est parfaitement logique. Haïti est un système extrêmement compliqué régi par des règles explicites et implicites. Elles nous sont complètement hermétiques au départ, c'est par l'expérience, en s'y confrontant, que l'on commence à les déchiffrer. Haïti est un exercice intellectuel.

Même si dans le discours et dans la présence nous nous inscrivons dans la durée, cela ne se traduit pas dans nos interventions... Nous l'avons peut-être, en Haïti, sur la santé et l'agriculture. C'est un je t'aime moi non plus : soit c'est nous qui ne sommes pas là dans la constance et la loyauté sur un secteur, soit c'est Haïti qui connaît ses soubresauts physiques, sociaux ou autres, ce qui rend la coopération inconstante, et très compliquée dans la cohérence.

Quel est notre rôle ? On est à la fois dans des logiques complexes de délégation de la responsabilité de l'État aux agents extérieurs, et, par facilité, dans une relation d'accusation mutuelle permanente. Y a-t-il quand même quelque chose de constructif dans cette relation ? À mon sens, oui. Il y a eu par exemple une prise de conscience, certes partielle, de l'existence et de l'importance des quartiers informels en tant qu'objet de politiques publiques, de populations présentes et en demande d'intervention d'État. Il y a eu, bon gré mal gré, une implication de l'État dans les bidonvilles grâce à des projets portés notamment par l'AFD et l'UE, alors que le pays est profondément

48. Olga Koukoui était chargée de projet développement urbain à l'agence de Port-au-Prince de 2013 à 2016. Auparavant elle est intervenue pour l'AFD d'abord en Turquie, puis en tant que chef de projet en Afrique de l'Est et Centrale sur des projets d'appui au secteur privé et financier. Elle est depuis mi-2017 chargée de mission territoriale à l'ANRU. Entretien réalisé à Paris le 3 avril 2017.

divisé. Au moment où Gérard Barthélémy écrit "Un pays en dehors"[49], il parle du clivage urbain-rural, mais cette frontière s'est aussi déplacée à l'intérieur des villes, entre ville formelle et informelle. Tout le monde a beau voir la ville informelle, elle n'apparaît pas sur les cartes, et constitue un hors-zone pour certaines politiques sectorielles.

La coopération internationale n'apprend pas de ce qu'elle fait. Elle n'a pas de mémoire. L'USAID fait régulièrement des études sur le secteur urbain, comme si on le découvrait. Ils refont un projet qui a les mêmes problèmes qu'il y a cinq ans. Il y a une lassitude certaine, de part et d'autre. On parle de résistance des uns, de perfidie des autres, mais ce sont des grands mots qui cachent une incapacité partagée à bâtir quelque chose dans la cohérence.

On a besoin de mettre des mots sur des expériences parfois difficiles. On a du mal à comprendre, alors on forge des mythes qui permettent d'appréhender la réalité. On projette énormément de choses sur Haïti en tant qu'étrangers : c'est un processus inévitable, mais il faut s'en méfier. Moi-même je suis passée par beaucoup de phases, rejet complet, incompréhension, frustration… J'ai eu deux expériences d'expatriation, et je n'ai pas du tout eu ce rapport à la Turquie. La Turquie ne m'a rien renvoyé sur moi-même, alors que l'on rentre dans un rapport beaucoup plus intime avec Haïti, où l'on projette propres difficultés, objectifs… Peut-être parce qu'en Haïti il y a moins de stratégies qui marchent, on s'investit beaucoup plus sans forcément de résultats, ce qui débouche sur des remises en question, des rejets, des tentations de forger des mythes qui finalement en disent plus long sur nous-mêmes que sur Haïti. »

Ce témoignage met en lumière le poids des mythes qui sont projetés sur Haïti, fruits de la tentation d'expliquer les nombreuses difficultés. Il est commun d'entendre parler d'« énigme du développement », comme le formulait Yves Chemla à

49. G. Barthélémy, 1991.

l'Institut français d'Haïti en juin 2011, dans son discours « Écrire Haïti : un défi à la raison ? » :

> « L'élan de solidarité, la prolifération de l'aide internationale semblent à bien des égards susciter un questionnement qui pose Haïti comme une demeure dans l'énigme. Ce qui se remet en scène, alors, est bien l'image du chaos dans lequel se maintiendrait, envers et contre toute méthode et rationalisation, une haïtianité peu identifiable, mais réputée sans relâche incontrôlable et qui est de plus en plus considérée comme ne pouvant correspondre aux règles élémentaires de cette opérationnalité en marche. Haïti serait alors en soi un défi à la raison, une sorte d'hapax du développement, la preuve même que toute perspective de sortie du désastre y serait contrainte. »

Cette « énigme » est imputée à une « résistance des Haïtiens » comme le dit Olga Koukoui dans son témoignage, ou, au rang des explications les plus irrationnelles, au « mauvais œil du vaudou » ou autres interprétations culturalistes. Quoi qu'il en soit, il semble que ces interprétations qui tendent à essentialiser le pays font écran à sa compréhension. Comme le suggère Olga Koukoui, la question de la dialectique entre le passionnel et le respect scrupuleux des normes professionnelles paraît se poser de façon pertinente en Haïti. Si chacun habite sa ville ou son terroir comme des extensions de sa maison, elle-même sorte d'extension de son corps et de son identité, alors pourquoi pas les pays où l'on réside ? Mais alors, pourquoi aimerait-on certains davantage que d'autres et, d'ailleurs, pour-quoi s'autorise-t-on à penser de façon discriminatoire ? Sans verser dans un psychologisme excessif, l'« effet miroir » (le fait qu'Haïti renvoie à des choses intimes) peut être analysé, entre autres, comme une tendance à compenser les difficultés éprouvées sur le terrain par un surcroît d'énergie et d'investissement personnels.

Le séisme a déclenché un changement d'échelle pour l'aide française et plus particulièrement l'AFD. Le séisme a eu un effet radical sur la relation de l'AFD avec Haïti : il la consacre et la pérennise. Jusque-là, la relation avait été marquée par deux départs, les deux s'inscrivant dans une logique de sanctions de la collectivité internationale. La décision est prise désormais : l'AFD va rester en Haïti, avec la même intensité que dans un de ses grands pays historiques d'intervention. Si, à l'occasion du séisme, le directeur a dû être évacué, c'est pour des raisons très conjoncturelles, et le retour a été très rapide, avec un successeur qui a pris une place importante dans la communauté des bailleurs.

Certes, la toile de fond est à l'établissement d'un engagement diplomatique fort, affiché dès la visite du président Sarkozy, puis solennisé par la visite d'État de M. Hollande en mai 2015, qui engendre deux inflexions : le Plan Éducation et le projet de reforestation « Haïti prend Racine ».

L'enracinement en Haïti imprime sa marque sur la culture de l'AFD : le pays devient un terrain qui s'inscrit dans des parcours, dans la circulation d'expériences : ainsi, Pascal Brouillet s'y réfère lorsqu'il devient directeur de l'agence de Bangui, avec une certaine fécondité :

> « Je garde une attention particulière sur l'exemple que représente Haïti en matière de traitement des enjeux du développement. À mon arrivée à l'agence AFD en République centrafricaine en 2016, nous avons monté une mission d'échange d'agents de divers administrations et quartiers de Bangui qui sont partis à Port-au-Prince pour comprendre comment les Haïtiens avaient reconstruit leur ville par l'innovation à travers l'appui de l'État aux initiatives citoyennes. Plus largement, les liens personnels que je garde, notamment dans la communauté culturelle, m'ont conduit à appuyer des échanges entre l'Europe et Port-au-Prince. »

Ce témoignage met l'accent sur le fait que les fonctions ultérieures exercées par l'intéressé ont permis de mettre en pratique nombre d'enseignements tirés de son passage en Haïti.

Le changement de statut d'Haïti s'exprime au-delà le post-séisme : 2014 et 2015 voient le financement de nouveaux projets de développement à long terme, la logique de reconstruction passe désormais au second plan. Le changement d'échelle s'inscrit désormais dans la durée. Les marques de l'attachement organique de l'AFD à Haïti passent aussi par son traitement administratif : si au début le pays était géré au sein d'un ensemble hétérogène sans grande cohérence, il est intégré en 2009 dans le Département Amérique latine et Caraïbes, qui venait d'être créé. Si toutefois il a pu y paraître d'abord marginal, du fait de caractéristiques originales au sein de cet ensemble, les montants financiers dont il est l'objet le placent dans les pays importants pour cette équipe. Enfin, signe supplémentaire de recherche de cohérence, Haïti devrait être replacé dans son environnement caribéen, à la faveur d'une réorganisation. Le pays s'impose désormais comme incontournable dans l'analyse et la pratique. Ceci ne réduit pas la prégnance de la relation affective particulière.

Dans cette période de consolidation de ce nouveau statut se révèle une des différences entre l'AFD et les organisations humanitaires : la vocation de l'AFD est universelle et demeure. Par-delà les possibles fluctuations qui relèveraient désormais de l'organisation de son réseau, l'AFD voit cet engagement consacré par le CICID[50].

50. Cf. https://www.tresor.economie.gouv.fr/Ressources/15132_comite-interministeriel-cooperation-internationale-developpement-cicid

L'agence de Port-au-Prince fête les 40 ans de présence de l'AFD en Haïti.

QUATRE POLITIQUES – QUATRE LOGIQUES FINANCIÈRES (DESSIN DE F. PACQUEMENT)

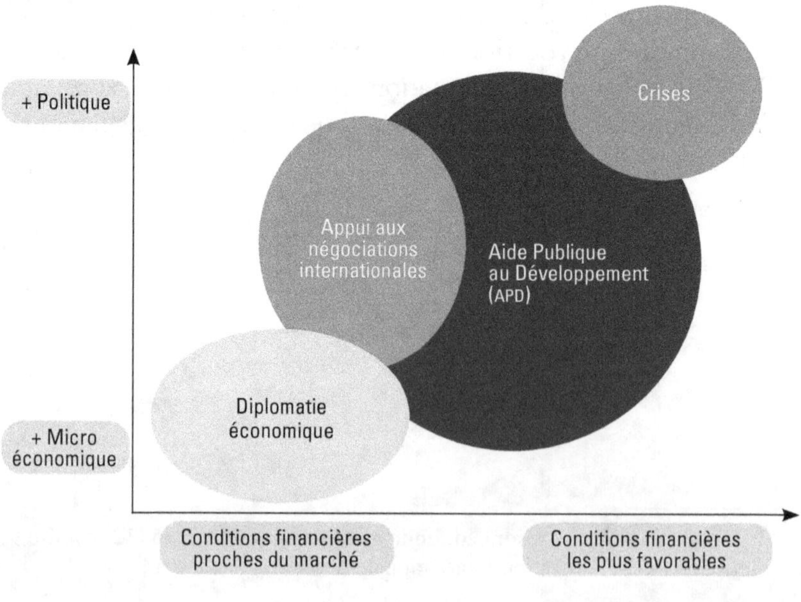

Haïti n'échappe pas aux évolutions générales de l'aide

L'APD recouvre désormais des logiques qui se différencient. Aux côtés de l'aide aux pays les plus pauvres, qui suit la culture et les traditions de l'APD, trois autres types d'action s'affirment et se différencient : la réponse aux crises et le post-conflit, l'appui aux négociations multilatérales (financement d'aide et d'expertise pour participer aux négociations et appliquer les divers accords de la communauté internationale) et la diplomatie économique (opérations représentant un enjeu pour les intérêts du pays bailleur de fonds, financement bilatéral aux conditions du marché).

Le graphique ci-contre tente de représenter schématiquement ces quatre politiques : selon les termes financiers, des plus favorables (en partant de la droite) aux moins avantageux (à gauche), du plus politique (en haut) au plus micro-économique (en bas), tout en ménageant des chevauchements là où les politiques se recoupent.

Les financements de l'AFD en Haïti sont une illustration de cette segmentation de la politique d'aide : la diplomatie économique, à la hauteur de la taille du marché, s'y déploie sous la forme d'une tendance à gérer l'aide par l'offre plutôt que par la demande, et les trois autres composantes s'affirment progressivement dans les financements depuis 2004.

Ainsi, le post-crise, naturellement, est fortement représenté du fait du tremblement de terre. La réponse aux crises et le post-conflit (mesuré comme l'aide aux États fragiles) ont représenté l'essentiel de l'accroissement de l'aide depuis le début du siècle. Même si un essoufflement est observable, il est classique qu'en cas de baisse de l'aide, celle-ci soit d'abord observée sur les terrains les plus difficiles (pays les moins avancés, Afrique). C'est également une composante en Haïti, classé dans la catégorie des États fragiles.

L'appui aux négociations multilatérales est plus difficile à mesurer. C'est d'abord une part importante de l'aide distribuée par le système des Nations unies, dont c'est la principale raison d'être. Mais cette préoccupation est aussi à l'origine d'une part croissante des aides bilatérales. L'appui aux négociations internationales se fait tant par des opérations spécifiques de coopération technique que par une préférence de plus en plus affichée en faveur de projets respectant scrupuleusement de nombreuses diligences environnementales et sociales (le genre en particulier), qui sont de nature à améliorer la performance globale de l'aide et à sensibiliser les pays parties aux négociations à tous les niveaux.

Par ailleurs, mettre l'accent sur la dimension publique de l'aide sous-estime la réalité de financements à destination des pays en développement qui désormais sont très divers. L'APD a réussi à catalyser des financements de diverse nature et de diverses origines ; l'enjeu est désormais leur orchestration.

C'est délicat, les sources sont difficilement comparables ; sur le site de l'OCDE[51] les sources de crédits à l'exportation font apparaître plusieurs années lacunaires.

En outre, Haïti s'impose comme un pays important de destination pour les transferts des travailleurs migrants. Ces transferts sont certes de mieux en mieux mesurés, mais ils sont très dispersés. « Travailleurs migrants et transferts d'argent : vers la réalisation des Objectifs de développement durable, une famille à la fois » est la toute première étude d'une tendance sur dix ans des flux de transferts d'argent enregistrés au cours de la période 2007-2016. Le rapport attribue la nette augmentation des transferts observée au cours de la dernière décennie en grande partie à l'Asie, qui a connu une progression de 87 % du volume des transferts d'argent. En ce qui concerne

51. Voir http://stats.oecd.org/index.aspx?lang=fr# (consulté le 10 janvier 2018).

la sous-région, entre 2007 et 2016, Haïti est le pays où les flux de transferts d'argent ont le plus augmenté à un rythme exponentiel de 85,6 %, distançant considérablement la République dominicaine (62,9 %) et la Jamaïque (14,9 %). Quand on fait le ratio, Haïti arrive en tête dans le top 5 des pays de la région Amérique latine et Caraïbes, avec des envois de fonds représentant 21 % de son PIB en 2007 et 25 % en 2015, reléguant à la deuxième place le Honduras avec des envois de fonds représentant 18 % de son PIB. Malgré cette tendance haussière depuis dix ans, Gilbert F. Houngbo, président du FIDA, souligne que l'impact des transferts d'argent doit d'abord être envisagé selon le critère d'« une famille à la fois ».

La communauté internationale s'achemine vers un concept qui relativise désormais le rôle de l'aide, pour mettre l'accent sur une vision d'ensemble des financements à destination des pays en développement, en portant une attention accrue à leurs acteurs, non seulement publics (nationaux ou locaux), mais aussi privés (entreprises ou associations...). Alors que s'enrichit la feuille de route de la collectivité internationale par un engagement sans précédent avec les Objectifs de développement durable (ODD), cette diversification des financements internationaux montre que l'espace politique global peut connaître un essor à la hauteur des défis collectifs.

Une page s'est en effet tournée en 2015, avec trois grandes conférences internationales, à Addis-Abeba, New York et Paris, qui constituent autant de promesses d'une approche nouvelle du développement avec un nouvel ordre du jour, celui des ODD. Universels, ces derniers tissent une sorte de programme mondial de priorités. Si en 1995 le processus de formulation des OMD était parti des bailleurs de fonds, au sein du CAD, désormais des « pays du Sud » sont à l'initiative : le principe des ODD a été proposé par les gouvernements de la Colombie, du Pérou, du Guatemala et des Émirats arabes unis, avant la Conférence de Rio+20 en 2012, permettant leur élaboration puis leur adoption solennelle par l'AGNU.

Pour y répondre, la France a conçu, dès l'été 2015, diverses réformes qui se sont inscrites dans les faits en 2016, autour du concept d'une AFD renforcée par un partenariat avec la Caisse des dépôts et consignations, par des fonds propres rehaussés, et des compétences élargies.

Cet agenda requiert une approche authentique et exigeante, forgée dans une meilleure compréhension du développement et de toute sa complexité. Puisqu'il s'agit d'enjeux communs et partagés, tout ce qui peut contribuer à une meilleure compréhension mutuelle renforce la cohésion et la capacité de produire de l'action collective.

Dans ce nouveau cadre, la priorité accordée à Haïti ne se dément pas. C'est donc un chapitre nouveau qui commence à s'écrire, un espoir de tourner le dos à un passé récent douloureux et stigmatisant de part et d'autre. Haïti fait partie de la liste des pays prioritaires depuis 2016, des secteurs clés y sont affirmés (éducation, gouvernance, changement climatique). Désormais, Haïti fait figure de pays d'intervention ancien, où notre collègue E. Barbot est fier d'observer qu'après le séisme l'établissement était parmi les rares à rester. L'AFD souhaite davantage inscrire ses stratégies dans une compréhension du temps long, comme le montre le travail substantiel d'analyse rétrospective entrepris par la direction de l'évaluation, dans le but de tirer des enseignements de l'ensemble des opérations.

***

Le séisme est une catastrophe sans précédent qui a touché le cœur battant d'Haïti, Port-au-Prince, et qui aurait affecté en tout près de 4 millions de personnes. La réponse de la communauté internationale est intense et rapide, et se montre relativement à la hauteur au gré des conférences internationales successives. Elle révèle toutefois des défaillances inhérentes à cet univers, au rang desquelles figurent un manque de prise en compte des acteurs haïtiens (élites comme populations) et une faible coordination dans l'aide.

Moins qu'il n'a provoqué de réelles ruptures dans les rapports qu'entretient la communauté de l'aide internationale avec Haïti, le séisme a conforté, parfois décuplé, des tendances qui étaient déjà perceptibles auparavant. Les acteurs humanitaires, notamment, prennent une place très visible dans le panorama de l'aide post-séisme et entérinent leur présence à cette occasion, au point de reléguer au second plan ceux de l'aide au développement. Cette évolution s'accompagne d'une confusion croissante des temporalités qui se traduit par des frontières brouillées entre urgence et développement, court terme et long terme.

La France joue un rôle important dans l'élan de solidarité internationale qui souffle après le séisme et son aide est importante. L'AFD, principal opérateur de cette aide, finance alors deux projets phare, la reconstruction de l'hôpital de Port-au-Prince et de deux quartiers précaires, Martissant et Baillergeau, projets au cœur de vifs débats en cette période où les réflexions fusent et les désirs de repartir à zéro sont vifs.

Au-delà d'une présence humaine manifeste (retour d'« anciens » et envoi d'un expert de haut niveau auprès du Premier ministre), l'implantation historique et relationnelle de l'agence permet à l'AFD de jouer un rôle d'animation utile à la coordination des bailleurs de fonds.

Lorsque l'AFD commence à sortir des financements post-séisme, elle maintient son niveau d'activité, ce qui est entériné en 2016 avec le changement de statut d'Haïti, qui rejoint les pays prioritaires de la coopération française. En 2018, Haïti prend par ailleurs pleinement sa place dans le nouveau département « Caraïbes » de l'AFD.

AIDE FRANÇAISE À HAÏTI (M$ COURANTS)

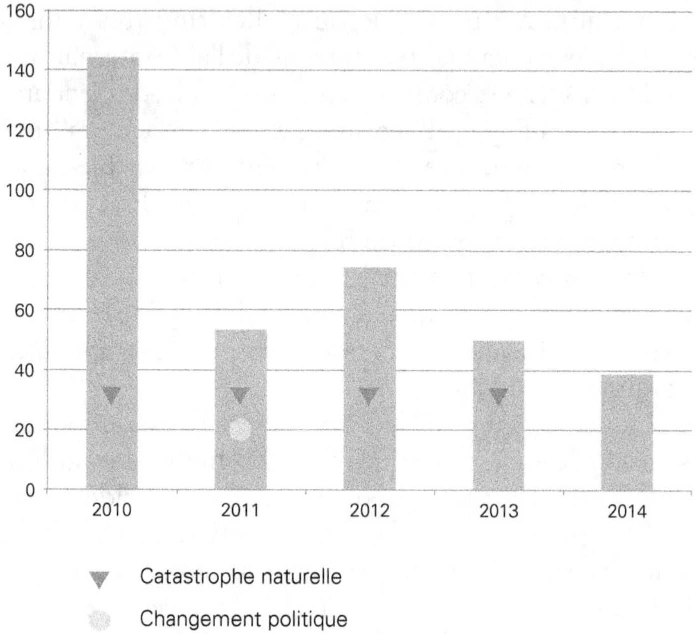

Conclusion

L'action publique paraît parfois amnésique. Elle devrait pourtant mobiliser des approches plurielles, y compris la mise en perspective historique, pour déployer tout son sens avec toute la vigueur souhaitable. Une démarche centrée sur une seule institution, l'AFD, montre les différentes échelles où s'exprime un bailleur de fonds, de l'identité personnelle de ses agents et de sa culture d'entreprise, aux processus plus larges dans lesquels il s'insère. Cette histoire déborde en effet du cadre de l'AFD ou d'Haïti, et touche de façon plus large aux limites de l'action internationale.

Face aux enjeux actuels, au premier rang desquels le changement climatique, la tentation est grande de s'en tenir à des analyses rapides et fonctionnelles, qui garantissent un résultat chiffré et opérationnel. L'angle particulier de l'histoire permet un pas de côté par rapport aux approches traditionnelles des politiques publiques, marquées par cette préoccupation insistante d'évaluation et de quantification. Il contribue à la compréhension des limites de l'action collective, dont les ressorts se révèlent d'autant mieux dans l'épaisseur du temps.

Écrire la modeste histoire de l'AFD a-t-il un sens ? Si l'on peut toujours s'interroger sur la légitimité d'écrire l'histoire pour autrui, l'AFD n'est rien sans la coopération française, de même que celle-ci n'est rien hors de la diplomatie française et sans la coopération internationale, qui n'a pas de sens en dehors de ses terrains, c'est pourquoi de nombreuses résonances trouvent place dans ce livre.

Les entrelacs entre les évolutions de l'aide internationale, celles de la coopération française et l'histoire d'Haïti ont mis en évidence une désynchronisation presque continue. Quand ce n'est pas Haïti qui est plongé dans ses turbulences climatiques ou politiques, c'est la communauté internationale qui s'emploie à changer ses règles, générant autant de discordances préjudiciables à la cohérence de l'aide. Face à cette série de heurts, cette absence de fluidité, ces rendez-vous manqués, comment intervenir sereinement dans la durée ? La mise en perspective historique est donc une utile prise de recul.

Certes, la question de l'efficacité est déjà abondamment couverte dans la littérature des bailleurs de fonds et des organisations internationales. Ce travail se distingue par le public qu'il privilégie, les Haïtiens. En outre, cette histoire, qui repose en grande partie sur des entretiens, permet de découvrir des aspects nouveaux. Certains tiennent à la focale : observer un bailleur de fonds dans un pays d'intervention. D'autres sont plus spécifiques à cette démarche : Haïti présente la particularité de constituer un moment émotionnel fort dans la vie des professionnels qui y ont résidé et travaillé.

Cet aspect n'est sans doute pas assez abordé. Il a paru important d'en rendre compte et de chercher à comprendre comment cela se produit et agit. Ainsi peut se construire une vision déployée du fonctionnement des politiques publiques. Celle-ci doit embrasser tous les étages, des grands objectifs internationaux et des institutions, jusqu'aux personnes qui les représentent ou agissent sur le terrain, voire au plus intime de ce qui guide leur pensée et leur action.

Cette dernière approche suppose de recourir à des sources spécifiques, d'un type encore peu mobilisé. En l'espèce, si les archives de l'AFD en Haïti sont peu nombreuses et lacunaires, on espère que les entretiens effectués pour ce livre permettent de préserver la mémoire de ce qui risquerait sinon de nous échapper, et que ce premier travail constitue une incitation à lancer un mouvement en faveur de la collecte (ainsi que du classement et de la conservation) de documents, qui pourront rendre plus aisé l'approfondissement de cette contribution.

Les travaux d'histoire ont parfois pour effet de sensibiliser les parties prenantes et de faire remonter des informations complémentaires ou des réactions qui permettent de valider ou de rectifier le récit constitué. Les souvenirs personnels questionnent notamment la possibilité d'une distanciation vis-à-vis d'une histoire encore trop récente, et gagneraient à être enrichis avec le recul du temps.

Le propos est circonscrit, puisqu'il présente une politique que sert l'AFD, l'aide au développement. Elle n'est pas remise en cause en elle-même (ce qui ne veut pas dire que ses modalités ne doivent pas être discutées), il s'agit ici d'en restituer une esquisse d'anthropologie historique. Celle-ci, par une sorte de méta-témoignage, illustre la tension entre la modestie de l'AFD sur place et les grandes ambitions qu'elle entend servir. Elle constitue une matière qui, mise en regard avec des faits et analyses parfois contradictoires, pourra ouvrir sur des débats.

Selon Christian Fusillier, qui a effectué plusieurs séjours en Haïti dans les années 1980, 2000 et 2010, « ce dont Haïti a besoin, c'est de mettre en valeur des choses qui fonctionnent. On a trop tendance à radoter autour de ce qui ne marche pas, comme si on rajoutait une couche aux difficultés. Commençons par mettre en lumière les efforts qui sont faits par les Haïtiens eux-mêmes et les organisations qui les représentent. Plutôt que de faire des projets nouveaux sans cesse, repérons ce qui marche sur le terrain et accompagnons les Haïtiens, donnons-leur les moyens. [...] Diffusons une image plus positive d'Haïti, sortons du marasme et des plaintes habituelles autour de ce pays ».

Même un bailleur de fonds moyen comme la France (l'AFD) ne peut invoquer la relative modestie de son engagement pour se dédouaner de toute responsabilité dans le décalage entre la longévité et l'importance de l'aide apportée à Haïti, et le fait que le pays peine à se développer. L'histoire relatée dans ce livre laisse entrevoir l'apprentissage qui peut être tiré des forces et des failles de la coopération avec Haïti, autant que des défis surmontés.

Compte tenu des circonstances, la pertinence même d'un bilan n'est pas certaine. Si cela conduit à se complaire dans des discours fatalistes, à se réfugier derrière des idées préconçues et figées telles que « Haïti est un pays à part », il est préférable de s'en tenir au récit de cette histoire partagée entre Haïti et l'AFD pour éviter de charger ce regard alourdissant et ouvrir sur un autre avenir.

Il convient de sortir d'un constat, partagé par d'autres analystes des bailleurs de fonds, globalement mitigé, pour appeler à une logique nouvelle de réciprocité. Si ce livre peut permettre de cristalliser l'apprentissage que l'AFD, bailleur de fonds, fait d'Haïti à partir de ces quarante années, et de jeter les bases d'un partenariat renouvelé, l'histoire se sera affirmée comme « sport de combat ».

Alors que les défis collectifs du développement durable ont été vigoureusement proclamés en 2015, il faut les prendre en compte à la lumière de la force de la relation avec Haïti, qui réside dans la culture, la langue, la littérature. Face à une coopération culturelle française qui s'est relativement étiolée à partir des années 2000, l'AFD n'a-t-elle pas, en tant que partenaire du développement, la capacité de mettre en avant ces domaines ? Le président Chirac appelait, à Johannesburg en 2002, à prendre en compte la culture comme une quatrième dimension du développement durable. Haïti peut dès lors représenter une invitation à intégrer davantage cette quatrième dimension.

Par-delà ces perspectives, de façon plus élémentaire, nous espérons par ce livre avoir permis simplement de faire comprendre les engagements historiques de l'AFD, pour que les Haïtiens puissent de leur côté faire levier sur ses actions.

Les difficultés demeurent ; si les Haïtiens figurent naturellement au premier plan des récits des cadres internationaux, ne court-on pas le risque d'offrir une vision biaisée de la réalité sociale du pays ? Le point de vue est unilatéral, il ne reflète qu'un versant de l'aide au développement. Il appelle d'autres voix à s'exprimer. Il est désormais admis que les bailleurs de fonds appartiennent à la culture civique en Haïti, où leur empreinte est pesante. Est-ce toutefois ignorer la lassitude croissante des Haïtiens vis-à-vis de l'aide internationale sur le terrain que de détailler les introspections de ses acteurs ?

De même, le sujet justifierait d'aller au-delà d'une histoire institutionnelle et de convoquer d'autres sciences sociales telles que la sociologie ou l'anthropologie. Les apports de la sociologie de l'action publique française (routines professionnelles, trajectoires et logiques dans lesquelles s'inscrivent les acteurs, etc.) pourraient notamment fournir des éclairages pour « comprendre à la fois comment les acteurs individuels, leurs ressources et leurs pratiques s'insèrent dans les dynamiques professionnelles des terrains "ailleurs" »[1]. Avec l'appui de travaux comme ceux de F. Sawicki et J. Siméant[2], des écrits d'H. Becker sur l'engagement ou encore des travaux de L. Atlani-Duault[3] sur l'anthropologie de l'aide au développement, cette histoire pourrait contribuer à structurer un travail socio-anthropologique spécifique sur les acteurs de l'aide en Haïti.

Y a-t-il trop d'écrits sur l'aide à Haïti ? Celle-ci donne lieu à des analyses à la hauteur des efforts consentis par les donateurs ; cette littérature exprime les questions légitimes qu'il convient de se poser. Cet ouvrage est un révélateur de l'approche des bailleurs de fonds qui consiste à chercher à mieux comprendre toutes les implications de leur action. Le thème est inépuisable. Puisse ce livre inciter d'autres auteurs à s'engager sur ce champ et à y ouvrir de nouveaux horizons d'analyse critique.

---

1. J. Wörlein, 2017, p. 59.
2. F. Sawicki et J. Siméant, 2009.
3. L. Atlani-Duault et L. Vidal, 2009.

Chronologie

1825 La France obtient d'Haïti le versement d'une indemnité de 150 millions de francs à titre de compensation de la rupture des liens coloniaux.

1844 L'île de Saint-Domingue est séparée en deux États : la République d'Haïti et la République dominicaine.

1848 Décret d'abolition de l'esclavage en France (27 avril).

1915 Occupation d'Haïti par les États-Unis (jusqu'en 1934).

1941 Signature, le 2 décembre, de l'ordonnance n° 21 qui crée la Caisse centrale de la France libre (CCFL).

1944 La conférence de Brazzaville (30 janvier-8 février) articule une première vision du développement pour l'après-guerre.
La CCFL devient Caisse centrale de la France d'outre-mer (CCFOM).

1946 La loi du 30 avril porte création du Fonds d'investissement pour le développement économique et social (FIDES) qui se déclinera selon deux plans, 1946-1952 et 1953-1957 ; elle fonde les activités de développement de la Caisse centrale, dans l'esprit de la conférence de Brazzaville.

1957 François Duvalier devient président de la République à la suite d'un scrutin contesté. Il se proclame président à vie.

1958 La CCFOM devient Caisse centrale de coopération économique (CCCE).

1971 Mort de François Duvalier ; son fils Jean-Claude, « Bébé Doc », lui succède à l'âge de 19 ans.

1973 L'action économique de coopération avec Haïti passe du ministère des Affaires étrangères à celui de la Coopération, qui installe une mission permanente au sein de l'ambassade.

1975 La CCCE est autorisée par l'État français à intervenir en Haïti. Signature de la Convention de Lomé (le 28 février) par 46 États de la zone dite « Afrique, Caraïbes, Pacifique » (ACP) et la Commission européenne ; elle remplace la Convention de Yaoundé de 1963. L'accord d'association combine aide au développement – via le Fonds européen de développement (FED) – et accès commercial privilégié.

La Caisse est autorisée à consentir des prêts aux conditions du marché, financés grâce à des emprunts directs, sans bonification ; ils dispensent les États bénéficiaires de la prime de risque dissuasive que requièrent les banques.

Le ministère des Finances autorise la Caisse à aider de nouveaux pays, parmi lesquels Haïti.

1976 Signature des statuts de la CCCE en Haïti.

1979 Premier financement de la Caisse en Haïti, dans le domaine de l'hôtellerie. Les projets des années 1980 concernent les infrastructures : électricité, téléphone, aéroport, eau, routes, périmètres irrigués. La CCCE finance ces projets sur prêts.

1980 Visite en Haïti du ministre français de la Coopération Robert Galley.

1983 Mission exploratoire en vue de l'établissement d'une agence (effectuée par Manuel Bridier, alors responsable d'une unité de relations extérieures). Visite du directeur général Yves Roland-Billecart, accompagné du directeur géographique compétent, Antoine Leclerc (chargé des pays d'Afrique centrale et équatoriale et Haïti).

1984 Ouverture d'une agence de la CCCE au 3 bis de la rue Saint-Hugues à Turgeau (l'activité était auparavant suivie depuis la Guadeloupe).

1986 Fin de la dictature, un soulèvement populaire renverse Jean-Claude Duvalier qui se réfugie en France. Le général Henry Namphy prend le pouvoir à la tête d'une junte militaire.

1987 La nouvelle Constitution est approuvée par référendum (98 %). Pendant deux ans, processus électoral complexe (« fausses élections ») et coups d'État (et tentatives).

1989 Haïti signe la quatrième Convention de Lomé et rejoint ainsi les 68 pays d'Afrique, des Caraïbes et du Pacifique (ACP) dans leur partenariat avec les douze États-membres de la Communauté économique européenne de l'époque (15 décembre).

Rééchelonnement du Club de Paris.

La gourde, indexée sur le dollar américain au taux de 5 gourdes pour un dollar depuis 1912, décroche pour adopter un cours flottant.

1990 La France décide d'étendre à l'ensemble des « PMA », dont Haïti, le bénéfice des mesures d'annulation de dette décidées aux sommets de Dakar et de La Baule. Environ la moitié des encours dus à la CCCE est annulée. Afin de ne pas ré-endetter le pays, la Caisse finance désormais les projets haïtiens en subvention.

Annulation de la dette d'Haïti envers la France, en application des déclarations de La Baule (Dakar 1 - étendu à tous les PMA).

À la demande du gouvernement provisoire, le Groupe d'observateurs des Nations unies pour la vérification des élections en Haïti (ONUVEH) observe le processus électoral.

Élection de Jean-Bertrand Aristide à la présidence de la République (66,7 % des suffrages).

1991 Signature d'un avenant à une convention de crédit du 26 juin 1991 de « remise de dette » (dossier Teleco) remis par la Banque centrale.

Aristide est renversé par le coup d'État de Raoul Cédras (septembre).

L'Organisation des États d'Amérique vote un embargo commercial et diplomatique contre le régime de facto, qui dure jusqu'en 1994. L'embargo exclut l'aide humanitaire mais fait souffrir les plus pauvres (marché noir pour les produits pétroliers, les hôpitaux ne fonctionnent plus, etc.).

Comme conséquence de l'embargo, les comptes d'Haïti à l'étranger sont gelés. Suspension des remboursements à la CCCE. Les impayés suscitent la suspension des activités (1991-1994).

Les Nations unies commencent à déployer des missions, d'abord civiles (droits de l'homme, élections) puis militaires (1993) avec la MINUHA.

1993 En février, une Mission civile internationale en Haïti (MICIVIH), conjointe Nations unies/OEA, est déployée.

Renforcement des sanctions contre Haïti. Embargo sur le pétrole et les armes (juin).

Ouverture d'une médiation (juillet).

En septembre, le Conseil de sécurité met en place la première opération des Nations unies pour le maintien de la paix dans le pays, la Mission des Nations unies en Haïti (MINUHA). Du fait du manque de coopération de la part des autorités militaires haïtiennes, la mission ne peut être entièrement déployée.
Rétablissement des sanctions par l'ONU (octobre).

1994 Aristide revient au pouvoir en octobre et termine son mandat interrompu. Reprise de la coopération internationale.
Entrée en vigueur de l'embargo commercial total décidé par l'ONU.
16 000 boat-people, victimes de la misère et de la répression, tentent de gagner les côtes américaines. Le Conseil de sécurité de l'ONU autorise les États-Unis à utiliser « tous les moyens nécessaires » pour chasser la junte. Faisant suite à la médiation de l'ancien président américain Jimmy Carter, et sous la pression de l'armée américaine, les militaires acceptent de quitter le pouvoir.

1995 Dissolution des Forces armées d'Haïti.
Les troupes américaines cèdent la place à la Mission des Nations unies en Haïti (MINUHA). Elle est remplacée par la Mission d'appui des Nations unies en Haïti (MANUH) suivie par la Mission de transition des Nations unies en Haïti (MITNUH), qui quitte le pays en 1997, laissant sur place 300 moniteurs qui poursuivent la formation de la police haïtienne (la Mission de police civile des Nations unies en Haïti – MIPONUH). Celle-ci remplace l'armée haïtienne, dissoute en avril.
René Préval, ancien Premier ministre et partisan de l'ancien président Jean-Bertrand Aristide, est élu président de la République. Puis le pays reste sans chef d'État de 1997 à 1999.

2000 L'élection présidentielle (26 novembre), boycottée par l'opposition, est remportée par Jean-Bertrand Aristide avec 91,7 % des suffrages. L'opposition estime que seulement 5 % des électeurs inscrits ont participé au scrutin. Dérive sécuritaire, trafic de drogue, des mouvements d'oppositions se structurent.

2001 À la veille de l'intronisation d'Aristide à la présidence, l'UE et la BID imposent des sanctions financières à Haïti pour manquements à la démocratie (février).

2002 Nouvelle interruption de la coopération de l'AFD, jusqu'au nouveau départ de J.-B. Aristide en 2004.

2003 En dépit de l'interruption, l'Agence continue d'instruire certains projets, avec un accent particulier sur les questions de santé.

2004 Nouvelle crise politique grave. Un plan international de règlement de la crise est présenté à Aristide, qui l'accepte. L'opposition continue d'exiger sa démission ; les insurgés s'emparent de Cap-Haïtien et contrôlent près de la moitié du pays.

Aristide démissionne et quitte Haïti en février, après l'insurrection des Gonaïves.

Le président Bush déploie des Marines en Haïti. En février, en réponse à un conflit armé dans la ville de Gonaïves, et à sa propagation les jours suivants, le Conseil de sécurité de l'ONU adopte la résolution 1529 permettant l'envoi de la Force multinationale intérimaire (FMI).

Démarrage de la MINUSTAH.

Inondations meurtrières à Fonds-Verrettes puis dans l'Artibonite.

Plusieurs entités de la société civile désignent leurs représentants à un futur Comité des sages dont la création est prévue par le plan international de règlement de la crise.

L'année est marquée par la reprise des activités de l'AFD, dans un contexte de crise politique et de catastrophes naturelles (pluies diluviennes en mai, cyclone Jeanne en septembre). L'AFD accompagne le processus de sortie de crise, en mettant en place une subvention de 6 M€ pour le financement d'un programme d'urgence de réhabilitation des infrastructures de Port-au-Prince. Par ailleurs, l'AFD octroie une subvention d'1,5 M€ à l'ONG Zanmi Lasanté, afin de soutenir un programme de lutte contre le Sida.

2005 À Cayenne, à l'initiative de la France, une deuxième conférence de bailleurs de fonds d'Haïti permet d'approuver 380 programmes d'aides rapides à mettre en œuvre pour accélérer la reconstruction. Mais, en juin, face à la recrudescence de la violence, le Conseil de sécurité des Nations unies renforce les effectifs de la MINUSTAH pour assurer le bon déroulement des élections prévues pour la fin de l'année.

L'Union européenne débloque 72 M€ pour soutenir les efforts de démocratisation, après quatre ans de suspension de l'aide.

Le gouvernement porte plainte, devant un tribunal fédéral de Miami, contre l'ancien président Jean-Bertrand Aristide pour détournement de plusieurs dizaines de millions de dollars de fonds publics et pour « avoir encouragé et protégé le trafic de drogue ».

Le premier projet de lutte contre le sida de l'AFD en Haïti voit le jour le 7 avril avec l'octroi d'une subvention de 1,5 M€ en faveur du programme « Extension équité santé ». Un projet d'appui au programme national en faveur de l'irrigation est également mis en place, avec un montant de 5 M€.

2006 L'ancien président René Préval remporte l'élection présidentielle avec 51 % des suffrages (7 février).

Réinstallation de l'agence en 2006. Nouvelle impulsion donnée par l'AFD dans le pays : lancement d'un programme qui vise à la fois à reconstruire l'appareil d'État et à relancer la lutte contre la pauvreté. Ce projet se réalise en lien avec le nouveau gouvernement issu des élections d'avril 2006. L'AFD a engagé à travers ce programme 28,8 M€ sur 7 nouveaux projets qui concernent essentiellement l'eau, la santé et la microfinance.

2007 Les troupes de l'ONU lancent une offensive contre les gangs du bidonville de Cité-soleil à Port-au-Prince (janvier).

2008 Flambée des prix alimentaires et émeutes de la faim (avril).

Trois ouragans dévastent le pays, inondation aux Gonaïves.

Des projets sont lancés par l'AFD en matière de développement urbain (construction du pont de Montrouis, réhabilitation d'une route reliant Hinche à Saint-Raphaël) et d'éducation (appui à la gestion du personnel de l'éducation).

2009 Annulation de la dette d'Haïti (8 juillet). Les représentants des pays créanciers du Club de Paris et de la République d'Haïti conviennent d'une annulation de dette suite à l'atteinte par Haïti du point d'achèvement de l'initiative renforcée en faveur des pays pauvres très endettés (initiative PPTE renforcée) le 30 juin 2009.

Bill Clinton est nommé émissaire spécial des Nations unies pour Haïti (mai).

Le FMI et la Banque mondiale approuvent un allégement de la dette équivalant à 1,2 Md $ en faveur d'Haïti (juillet).

Création d'un département Amérique Latine et Caraïbes à l'AFD.

2010 Un séisme de magnitude 7 sur l'échelle de Richter frappe le pays le 12 janvier. Événement sans précédent, car son épicentre s'est produit en milieu urbain, le séisme dévaste Port-au-Prince. Cette catastrophe a atteint une ampleur considérable en termes de dégâts physiques et de pertes humaines (230 000 morts), blessés (1 million) et de sans-abris (1,6 million de déplacés). L'épidémie de choléra démarre. L'AFD perd ses locaux, se réinstalle dans le quartier de Bourdon dans la villa du directeur.

Dès février 2010, la France promet lors d'un voyage présidentiel un appui de 326 M€, dont 160 M seront canalisés par l'AFD.

En mars, Conférence internationale des donateurs pour Haïti à New York. Plus de cent pays et les principales organisations internationales promettent des dons de près de dix milliards de dollars échelonnés sur 18 mois.

Octobre-décembre : épidémie de choléra (plus de 100 000 personnes affectées et plus de 2 000 morts).

Dans le cadre de l'appui additionnel français de 101 M€ alloués à la reconstruction pour la période 2010-2011, l'AFD a notamment financé la réhabilitation de l'hôpital de Port-au-Prince et l'aménagement de deux quartiers précaires dans la capitale.

2011 En avril, arrivée au pouvoir de Michel Martelly. Son premier gouvernement dure seulement 6 mois, puis Laurent Lamothe devient Premier ministre (mai 2012-décembre 2014).

Crise sociale et sanitaire.

Parallèlement aux 101 M€ engagés (avec le concours de l'UE) pour la reconstruction du pays, les projets en cours ont été poursuivis. L'Agence a apporté un appui budgétaire à l'État haïtien d'un montant de 37 M€. Elle a également financé à hauteur de 64 M€ des projets de développement dans les domaines de l'aménagement urbain, de la santé et de l'agriculture.

2012 Ouragan Sandy dans l'Ouest et le grand Sud.

2013 Poursuite du projet de la réhabilitation de l'hôpital de Port-au-Prince avec la signature, en août, du marché de conception-réalisation. Ce projet, d'un montant total de 83 M$, est financé par la France à travers une subvention de 20 M€, aux côtés de l'USAID américaine et du gouvernement haïtien.

2014 L'AFD engage un projet visant à améliorer l'offre de formation en Haïti, à travers une subvention de 5 M€ à l'Institut national de formation professionnelle (INFP). Par ailleurs, l'USAID lui a délégué en 2014 une subvention de 15 M$ pour la reconstruction de l'hôpital général de Port-au-Prince, qu'elle gère aussi grâce à la mise en œuvre de fonds européens.

L'agence quitte Bourdon pour Pétion-Ville (immeuble Hexagone) en juillet.

2015 12 mai : visite officielle du président François Hollande en Haïti. Focus de la coopération bilatérale sur l'éducation ainsi que le climat et l'environnement.

L'AFD concentrera l'essentiel de ses moyens pour cinq ans dans le secteur de l'éducation. Elle s'engage auprès d'Haïti pour l'aider à accéder aux financements internationaux liés au climat et aux vulnérabilités.

2016 En février, fin du gouvernement Martelly. Jovenel Moïse, dauphin de Martelly, est en tête au 1er tour des élections, mais suite à des contestations, le 2e tour ne se tient pas. Arrivée au pouvoir du président Jocelerme Privert après un accord politique qui lui donne 4 mois pour l'organisation de nouvelles élections présidentielles.

Octobre : passage du cyclone Matthew (env. 500 morts).

Novembre : le 1er tour prévu mi-octobre se déroule le 27 novembre. Le candidat Jovenel Moïse remporte les élections (55 % des voix exprimées, taux de participation de 21 %), il est investi le 7 février 2017.

30 novembre : le CICID décide d'adapter la politique française de développement et de solidarité internationale à l'agenda universel 2030 du développement durable. Il consacre également l'inscription d'Haïti sur la liste des 17 pays prioritaires de l'aide publique au développement de la France. Le partenariat franco-haïtien devrait

en conséquence monter en puissance et les engagements annuels de l'AFD progresser.

2017 Le gouvernement du Premier ministre Jack Guy Lafontant, après un discours de politique générale et l'approbation de la composition du gouvernement par l'Assemblée nationale, est investi le 21 mars.

CHRONOLOGIE DES DIFFÉRENTS NOMS EMPRUNTÉS PAR L'AFD ET DE SA CHARTE GRAPHIQUE

CHRONOLOGIE DES DIRECTEURS GÉNÉRAUX DE L'AFD

Caisse centrale de la France libre	Décembre 1941	André DIETHELM
	Novembre 1942	Pierre DENIS
Caisse centrale de la France d'outre-mer	Février 1944	André POSTEL-VINAY
Caisse centrale de coopération économique	1958	
	1973	Claude PANOUILLOT
	1979	Yves ROLAND-BILLECART
	1989	Philippe JURGENSEN
Caisse française de développement	1992	
	Avril 1995	Antoine POUILLIEUTE
Agence française de développement	1998	
	Avril 2001	Jean-Michel SEVERINO
	Juin 2010	Dov ZERAH
	Juin 2013	Anne PAUGAM
	Juin 2016	Rémy RIOUX

CHRONOLOGIE DES DIRECTEURS D'AGENCE EN HAÏTI

Dominique Dordain	1984
Gérard Gleizes	1986
François Vincent	1989-1992
Denis Loyer	Début 1995 (6 mois)
Didier Robert	1995
Michel Rodigneaux	1998
Didier Thèvenin	2000
Richard Lambert	2002 (6 mois)
Luc Bonnamour	Fin 2004 depuis la République dominicaine
Geneviève Javaloyes	2006
Patrick Salles	2009
Yves Malpel	2010
Bénédicte Gazon	2013
Anna Lipchitz	2017

Annexes

1. ÉMIGRATION HAÏTIENNE
PAYS DE DESTINATION DE L'ÉMIGRATION HAÏTIENNE ENTRE 1990 ET 2015

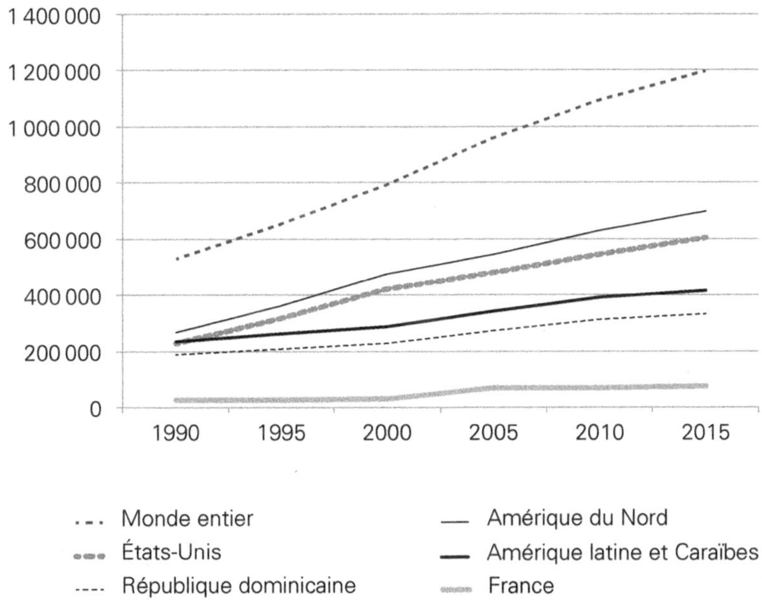

Source : United Nations, Department of Economic and Social Affairs, Population Division (2015) (mise en forme des auteurs).

2. APD ET REMISES DES MIGRANTS

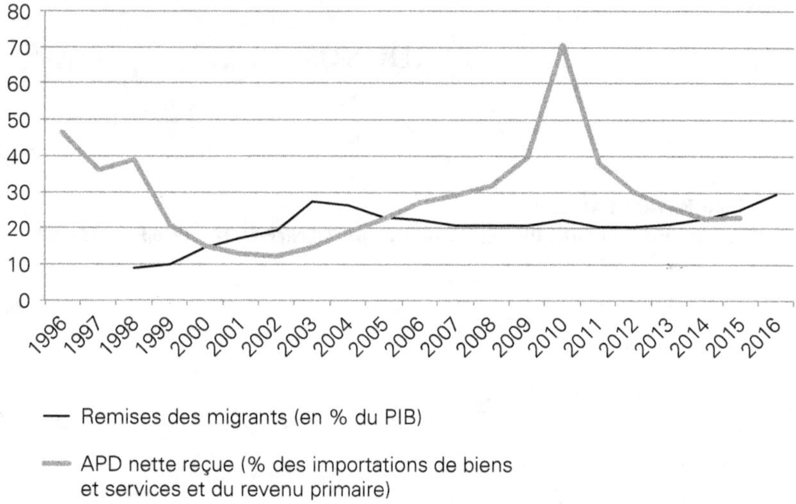

Source : données Banque mondiale, janvier 2018 (mise en forme des auteurs).

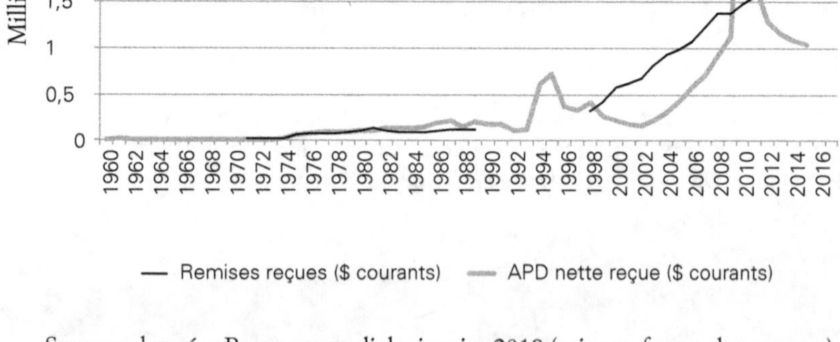

Source : données Banque mondiale, janvier 2018 (mise en forme des auteurs).

3. VULNÉRABILITÉS AUX CATASTROPHES NATURELLES

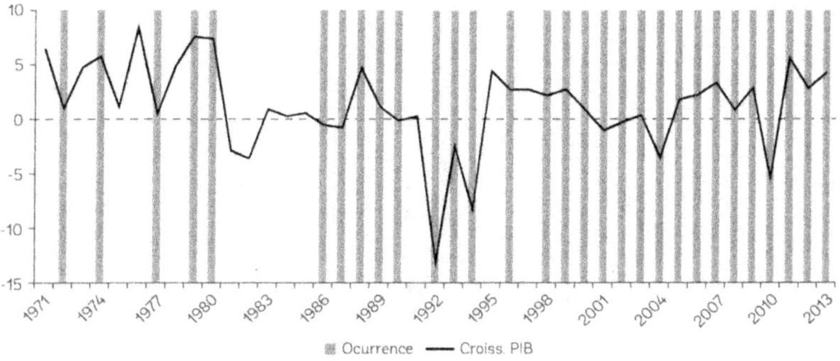

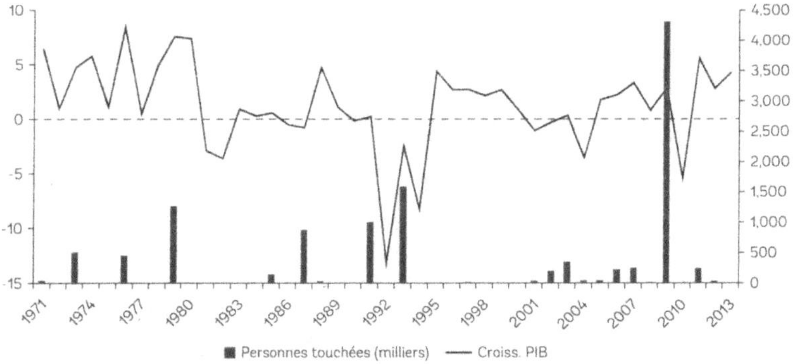

Source : ONU, Banque mondiale et EM-DAT : base de données internationale sur les catastrophes OFDA/CRED. Extraits de Singh Raju Jan et Barton-Dock Mary, *Haïti. Des opportunités pour tous*, Banque mondiale, 2016.

4. CHANGEMENTS POLITIQUES

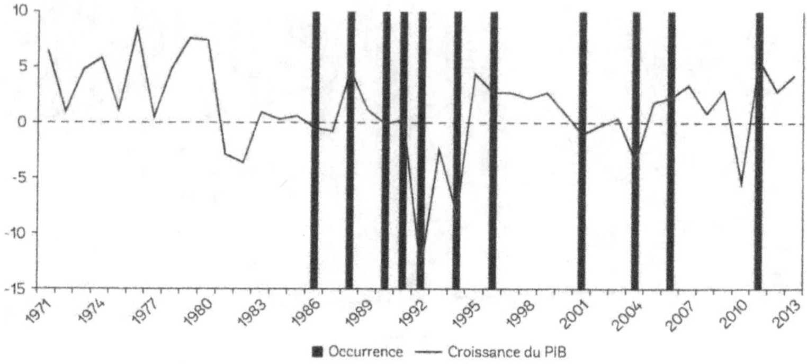

Source : Extraits de Singh Raju Jan et Barton-Dock Mary, *Haïti. Des opportunités pour tous*, Banque mondiale, 2016.

GOUVERNEMENTS HAÏTIENS, 1971-2014

Adm.	Poste et nom	Période au pouvoir	Durée du mandat
1	Président Jean-Claude Duvalier	4/1971 à 2/1986	15 ans
2	Président Henri Namphy (junte civile/militaire)	2/1986 à 8/1988	2 ans
3	Président Leslie F. Manigat	2/1988 à 6/1988	4 mois
4	Président Henri Namphy (junte militaire)	6/1988 à 9/1988	3 mois
5	Président Prosper Avril (junte militaire)	9/1988 à 4/1990	20 mois
6	Président Hérard Abraham (junte militaire)	3 jours en 4/1991	3 jours
7	Président Ertha Pascal Trouillot	4/1990 à 2/1991	10 mois
8	Président Jean-Bertrand Aristide	2/1991 à 9/1991	7 mois en Haïti
9	Président Joseph C. Nérette	10/1991 à 5/1992	7 mois
10	Pas de président de facto		
12	Président Émile Jonassaint	6/1994 à 9/1994	3 mois
13	Président Jean-Bertrand Aristide	10/1994 à 2/1996	16 mois
14	Président René Préval	2/1996 à 2/2001	5 ans
15	Président Jean-Bertrand Aristide	2/2001 à 2/2004	3 ans
16	Président Boniface Alexandre	2/2004 à 5/2006	2 ans
17	Président René Préval	5/2006 à 5/2011	5 ans
18	Président Michel Martelly	5/2011 à 2/2016	5 ans
19	Président Jocelerme Privert	2/2016 à 2/2017	1 an
20	Président Jovenel Moïse	2/2017 à …	

Source : ONU, Banque mondiale et médias.

5. DETTE, INVESTISSEMENT ÉTRANGER ET AIDE AU DÉVELOPPEMENT EN HAÏTI

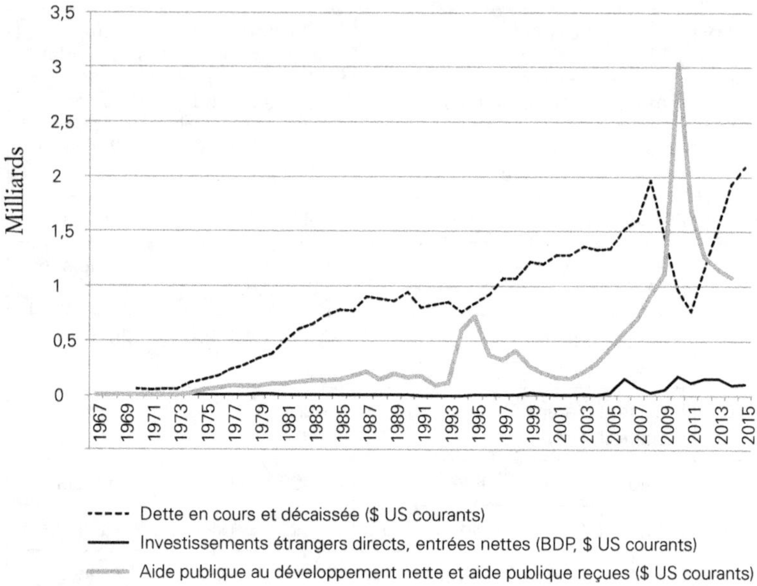

Source : données Banque mondiale, février 2017
(mise en forme des auteurs).

6. REGARDS SUR LES STATISTIQUES DE L'AIDE REÇUE PAR HAÏTI

AIDE (VERSEMENTS NETS EN DOLLARS COURANTS) REÇUE PAR HAÏTI DE 1967 À 2014 – PAR DONATEUR

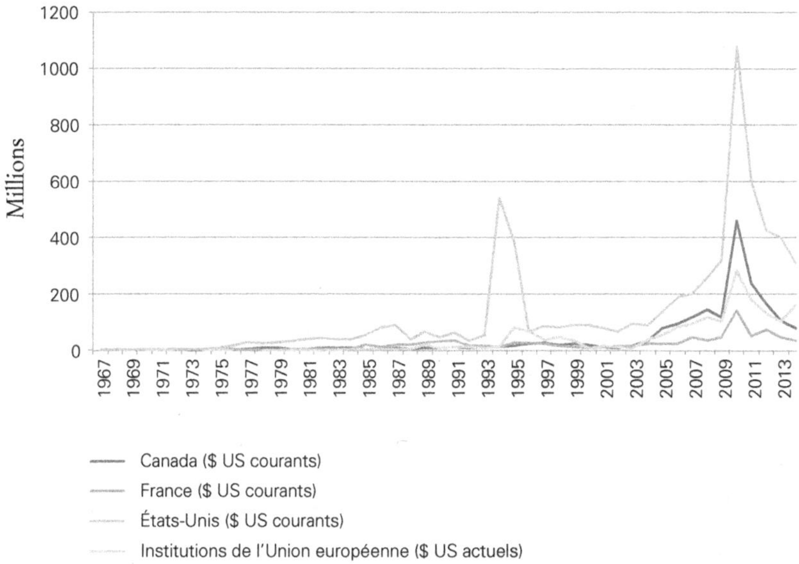

Source : données Banque mondiale, février 2017 (mise en forme des auteurs).

PART DE L'AIDE (EN POURCENTAGE) REÇUE PAR HAÏTI DE 1967 À 2014 – PAR DONATEUR

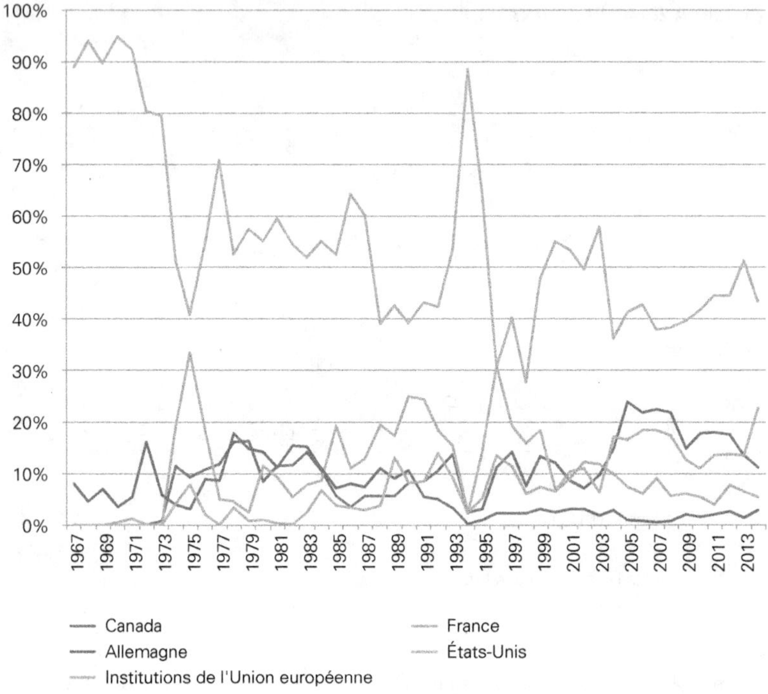

Source : données Banque mondiale, février 2017 (mise en forme des auteurs).

ZOOM SUR LA FRANCE

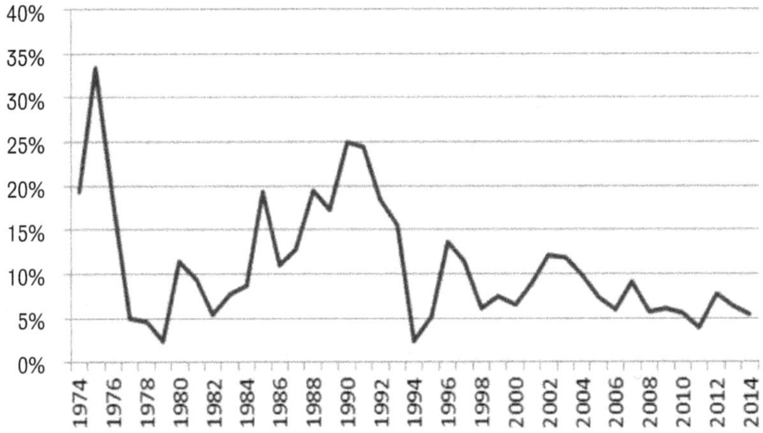

7. PROJETS FINANCÉS PAR L'AFD

Source : AFD

Nom du projet	Bénéficiaire primaire	Libellé du projet	Décision	Signature de la convention	Type	Montant financé (milliers d'euros)
Hôtel pointe Labadie	S.A.M. franco-haïtienne Labadie	Complexe hôtelier touristique à la pointe Labadie	27/06/1979	09/01/1980	Prêt non souverain	3 049,0
Financement partiel d'une fonderie	Atelier école de mécanique agricole de Campperrin	Financement partiel d'une fonderie	21/05/1981	30/07/1981	Prêt non souverain	7,6
Énergie 3	République d'Haïti	Construction centrale thermique de Carrefour à Port-au-Prince	22/10/1982	25/11/1982	Prêt souverain	4 573,5
Réfection piste aéroport	Autorité aéroportuaire nationale Haïti	Réfection piste aéroport Mais-Gate à Port-au-Prince	18/11/1983	26/01/1984	Prêt non souverain	12 805,7
Énergie 4	République d'Haïti	Extension centrales thermiques de Port-au-Prince	25/10/1984	29/01/1985	Prêt souverain	10 976,3
Centraux Téléphoniques Pap 1	Télécommunications d'Haïti Sam	Extension équipement téléphone de Port-au-Prince (phase 1)	25/10/1984	11/12/1984	Prêt souverain	16 007,1

Fonds d'études 1	République d'Haïti	Fonds d'études et de préparation de projets agricoles	13/06/1985	28/08/1985	Prêt souverain	1 524,5
Amélioration sécurité aérienne	Office national de l'aviation civile	Amélioration sécurité navigation aérienne	20/12/1985	30/04/1986	Prêt souverain	9 146,9
C.A.M.E.P Urgence	République d'Haïti	Alimentation en eau de Port-au-Prince – phase d'urgence	04/07/1986	01/12/1986	Prêt souverain	9 909,2
Étude Péligre	Électricité d'Haïti	Étude de surélévation du barrage hydroélectrique de Péligre	20/07/1987	26/12/1988	Prêt souverain	686,0
Fonds d'études 2	République d'Haïti	Second fonds d'études et de préparation de projets	24/09/1987	27/12/1988	Prêt souverain	62,5
Centrale électrique I.c.h.	République d'Haïti	Modernisation centrale électrique usine le ciment d'Haïti	22/04/1988	12/12/1988	Prêt souverain	7 012,7
Arcahaie tranche 1	République d'Haïti	Réhabilitation périmètres hydroagricoles plaine de l'Arcahaie	21/10/1988	29/05/1989	Prêt souverain	7 480,2

C.A.M.E.P. première tranche	République d'Haïti	Première tranche renforcement eau potable Port-au-Prince	16/06/1989	19/10/1989	Prêt souverain	10 671,4
Remise en état tronçon RN1	République d'Haïti	Remise en état tronçon ennery-limbe et entretien routier	08/12/1989	11/04/1990	Prêt souverain	4 390,5
Arcahaie tranche 2	République d'Haïti	Réhabilitation périmètres hydroagricoles plaine de l'Arcahaie	23/02/1990	02/10/1990	Prêt souverain	9 146,9
Faisceaux hertziens	Télécommunications d'Haïti sam	Réseau hertzien de télécommunications interurbaines	12/07/1990	28/11/1990	Prêt souverain	2 896,5
E.D.H. révision	République d'Haïti	Remise en état centrales thermiques de Port-au-Prince	12/04/1991	14/06/1991	Subvention	4 573,5
S.S.A.S. aide balance paiements	République d'Haïti	Subvention spéciale d'ajustement structurel. Aide à la balance des paiements	28/06/1991	09/07/1991	Subvention d'ajustement structurel (SAS)	6 098,0
P.P.I	République d'Haïti	Réhabilitation petits périmètres irrigués	18/11/1994	05/03/1998	Subvention	4 421,0

Fonds d'études	République d'Haïti	Fonds études et préparation projets (financement d'études)	30/12/1994	14/07/1995	Subvention	762,2
AT EDH	République d'Haïti	Assistance technique (appui au redressement d'électricité d'Haïti)	27/04/1995	18/08/1995	Subvention	2 286,7
Téléco	Télécommunications d'Haïti sam	Réseau téléphonique Port-au-Prince (modernisation et extension réseau téléphonique)	14/09/1995	04/02/1997	Prêt non souverain	5 640,6
Porcs	République d'Haïti	Financement du projet de repeuplement porcin	30/04/1996	04/07/1996	Subvention	1 600,7
AT EDH	République d'Haïti	Poursuite programme redressement d'EDH	10/07/1996	11/11/1996	Subvention (rétrocédée à EDH)	2 286,7
Eau GRET	Centrale autonome métropolitaine d'eau potable	Approvisionnement en eau (approvisionnement en eau des bidonvilles de Port-au-Prince)	19/07/1996	21/08/1996	Subvention	762,2

Eau GRET 2						914,7
MADI	Madi (Guadeloupe)	Agriculture (étude de faisabilité)	05/02/1997	06/11/1996	Prêt, 2 ans	7,4
AIPA	République d'Haïti	Appui à AIPA (appui aux irrigants plaine de l'Arcahaie)	13/12/1997 (?)	19/08/1999	Subvention	304,9
Bornes Fontaines phase IIII	Centrale autonome métropolitaine d'eau potable	Approvisionnement en eau potable des quartiers défavorisés de Port-au Prince – phase III	11/04/2001	28/06/2001	Subvention	2 200,0
Sida/Zanmi Lasanté	Zanmi Lasanté	Prévention et traitement du VIH/SIDA et de la tuberculose sur le Plateau Central	13/12/2004	07/04/2005	Subvention	1 500,0
Imis Gheskio	Centres Gheskio	Institut des maladies infectieuses et de la santé de la reproduction des Centres Gheskio	15/12/2005	03/05/2006	Subvention	1 500,0
Programme d'urgence (cadre de coopération intérimaire 2004-2006)	République d'Haïti	Réhabilitation d'urgence des infrastructures socio-économiques de base de Port-au-Prince (électricité, eau)	18/11/2004	02/12/2004	Subvention	6 000,0

FEPP 3	République d'Haïti	Fonds d'Études et de Préparation de Projets	08/09/2004	22/09/2004	Subvention	300,0
Projet sectoriel irrigation	République d'Haïti	Projet sectoriel irrigation - Arcahaie, Saint-Marc, Retenues collinaires	13/12/2005	20/04/2006	Subvention	5 364,7
ANIMH (Association nationale des institutions de microfinance d'Haïti)	ANIMH / BRH	Appui au plan de développement stratégique et opérationnel de l'ANIMH - Mise en place cadre règlement microfinance	11/10/2006	19/11/2007	Subvention	2 050,0
Eau Jacmel	République d'Haïti	Environnement et développement urbains à Jacmel	18/01/2007	27/03/2007	Subvention	12 000,0
FERC	République d'Haïti	Fonds expertise et renforcement de capacités	16/03/2007	24/04/2007	Subvention	1 000,0
Route Hinche	République d'Haïti	RN3 route Hinche - St Raphaël	18/12/2008	23/04/2010	Subvention	38 500,0

ABG Haïti 2006	République d'Haïti	Aide budgétaire de stabilisation macro-économique	21/12/2006	16/02/2007	Subvention	3 000,0
Ab 2008-09	République d'Haïti	Aide budgétaire 2008-09	08/07/2007 (?)	17/12/2008	Subvention d'ajustement structurel (SAS)	4 000,0
Santé mère enfant	République d'Haïti	Projet de réduction de la mortalité maternelle en Haïti et renforcement des services de santé départementaux	19/12/2007	18/12/2008	Subvention	6 000,0
Éducation (AGPE)	République d'Haïti	Renforcement du ministère dans ses missions de pilotage des RH pédagogiques et administratives de l'enseignement (rénovation du cadre réglementaire, gestion, format de l'encadrement).	11/01/2008	13/11/2008	Subvention	1 500,0

Gestion déchets	République d'Haïti	Appui aux mairies (lien avec les coopérations décentralisées de Suresnes et Île-de-France). Création d'un Centre d'enfouissement technique et l'aménagement de la zone du Morne blanc aux Gonaïves (raccordement en eau du nouvel hôpital).	26/05/2010	15/07/2010	Subvention	6 000,0
FERC	République d'Haïti	Fonds d'expertise et de renforcement des capacités	13/11/2009	27/03/2010	Subvention	400,0
Pont Montrouis	République d'Haïti	Construction du Pont de Montrouis	16/12/2008	17/12/2008	Subvention	1 500,0
Ab 2008-2009 (2)	République d'Haïti	Aide budgétaire	24/06/2009	28/08/2009	Subvention d'ajustement structurel (SAS)	2 000,0
Fisong id-gce-bno	Initiative développement	Gestion concertée de l'éducation pour l'EPT dans le Bas Nord-Ouest (FISONG)	11/12/2009	27/04/2010	Subvention	707,0

Fisong agroecologi2	Care France	Gwese tè/Préservez la terre	16/04/2010	08/04/2011	Subvention	535,5
Irrig entrepreunariat	République d'Haïti	Programme d'irrigation et entrepreunariat rural dans les régions Ouest, Artibonite et Plateau Central	16/12/2009	15/07/2010	Subvention	4 360,0
HUEH Haïti	République d'Haïti	Reconstruction de l'Hôpital universitaire d'État de Haïti à Port-au-Prince	29/09/2010 15/12/2011	17/03/2011 20/07/2012	Subvention pour compte de tiers (fonds MAE post-séisme)	19 100,0
AIQIP	République d'Haïti	Projet Aménagement et Reconstruction des quartiers de Port-au-Prince	30/09/2010 16/11/2011	14/05/2011 20/07/2012	Subvention pour compte de tiers (fonds MAE post-séisme)	30 084,0
ABG 2010	République d'Haïti	Aide budgétaire globale 2010	07/04/2010	15/04/2010	Subvention d'ajustement structurel (SAS)	5 000,0
ABG 2010 - no2	République d'Haïti	Aide budgétaire globale 2010 - no2	30/08/2010	25/09/2010	Subvention d'ajustement structurel (SAS)	10 000,0

FERC transfert AT	République d'Haïti	Fonds d'études et de renforcement de capacités dans le cadre du transfert d'at 2010-2012 à l'AFD	19/04/2010	15/07/2010	Subvention	1 000,0
ABG 2010 - no3	République d'Haïti	Aide budgétaire 2010 - n°3	30/08/2010	22/10/2010	Subvention d'ajustement structurel (SAS)	5 000,0
PRCC CAFE	Agronomes et vétérinaires sans frontières	Projet de renforcement des capacités de commercialisation du café (AVSF)	27/12/2011	30/05/2012	Subvention	900,0
SECAL	République d'Haïti	Projet de renforcement (production, conservation, transformation et commercialisation) de filières vivrières (maïs, haricots, filière avicole et banane plantain) dans les départements du Sud & Ouest	15/12/2011 07/11/2012	20/07/2012 31/07/2013	Subvention pour compte de tiers (fonds MAE post-séisme)	16 170,0

ABG 2011 – FRH	Association internationale pour le développement	Aide budgétaire globale 2011 – Fonds pour la reconstruction d'Haïti (FRH)	30/11/2011	29/12/2011	Subvention d'ajustement structurel (SAS)	17 000,0
ABG 2012 bilatérale	République d'Haïti	Aide budgétaire globale 2012 bilatérale	19/12/2012	17/05/2013	Subvention d'ajustement structurel (SAS)	8 000,0
FRH – éducation	Association internationale pour le développement	Contribution au Fonds pour la reconstruction d'Haïti ciblée sur le secteur de l'éducation	15/12/2011	05/03/2012	Subvention pour compte de tiers	2 822,0
CPE	République d'Haïti	Compétences pour l'emploi des jeunes	24/09/2014	12/05/2015	Subvention	5 000,0
FERC 2013	République d'Haïti	FERC Haïti 2013	27/11/2013	20/03/2014	Subvention	500,0
PONG adaptation CC	Groupe recherches échanges technologiques	FISONG – Aménagements innovants des bassins versants et sécurisation agricole (GRET – SOS enfants)	16/12/2013	24/03/2014	Subvention	665,0
FERC 2016	République d'Haïti	Fonds d'études et de renforcement de capacités				1 000,0

Projet Muskoka MDM	Médecins du monde	Projet Santé maternelle et infantile entrant dans le cadre de l'initiative Muskoka	28/10/2015	15/01/2016	Subvention	8 000,0
HUEH - fonds USAID	République d'Haïti	Reconstruction de l'Hôpital d'État de Port-au-Prince – fonds délégués de l'USAID	13/02/2014	01/07/2014	Subvention pour compte de tiers	11 538,5
PRCC Vetiver cacao	United Nations Environment Programm – Head Office	PRCC appui filières durables – vétiver et cacao	Octobre 2016			1 500,0
Grand sud		FFEM appui filières durables – vétiver et cacao	Juillet 2016		Subvention pour compte de tiers	2 000,0
Plan éducation 1	République d'Haïti	Appui à la qualité de l'enseignement secondaire	Décembre 2016		Subvention	8 000,0
Santé post-Matthew	République d'Haïti	Reconstruction hôpital de Jérémie	Décembre 2016		Subvention	950,0
SECAL post-Matthew	République d'Haïti	Réhabilitations post-Matthew	Décembre 2016		Subvention	1 050,0

SECAL rallonge UE	République d'Haïti	Réhabilitations post-Matthew	Juillet 2017		Subvention	4 000,0
FEESC	République d'Haïti	FEESC Gouvernance	Avril 2017		Subvention	500,0
PAFMIR	République d'Haïti	Formation professionnelle y/c en milieu rural	Juin 2017		Subvention	11 000,0
HUEH Haïti	République d'Haïti	Complément de financement	Juillet 2017		Subvention	4 500,0
OICC Jacmel	République d'Haïti	Renforcement des berges de la rivière des Orangers	Décembre 2017		Subvention	750,0
CPEJ	République d'Haïti	Complément de financement	Décembre 2017		Subvention	1 500,0
FICOL CACEM CMRP	CACEM Martinique	Coopération décentralisée lampadaires solaires	Décembre 2017		Subvention	300,0
FISONG	CCFD-TS	Promotion de la démocratie locale par le Makon	Décembre 2017		Subvention	762,0
FERC 2017	République d'Haïti	Fonds d'études et de renforcement de capacités	Décembre 2017		Subvention	4 500,0

Bibliographie

AFD, Fondation de France, Évaluation conjointe : « Répondre aux crises : l'AFD, la Fondation de France et le financement des ONG en Haïti à la suite du séisme », novembre 2015.

Angulo A. J., « Education During the American Occupation of Haiti, 1915-1934 », *Historical Studies in Education/Revue d'histoire de l'éducation*, automne 2010, p. 1-17.

Arthus Wien Weibert, *Les grandes dates de l'histoire diplomatique d'Haïti*, Paris, L'Harmattan, 2017.

— « Rétablissement des relations culturelles et économiques franco-haïtiennes après la Seconde Guerre mondiale », *Bulletin de l'Institut Pierre Renouvin*, n° 27, 2008, p. 43-59.

Atlani-Duault Laëtitia et Vidal Laurent (dir.), *Anthropologie de l'aide humanitaire et du développement. Des pratiques aux savoirs, des savoirs aux pratiques*, Paris, Armand Colin, 2009.

Banque mondiale, *Assessing Aid: What Works, What Doesn't and Why?*, Oxford University Press for the World Bank, 1998.

— Tables de la dette (World debt tables) édition 1989.

— *Migration and Remittances Factbook 2016*.

— *World Bank Group Historical Chronology 1944-2005*, Produced by the World Bank Group Archives, accessible en ligne : http://go.worldbank.org/Z052FIDA70

Barthélémy Gérard, *L'univers rural haïtien. Un pays en dehors*, Paris, L'Harmattan, 1991.

Bayart Jean-François, « L'Afrique dans le monde : une histoire d'extraversion », *Critique internationale*, n° 5, 1999, p. 97-120.

Belkin Gerald, *Paysans, silences à voix basse*, ICAD éditions, 1985.

Biquet Jean-Marc, « Haiti: Between Emergency and Reconstruction: An Inadequate Response », *Revue internationale de politique de développement*, 4.3, 30 janvier 2014, p. 129-144.

Blancpain François, « Note sur les “dettes” de l'esclavage : le cas de l'indemnité payée par Haïti (1825-1883) », *Outre-mers*, tome 90, n° 340-341, 2e semestre 2003, p. 241-245.

— *Un siècle de relations financières entre Haïti et la France (1825-1922)*, Paris, L'Harmattan, 2001.

Bon Michel et Juppé Alain, *Rapport sur les relations culturelles, scientifiques et techniques de la France avec l'étranger*, Paris, Inspection générale des finances, 1974, 150 p.

Brochet Michel, « Projet Madian-Salagnac, quarante ans d'appui aux dynamiques paysannes », *Field Actions Science Reports* [Online], Special Issue 9, 2014, online since 27 December 2013, connection on 2 October 2016. URL : http://factsreports.revues.org/2783

Brundtland Gro Harlem, *Notre avenir à tous*, Commission mondiale sur l'environnement et le développement de l'Organisation des Nations unies, ONU, 1987.

Bruno Isabelle et Didier Emmanuel, *Benchmarking : l'État sous pression statistique*, Paris, La Découverte, coll. « Zones », 2013.

Bruno Isabelle, Didier Emmanuel et Prévieux Julien, *Statactivisme : comment lutter avec des nombres*, Paris, La Découverte, coll. « Zones », 2014.

Buchet De Neuilly Yves, « La gestion internationale routinière des crises. Sectorisation des relations internationales et mondialisation de l'institution étatique », in Myriam Aït-Aoudia et Antoine Roger (dir.), *La logique du désordre*, Paris, Presses de Sciences Po, 2015, p. 221-236.

Bureau des opérations internationales, *Évaluation des interventions de la coopération et des ONG françaises dans des contextes de crise et de fragilité institutionnelle*, décembre 2007.

Buss Terry F., « Foreign Aid and the Failure of State Building in Haiti from 1957 to 2015 », *Latin American Policy*, vol. 6, n° 2, December 2015, p. 319-339.

Buteau Pierre, Saint-Eloi Rodney et Trouillot Lyonel (dir.), *Refonder Haïti ?*, Mémoire d'encrier, 2010.

Butterfield A., Reario R. et Dolan R., « The United Nations Humanitarian Civil-Military Coordination (UN-CMCoord) Response to the Haiti Earthquake », *Humanitarian Exchange*, n° 48, 2010.

CAMEP, GRET, AFD, « Dlo dlo dlo. Eau potable dans les Quartiers défavorisés de Port-au-Prince », film 52 mn, 2009.

Chemla Yves, « Écrire Haïti : un défi à la raison ? », Institut français d'Haïti, juin 2011.

Chervel Marc, « La méthode des effets trente ans après », *Revue Tiers Monde*, tome 33, n° 132, 1992, p. 873-891.

Clerc Jean-Pierre, « Les États-Unis, l'Amérique centrale et les Caraïbes », *Politique étrangère*, n° 4, 1983 – 48e année, p. 905-919.

Collectif, *Paysans, systèmes et crise. Travaux sur l'agraire haïtien*, Paris, L'Harmattan, 1993.

Corbet Alice, *Les morts et la mort à Haïti*, Délégation aux Affaires stratégiques, Ministère de la Défense, 2011.

Corbet Alice *et al.*, « Quel développement sans État ? Le cas d'Haïti », *Revue Projet*, n° 339, 2014, p. 70-78.

Cour des Comptes, « L'aide française à Haïti après le séisme du 12 janvier 2010 », Rapport public thématique, janvier 2013, [en ligne] https://www.ccomptes.fr/sites/default/files/EzPublish/20130111_rapport_thematique_emploi_fonds_Haiti.pdf

Danroc Gilles, « États-Unis : le retour des refoulés », *Plein Droit*, n° 18-19, octobre 1992.

Debray Régis, *Rapport au Ministre des affaires étrangères M. Dominique de Villepin du Comité indépendant de réflexion et de propositions sur les relations franco-haïtiennes*, janvier 2004.

Desrosières Alain, *Prouver et gouverner. Une analyse politique des statistiques publiques*, Paris, La Découverte, 2014.

Dordain Dominique, *Abécédaire du petit bogolan nord-sud*, Paris, L'Harmattan, 2015.

Douyon Frantz, *Haïti de l'indépendance à la dépendance*, Paris, L'Harmattan, 2004.

Dupuy Alex, « Disaster Capitalism to the Rescue: The International Community and Haiti After the Earthquake », *NACLA Report on the Americas*, vol. 43, n° 4, juillet 2010, p. 14-19.

Farmer Paul, Gardner Abbey M., Hoof Holstein Cassia van der et Mikherjee Joia, *Haiti after the earthquake*, New York, Public Affairs, 2012.

Gaillard Roger, *Les blancs débarquent*, Université du Wisconsin-Madison, 7 vol., 1974-1983.

Gorse Georges, avec MM. le Général Bernard Cazelles, Pierre Dehaye, Robert Marjolin et Jean Ripert, Secrétariat du Comité d'Études assuré par M. Yves Roland-Billecart, rapporteur général, assisté de MM. Jean-Pierre Behmoiras et Yves Berthelot, *La politique de coopération de la France avec les pays en voie de développement*, Rapport remis au Premier ministre au mois de juin 1971.

Gros Jean-Germain, *State failure, underdevelopment, and foreign intervention in Haiti*, New York, Routledge, coll. « Routledge studies in North American politics », n° 4, 2012.

Grünewald François et Renaudin Blanche, *Étude en temps réel de la gestion de crise en Haïti après le séisme du 12 janvier 2010*, URD, 4 avril 2010, étude financée par la Délégation aux Affaires stratégiques du ministère de la Défense.

Hayter Theresa, « French Aid to Africa-Its Scope and Achievements », *International Affairs*, vol. 41, n° 2, 1965, p. 236-251.

Heine Jorge et Verlin Jan, « Modes de gouvernement en Haïti après le séisme de 2010 », *Cahiers des Amériques latines*, n° 75, 2014.

Herrera J., Lamaute-Brisson N., Milbin D., Roubaud F., Saint-Macary C., Torelli C., Zanuso C., *L'évolution des conditions de vie en Haïti entre 2007 et 2012. La réplique sociale du séisme*, Port-au-Prince, Paris, IHSI, IRD, DIAL, Nopoor, ANR, 2014.

Hibou Béatrice et Bono Irene, « Le développement comme champ de bataille », *Revue internationale de politique de développement*, août 2017.

Hurbon Laennec (dir.), *Catastrophes et environnement : Haïti, séisme du 12 janvier 2010*, Paris, EHESS, 2014.

Kapur Devesh, Lewis John Prior et Webb Richard Charles, *World Bank. Its First Half Century*, Washington D.C., Webb Brookings Press, 1997.

Katz Jonathan, *The big truck that went by: how the world came to save Haiti and left behind a disaster*, New York, Palgrave Macmillan, 2013.

Kessler Marie-Christine, *La Politique étrangère de la France. Acteurs et processus*, Paris, Presses de Sciences Po, 1999.

Kidder Tracy, *Mountains Beyond Mountains: The Quest of Dr. Paul Farmer, a Man Who Would Cure the World*, Random House, Inc. Kindle Edition, 2003.

Lemay-Hebert Nicolas et Pallage Stephane, «Aide internationale et développement en Haïti: bilan et perspective», *Haiti Perspectives*, 1(1), 2012, p. 13-16.

Le Naëlou Anne, «ONG: les pièges de la professionnalisation», *Revue Tiers Monde*, n° 180, 2004, p. 727-734.

Meimon Julien, *En quête de légitimité. Le ministère de la Coopération (1959-1999)*, Université Lille 2, 2005.

— *L'invention de l'aide française au développement. Discours, instruments et pratiques d'une dynamique hégémonique*, CERI, «Questions de recherche», n° 21, septembre 2007.

Ministère des Affaires étrangères, *Évaluation des interventions de la coopération et des ONG françaises dans des contextes de crise et de fragilité institutionnelle*, Bureau des opérations internationales pour le Ministère des Affaires étrangères, décembre 2007.

Ministère de la Coopération, Service des études et questions internationales, *La Coopération scientifique et technique entre la France et les pays d'Afrique noire et de l'océan Indien*, Paris, Ministère de la Coopération, coll. «Études et Documents», n° 34, 12/1978.

— *Conséquences de la suspension de la coopération. Évaluation à partir des cas du Togo, du Zaïre et d'Haïti*, coll. «Évaluations», n° 29, 06/1996.

— *L'assistance technique française (1960-2000)*, Ministère de la Coopération, la Documentation française, Paris, 1994.

Müller Birgit, «Comment rendre le monde gouvernable sans le gouverner: les organisations internationales analysées par les anthropologues», *Critique internationale*, vol. 54, 2012, p. 9-18.

Nicholls David, «Idéologie et mouvements politiques en Haïti, 1915-1946», *Annales. Économies, Sociétés, Civilisations*, 30e année, n° 4, 1975, p. 654-679.

OCDE (Projet mené conjointement par l'Union européenne et le Centre de développement de l'OCDE, en collaboration avec l'Institut interuniversitaire de recherches et de développement-INURED), *Les voies de développement. Interactions entre politiques publiques, migrations et développement en Haïti*, Paris, Éditions OCDE, août 2017.

— Rapport rédigé par K. Haver de Humanitarian Outcomes, «Réponse au tremblement de terre en Haïti. Cartographie et analyse des lacunes et des duplications dans les évaluations», février 2011.

— *Rapport 2011 sur l'engagement international dans les États fragiles : République d'Haïti*, Paris, Éditions OCDE, 2011.

Olivier de Sardan J.-P. et Bierschenk T., «Les courtiers locaux du développement», *Bulletin de l'APAD* [en ligne], n° 5, 1993.

Oulmont Philippe, *Pierre Denis. Français libre et citoyen du monde*, Paris, Nouveau Monde éditions, 2012.

Pacquement François, «L'OCDE et l'évolution de l'aide par prêts», *Afrique contemporaine*, n° 188, octobre-décembre 1998.

— «L'aide au développement : mise en perspective sur le long terme», *Sociologies pratiques*, n° 27, 2013, p. 13-17.

— «L'aide au développement à la veille de 2015 : évolutions stylisées d'une politique publique aux multiples facettes», *Quaderni*, n° 87, 2015, p. 19-36.

— *Histoire de l'Agence française de développement en Côte d'Ivoire*, Paris, Karthala, 2015.

— *Dans les laboratoires du développement. Proparco et le secteur privé, 40 ans d'histoire*, Paris, Karthala, coll. «Terrains du siècle», 2017.

Pacquement François et Lombard Margaux, «Haïti : interroger les limites de l'aide au développement», blog «Idées pour le Développement», 13 juin 2017.

Peck Raoul, « Assistance mortelle », Doc & Film International, 100 mn, 2013.

Picq Jean, *L'État en France : servir une nation ouverte sur le monde*, La Documentation française, mai 1994.

Pisani Edgar, « Administration de gestion, administration de mission », *Revue française de science politique*, 6e année, n° 2, 1956, p. 315-330.

Pouligny Béatrice, *Ils nous avaient promis la paix : opérations de l'ONU et populations locales*, Paris, Presses de la Fondation nationale des sciences politiques, coll. « Mondes », 2004.

Pouligny-Morgant Béatrice, « L'intervention de l'ONU dans l'histoire politique récente d'Haïti : les effets paradoxaux d'une interaction », *Pouvoirs dans la Caraïbe*, Revue du Centre de recherche sur les pouvoirs locaux dans la Caraïbe, n° 10, 1er janvier 1998, p. 135-190.

Price Hannibal, *Rapport adressé au gouvernement d'Haïti par M. Hannibal Price, délégué à la Conférence internationale américaine tenue à Washington, États-Unis, du 2 octobre 1889 au 19 avril 1890*, 1890.

Rainhorn Daniel (dir.), *Haïti, réinventer l'avenir*, Éditions de la Maison des sciences de l'homme et Éditions de l'Université d'État d'Haïti, 2012.

Ramachandran Vijaya et Walz Julie, *Haïti : où est allé tout l'argent ?*, Center for Global Development, mai 2012.

Rapport sur l'organisation et le fonctionnement des services et organismes chargés de la Coopération à l'étranger, Rapport public, mai 1970.

Revet Sandrine, « Note croisée. Au chevet de la catastrophe : trois ouvrages collectifs sur le séisme de 2010 en Haïti », *Critique internationale*, n° 69, 2015, p. 173-178.

— « Amérique latine et catastrophes naturelles : Haïti et Chili, deux séismes à mettre en perspective », Les Études du CERI n° 170-171, 2010, p. 9-13.

Rist Gilbert (dir.), *Les mots du pouvoir, sens et non-sens de la rhétorique internationale*, Nouveaux Cahiers de l'IUED, 13, Genève, IUED/Paris, PUF, 2002.

Salignon Pierre, «Haïti, république des ONG: "l'empire humanitaire" en question», in Rainhorn Daniel (dir.), *Haïti, réinventer l'avenir*, Éditions de la Maison des sciences de l'homme et Éditions de l'Université d'État d'Haïti, 2012, p. 185-197.

Sauveur P. E., *Invasion des ONG*, Port-au-Prince, Éditions du CIDIHCA, 1997.

Sawicki Frédéric et Siméant Johanna, «Décloisonner la sociologie de l'engagement militant. Note critique sur quelques tendances récentes des travaux français», *Sociologie du travail*, 2009, https://doi.org/10.1016/j.soctra.2008.12.006.

Schuller Mark, *Humanitarian aftershocks in Haiti*, New Brunswick, N.J, Rutgers University Press, 2016.

— *Killing with kindness: Haiti, international aid, and NGOs*, New Brunswick, N.J, Rutgers University Press, 2012.

— «Invasion or Infusion? Understanding the role of NGOs in contemporary Haiti», *Journal of Haitian Studies*, vol. 13, n° 2, 2008, p. 96-119.

Schuller Mark et Morales Pablo (eds), *Tectonic shifts: Haiti since the earthquake*, 1st ed., Sterling, Va, Kumarian Press, 2012.

Severino Jean-Michel, «Refonder l'aide au développement au XXIe siècle», *Critique internationale*, n° 10, 2001, p. 75-99. DOI 10.3917/crii.010.0075

Supiot Alain, Conférence intitulée «Développement durable et gouvernance par les nombres: une approche juridique», donnée en novembre 2017 à l'AFD.

Supiot Alain *et al.*, «Quand les nombres nous gouvernent», *Études*, septembre 2016, p. 53-66.

Théodat Jean-Marie, «Port-au-Prince en sept lieues», *Outre-Terre*, n° 35-36, 2013, p. 123-150.

— «Haïti: le bon grain et l'ivraie du commerce mondial des produits vivriers», *L'Information géographique*, vol. 73, 2009, p. 65-81.

— « Haïti, le français en héritage », *Hermès, La Revue*, n° 40, 2004, p. 308-313.

— « L'endroit et l'envers du décor : la *touristicité* comparée d'Haïti et de la République dominicaine », *Revue Tiers Monde*, n° 178, 2004, p. 293-317.

Therme Pierre, « Haïti 2003-2012 : les mouvements de contestation populaire face aux logiques de l'aide », *Cahiers des Amériques latines*, n° 75, 2014, p. 125-146.

Thomas Frédéric (dir.), *L'échec humanitaire : le cas haïtien*, Charleroi, Couleur livres, 2013.

Thorpe George C., « American Achievements in Santo Domingo, Haiti, and Virgin Islands », *The Journal of International Relations*, vol. 11, n° 1, Jul. 1920, p. 63-86. URL : http://www.jstor.org/stable/29738382

Trouillot Lyonel, *Kannjawou*, Arles, Actes Sud, 2016.

— « Haïti : le Bien et le Mal… », *Humanitaire* [en ligne], n° 27, 2010, mis en ligne le 19 janvier 2011, URL : http://journals.openedition.org/humanitaire/881

Wargny Christophe, *Haïti n'existe pas. 1804-2004 : deux cents ans de solitude*, Paris, Autrement, 2008.

Watel Françoise, *Les relations entre Haïti et la France de 1804 à nos jours*, Note non publiée de la Direction des Archives, 25 mars 2004.

Wesley Charles H., « The Struggle for the Recognition of Haiti and Liberia as Independent Republics », *The Journal of Negro History*, vol. 2, n° 4, Oct. 1917, p. 369-383.

Williamson John, « What Washington Means by Policy Reform », in Williamson John (ed.), *Latin American Readjustment: How Much has Happened*, Washington, Institute for International Economics, 1989.

Wörlein Jan, *Gouverner l'humanitaire. Une sociologie politique du monde des acteurs de l'aide en Haïti (2010-2016)*, thèse de doctorat, Université Paris Nanterre, 2017.

Zanuso Claire, *Natural Disasters, Coping Strategies and Labour Market – Evidence from the 2010 Earthquake in Haiti*, thèse de doctorat, Université Paris-Dauphine, 2015.

Table des matières

www.ingramcontent.com/pod-product-compliance
Lightning Source LLC
LaVergne TN
LVHW050646051026
849532LV00002B/541

* 9 7 8 2 8 1 1 1 1 9 7 4 4 *